献给我的父母、妻子和女儿

WISDOM OF
TRANSFERENCE

CONFUCIUS

孔二先生

李中华 著

孔子的平凡世界

社会科学文献出版社
SOCIAL SCIENCES ACADEMIC PRESS (CHINA)

孔子是多面的，横看成岭侧成峰。在《孔二先生》里，他没有哲学家的架子，也没有道德家的高深。孔二先生，既是夫子，也是父亲，也是丈夫，普通人的感情，他都有。

　　《孔二先生》特别写到了孔子的事业。虽有数不清的失败，但从不展现凄凄惨惨的悲情。孔子很欣赏曾点的志向。"暮春者，春服既成，冠者五六人，童子六七人，浴乎沂，风乎舞雩，咏而归。"快乐，简单，自由自在，无拘无束，这样的孔子，我喜欢。

　　人们经常用"房奴""孩奴"形容现代人的生活状态。读完《孔二先生》，我发现，孔子其实是个充满乐观情怀的"理想奴"。这个"理想奴"，我相信，会和大家有共鸣。

　　所以，我愿意和大家分享这本小书。

中央电视台主持人　郎永淳

这世上有两种人会在思想领域给人以巨大的影响，一种是圣人，一种是把圣人带到我们身边的人。李中华先生就是后者，他把神坛之上的孔子温温润润地呈现，摸得到温度，看得到笑容，听得到心声，擦得到泪水。我从未觉得孔子离我们如此之近，一个独醒、大成、耀眼的圣人，原来就在身边！

中央电视台主持人　文静

前面的话

初读《论语》，孔子是圣人。

他是一尊雕像，正襟危坐，里里外外和人有种距离感。

后来，《论语》读得久了，慢慢地体味出了孔子的凡人性。

他爱好音乐，喜欢喝点小酒，对穿衣打扮一丝不苟。

他不排斥财富和官位，但对不义而富且贵，又视之如浮云。

他一辈子很苦，一辈子又很快乐。

他是大家的孔夫子。

再到后来，又读了一些闲书，也便知道——

他苦孩子出身，曾做过会计、仓库管理员，但靠自学成了有学问的人。

在工作中，他很会处理和同事、领导的矛盾，也很有自己的做人底线。

在教学中，他享受过弟子死忠般的拥护，也体会过门徒痛彻心扉的背叛。

可靠的记载表明，他和夫人的生活并不美满，最后甚至以离异告终。

他的儿子一辈子活在他的光环背后，但女儿又在他的支持下，享受到了赏心悦目的浪漫爱情。

在周游的路上，他经历过权斗、凶杀，也萌动过欲说还休的男女之情。

他身后跟着一大群弟子，个性各不相同。

他直言弟子冉雍可以做天子，而樊迟只是一个小人。

他预言子路不得好死，自己死后，子贡会每况愈下。

他看人也看走眼过，发现错误后，又会诚心诚意向人道歉。

孔子很有人缘，很接地气。在他身上，你甚至能发现自己的影子。

孔子在兄弟中排行第二。

他就是我们的孔二先生。

目　录

上篇　寻找你的影子

孔二先生

下篇　那些人　那些事儿

上篇　寻找你的影子

三月不知肉味：子为乐狂

每年临近高考的日子，我都会跟着莫名激动。我不只一次地回忆起原来考前备战的日子。每天早晨五点半起床，任凭寒风呼啸，也要从被窝里爬出来。学习成了比谁更能吃苦的变态过程，痛苦不言而喻。

同样是读书，孔子的学生就不同。《庄子·渔父》记载了孔子学堂的读书场景，让我羡慕不已。"孔子游乎缁（zī）帷之林，休坐于杏坛之上。弟子读书，孔子弦歌鼓琴。"孔子和弟子到黑森林去游玩，累了在开满杏花的土坛上休息。弟子们读书，孔子弹琴唱歌。没有迫近的升学压力，没有残酷的淘汰考试。人人自由自在，只是为了心灵而读书。面对此情此景，我只恨自己晚生了2500年，无缘于这么快乐的课堂。

去年，我去了一趟曲阜，在孔庙大成殿前还见到了一处名为杏坛的亭子。想来，这就是中国读书人最早的自习室了。

庄子写孔子，用的几乎都是寓言。杏坛是否存在过，不必当真。但孔子学堂倡导快乐读书法，课堂里洋溢着乐声倒是实情。《论语·先进》记载，一次子路、曾点、冉求和公西华陪孔子读书。

孔子说，你们谈谈各自的人生愿景吧。子路、冉求、公西华纷纷发言。孔子笑一笑没有表态。轮到正在弹瑟的曾点。曾点先把瑟声放慢，"铿"的一声停下来。然后推开瑟霍地站了起来说，暮春三月，春天衣服都穿好了，我陪着五六位成年人，领着六七个小孩，在沂水边洗澡，在舞雩台上吹吹风，一路唱歌、一路走来。孔子听了频频点头。

曾点的志愿，我们不予评论。但他的行为至少说明一点，孔子的教学，允许人边听讲边弹琴，气氛轻松融洽。这种教育方式，类似于德国大学里的 Seminar，自由程度有过之而无不及。

孔子学堂提倡音乐教育，这和孔子爱好音乐有关。孔子从小就是音乐发烧友。相传，孔子经常到家乡附近的腊山游玩，看到砍柴的很辛苦，就很伤心，看到梓树上有一只鹅鸟很孤单，就和着鹅鸟的鸣叫唱起歌来。孔子听别人唱歌，如果好听，就一定请求人再唱一遍，然后跟着他一起歌唱。可见，孔子真的很喜欢唱歌。这和很多大学问家，整天愁眉苦脸，故作高深，有很大区别。

孔子对音乐不仅有浓厚的兴趣，还有很高的天赋。春秋有一个著名的乐师叫师襄。《史记》记载，孔子曾向他学琴。师襄把琴谱教授给了孔子。十天过去了，孔子还在弹奏同一首曲子。师襄说，可以学下一首了。孔子说，曲子已学会了，节奏还没掌握好。又过了几天，师襄又催促孔子。孔子说，再等等吧，曲子中的志趣还没揣摩明白。再等了几天，师襄说，抓紧时间赶课吧。孔子说，等等，我还没有想象出作曲人的样子。又过了很久，孔子若有所思，找到了师襄说，我看见了作曲人，黑黑的脸膛，高高的个子，遥望着远方，如巡视自己的王国，他不是文王又是谁呢？师襄吓得从坐席上掉下来，爬起身来深深向孔子鞠躬道，额滴神啊，我的老师讲过，这首曲子就是《文王操》。

受老师影响，孔子弟子中，喜欢音乐的也很多。除上面提到的曾点外，《论语》还记载过子路在孔子门外鼓瑟，子游在武城举办群众弦歌会。在其他文献中，孔子弟子操练乐器的更是数不胜数。

这些弟子的音乐造诣，参差不齐，大概数子路最低。《论语》记载，子路曾在孔子门前鼓瑟。铿铿的声音，断断续续，很不悦耳。孔子打开窗户，对着院子大喊："仲由（子路姓仲名由）的瑟，为何要在我孔丘的门前响啊。仲由你就饶了我吧。"受到孔夫子的鄙视后，子路在孔门一度出现了形象危机，师弟们不再敬重年长的子路。最后，孔子不得不为子路圆场说，子路的瑟弹得不是不好，而是刚登堂、未入室。

而众弟子中，音乐造诣最高的可能要数曾点的儿子曾参，就是曾子。《韩诗外传》记载，一次，孔子弹瑟，曾子和子贡侧耳偷听。弹奏完毕，曾子说，"老师今天的音乐像狼一般贪婪。"听了这个评价，子贡吓了一跳。等孔老师弹完，子贡进屋如实向孔子述说了曾参的看法。孔子说，"曾参真是一个懂音律的人啊。刚才我弹瑟的时候，有一只老鼠出来活动，有只野猫也出现在屋子里，沿着屋梁慢慢爬行，等到它靠近老鼠，老鼠就躲起来，野猫的眼里就露出憎

孔子游乎缁帷之林

　　孔子师生坐在草地上，弹着瑟，聊理想，聊人生，其乐融
融。在简单中追求单纯的快乐，在生活中体味平淡的真实。快
乐不依靠物质的丰盈，只依赖内心的富足，这一点我们今天还
能做到吗？今天的教育是否给学生留够了时间，让他们停下来
听一听心灵的呼声？

恨的凶光，弓起脊背，想要抓住，但抓不到。我把这些情景全都渗透在我的瑟音里了，所以曾参才说我的乐声中有狼一样的贪婪。"

从上面的故事可以看出，孔子和弟子，都很好乐，也都懂乐。所以，孔子学堂的生活，永远是轻松的，快乐的，远没有现在学校的劳累和恐怖。当然，如果仅仅是这些，我只会怪自己不够幸运，不能穿越回遥远的春秋。在做学生的岁月里，不能逃课到孔子的课堂。

超乎我想象的是，孔子在音乐里表露的另一面，就是沉痛的呐喊。这种呐喊，往往令闻者动容。孔子不是一个作家，不喜欢用笔宣泄感情。孔子说，我喜欢述而不作，这个和老彭①同志有点像。孔子也不喜欢过多地说话，他认为巧言令色是做人的大忌。

孔子不说不写，靠两样来排解郁闷。第一个是喝酒。孔子自己说，我平生三件事没做到——在外侍奉公卿，在家孝敬父兄②，不为酒所困。第二个是唱歌。孔子将自己所有的得意、失意、志向和对时事的评论都倾注在了音乐里。

孔子的心情，可以从他作的很多歌里听出来。西汉陆贾的《新语》记载，"孔子遭君暗臣乱，众邪在位，政道隔于王家，仁义闭

---

① 关于老彭是谁，存在争议。有人认为是指老子和彭祖两人，也有人说是指商朝的贤大夫老彭。后说是通说。

② 孔子一辈子都在寻找合适的老板，可惜未能如愿；孔子很小时，父亲叔梁纥就去世了，只有一个兄长孟皮，且有残疾。文献显示，孟皮先于孔子离开了人间。

于公门，故作公陵之歌，伤无权力于世。"社会黑暗，政治腐败，孔子没有权力改变社会秩序，但又不甘于闭着眼睛过日子，就写了公陵之歌。如果陆贾的记述是真的话，那么公陵之歌无疑是一首无奈之歌，也是天下正直的读书人在遭遇不公时的呐喊和悲鸣。只不过，我们今天已经不知道它的歌词了。

东汉蔡邕写过一本《琴操》。这是我国最早的论述琴曲的专著。《琴操》记载，孔子作过《将归操》《猗兰操》《龟山操》三首曲子。其中，《猗兰操》经过唐代诗人韩愈的改编，就是后世著名的《幽兰操》。

《猗兰操》的创作有一背景。孔子周游列国，拜访了很多国君，无人给予孔子权力改变现状。孔子从卫国返回鲁国的途中，在山谷中看见有王者之气的芎兰草与杂草为伍。孔子心有触动，开口唱道，"习习谷风，以阴以雨。之子于归，远送于野。何彼苍天，不得其所。逍遥九州，无所定处。世人暗蔽，不知贤者。年纪逝迈，一身将老。"

《猗兰操》，我在国家大剧院听过一次。孔子仰天长叹，为何走了那么多的路，现在还居无定所。纵然胸中豪情在，无奈一身将老。唱歌的孔子，几近哽咽，花白的胡子洒满了前胸，一个悲剧英雄形象呼之欲出。观众听后，无不为孔子的悲情动容。如果说公陵之歌凸显的是孔子无权时的忧伤，那么《猗兰操》阐释的则是孔子经历风霜后的悲壮。

不过，不管是忧伤还是悲壮，孔子给人的总体印象还是快乐的。这是音乐的功劳。孔子无论是失意，还是得意，无论是在家乡，还是在异乡，不管你读《论语》，还是其他儒家书籍，你总能看到孔子沉迷音乐的场景。比如在齐国逃难，听到《韶乐》，孔子几乎三月不知肉味。孔子说，"没想到，世间竟有如此音乐，让我忘了人间。"

孔子以后，中国的儒生再也没有谁有如此高的苦中作乐的本领了。《论语》开卷，孔子告诉大家，"学而时习之，不亦说乎？"落脚点是快乐。到《孟子》的时候，开卷就是"王何必曰利？亦有仁义而已矣"。言辞激烈，大义凛然，已看不到快乐的影子。等到了宋明理学一统天下，人们更是只知道"存天理、灭人欲"。孔子学堂中的满堂笙歌，再也听不见了。人们看到的只是，为了科举，为了考试，读书人头悬梁、锥刺股。

人活着，有数不尽的追求，更大的房子、更好的车子、更多的工资、更大的面子、更高的位子。但如果追求的过程并不快乐，那么我们追求的究竟是什么呢？如果我们在这个过程中，丧失了享受快乐的能力，这些目标即便实现了，又有何意义呢？我常常问自己。

孔子师生席坐于草地，弹着瑟，聊理想，聊人生，其乐融融。在简单中追求单纯的快乐，在生活中体味平淡的真实。快乐不依靠物质的丰盈，只依赖内心的富足，这一点我们今天还能做到吗？今天的教育是否给学生留够了时间，让他们停下来听一听心灵的呼声？

世间的事，我们把它分为有用和无用两种。有用的我们去追求，无用的我们不去关注。

孔子唱着公陵之歌，唱着《猗兰操》，谈理想，论人生。这些对于改变现实政治可能是无用的。不过，也正是这些无用的事让孔子的心灵感到充实和快乐。而很多有用的事，却把我们折磨得遍体鳞伤，寝食难安。我时常梦见，高考当天，我迟到了。一路狂奔，到了考场，别人已经交卷。无数次，梦中惊醒。

"学而时习之，不亦说乎？"翻开《论语》，我苦苦寻找能够治疗噩梦的处方。

晚来天欲雪　能饮一杯无：孔子与酒

饮酒赋诗，一直是件十分雅致的事。李白在一篇文章里，就谈到了诗和酒的这种浪漫邂逅。

"开琼筵以坐花，飞羽觞而醉月"。摆开筵席，坐在花间，飞杯换盏，酣醉月下。酒，恰到好处，写诗作文，便是顺理成章的事情。所以，李白倡议，"不有佳作，何申雅怀？如诗不成，罚依金谷酒数。"（《春夜宴桃李园序》）

酒为诗之媒，诗为酒之兴。可见，酒对文人雅士的重要。

相传，一个名叫仪狄的人酿出了中国第一杯酒。酒成之后，进献给大禹，大禹喝后，感觉畅美不可言。于是感慨道，"后世必有饮酒而亡国者。"（《战国策·魏策二》）后世必定有喝酒把国家给喝没的。大禹的预言一点没错。夏、商末期，桀、纣都大造酒池肉林，最终导致帝国的覆灭。酒，不约而同地成了亡国的催化剂。

周朝初年，周公颁布了我国最早的一部禁酒令——《酒诰》，告诫诸侯勿饮酒，祭祀除外。然而，一纸禁令并没有阻挡酒的流行。

《诗经·小雅·宾之初筵》生动地展现了周朝的无酒不欢。"酒既和旨，饮酒孔偕。钟鼓既设，举酬逸逸"。好酒既成，饮酒很谐美。钟鼓等音乐设施都摆好了，大家举杯相敬，一杯复一杯。等到酒的作用完全发挥，人们的行为，便突破了礼的界限。醉了之后，"舍其坐迁，屡舞僛僛"。宾客们不再遵守坐礼，摇摇晃晃，像跳舞的神仙。

孔子是一个十分爱美食的人。《论语·乡党》详细记载了孔子的饮食习惯。"食不厌精，脍不厌细"，饭食要尽可能精，鱼肉要切得尽可能细。食品"色恶，不食。臭恶，不食。失饪，不食"。吃饭不仅讲究色香味俱佳，烹饪也要求恰到好处。今天日本人吃饭，量不求多，但须雅致。这点小资味道，想必受益于孔子不少。

唯独对于酒，孔子的要求很简单，"唯酒无量，不及乱"。没有限量，可以尽情畅饮。只是对于盛酒的"觚"，孔子很在意。觚，腹部和足部都有棱角。当时人们只重酒，不重杯，觚已经有些走样了。《雍也篇》记载，有一天，孔子端着酒杯，很感伤地说："觚不觚，觚哉！觚哉！"酒杯不像酒杯，酒杯啊，酒杯。此时的孔夫子，像是在感慨酒杯，又像是在感慨自己。一个多好的酒杯，盛满了美酒，却生在一个无人会品酒的时代，这不能不算是一个悲哀。

汉代"独尊儒术"后，孔子华丽转身，或者说，"被"华丽转身。孔子从一个情感细腻的理想主义者，成了让人仰慕的圣人。关于孔子，关于酒，也便有了很多的传说。这时的孔子不再挑剔饮食，不再追求量少而雅致。孔子在饮食方面也显示出了领袖风范。饮酒上，人们开始琢磨"唯酒无量"的"量"，究竟是多大量。研究结果是，"文王饮酒千钟，孔子百觚"。也就是说文王的酒量是一千钟，而孔子可以喝掉一百觚的酒。

在此，我们不能不佩服国人的推理能力。"唯酒无量"之所以成了"百觚"之量，是因为大家相信，孔圣人，无所不圣，胃也得是大胃王级别。就像孔融在《难曹公表制禁酒书》里，吹嘘祖先时所说："尧不千钟，无以建太平。孔非百觚，无以堪上圣。"尧能喝，孔子也能喝，否则就不能封王成圣①。喝酒的量和读书的量一样，是衡量孔子是否能成圣的关键。

王充是个例外，他在一片盲目吹捧中，保留了一份难得的真诚。他在《论衡》里写道，"饮酒有法，胸腹小大，与人均等，饮酒用千钟，用肴宜尽百牛，百觚则宜用十羊。夫以千钟百牛、百觚十羊言之，文王之身如防风之君，孔子之体如长狄之人，乃能堪之。案文王、孔子之体，不能及防风、长狄。以短小之身，饮食众多，是缺文王之广，贬孔子之崇也。"孔子如果真能喝百觚，他的胸腔当如野人一般大。这种传说，对孔子是明褒实贬。王充算是说了一句实在话。

---

① 在西方历史上，人们似乎也愿意将圣人和豪饮联系起来。马克西米安说，"传说从前在这种高贵的豪饮中，伟大的苏格拉底独占鳌头。"（蒙田：《蒙田随笔全集》（第 2 卷），马振聘译，上海书店出版社，2009，第 12 页）。

关于孔子的传说，大多如他能豪饮一般荒诞。孔子死后，诸多儒家书籍将一些非人类能办到的事情，通通归结到了这位生前十分恓惶的孔夫子身上。出签算卦，未卜先知，孔子无一不能。甚至有儒书感慨，"夏禹不死也，而仲尼又知之，安知仲尼不皆密修其道"（《抱朴子内篇·辨问》）。孔子甚至知道夏禹到春秋时期，还没有去世，就秘密修起了夏禹的大道。

历史往往就是这样，当每个人都宣称知道真相，真相往往成了奢侈品。当每个人都宣称了解孔子，孔子反而成了历史上最寂寞的人。

孔子究竟是一个什么样的人？如果一定要弄清楚孔子和酒，重回《论语》，也许更有意义。对于饮酒，孔子坦诚地说："出则事公卿，入则事父兄，丧事不敢不勉，不为酒困，何有于我哉？"（《子罕篇》）

这句话，对理解真实的孔子十分重要。结合孔子的经历，我尝试着将其翻译如下：政治理想不被君主接纳，出外服侍公卿的理想无由实现。三岁丧父，十七岁丧母，只有一个残疾的长兄在，又到哪里享受回家孝敬父兄的快乐？埋葬母亲时，连父亲葬在哪里都不知道，丧事怎能不是勉强为之。理想高崇，却没有机会为君主尽忠；一生宣讲仁德，却无机会为父母尽孝。除了喝酒，还能做些什么呢？不得已而醉，"为酒所困"，这是孔子对自己的人生定位。

什么是为酒所困？我愿意这样理解。人忧伤时，就让自己困在酒里吧。让温热的酒，慢慢入喉，来治疗心中的烦闷和忧愁。独自

唯酒无量

　　我相信，在飘着雪花的夜晚，在曲阜，在孔子居住的阙里，或在周游的路上，心情不好时的孔子一定邀请过颜回、子路，"能饮一杯无"？此时，时间似乎静止了，烦恼似乎静止了，耳边只有沙沙的雪花落地的声音。

一人时，就端起酒杯吧。在无人理解的寂寞中，酒往往成了唯一的知音。在酒中，可以暂时忘记伤心事，不必计较"今夕是何年"。世间所有的不如意，所有的不痛快，都随着一点略带痛感的酒，消散了。

有一种文艺理论认为，纯粹的苦难不是悲剧，只有面对苦难，敢于抗争并失败了，才是悲剧。如果这种理论是真的话，那么孔子的这种"为酒所困"，实在有种悲剧的意味。孔子时代，强国欺辱弱国，战乱不已，百姓安全毫无保障。在这种情境下，"孔子自东至西，自南至北，匍匐救之"（《韩诗外传》），却又无一点效果。在生命之烛即将燃尽时，黑暗还是黑暗。《约翰福音》里耶稣说，"光来到世间，而人们宁爱黑暗，而不爱光"，孔子如果听见耶稣这句话，一定会端着酒杯，频频点头。

社会黑暗，人如蝼蚁。有心救国，苦无门路。这种复杂的无力感，哪一个时代的人没有呢？在孔子身上，每个人都能找到自己的影子。放弃理想，学会麻木吗？为理想所困，继续挣扎吗？每个人都会去思考这个人生之问。无疑，生在一个黑暗的时代，越有志向的人，越容易咀嚼到生命的苦味。

孔子的不同在于，孔子的生命历程，有苦味，但并不苦情。他永远都有一群学生相伴。所以，即便是在险恶的旅途，遭到司马向魋的追杀，遭到匡人的围捕，孔子仍然"游乎缁帷之林，休坐杏坛之上"，听"弟子读书"，自己"弦歌鼓琴"（《庄子·渔父》）。在困境中，快乐不改，宋儒称这种境界为"孔颜乐处"。

一个人领会到了"孔颜乐处",所谓的人生悲剧也就不会显得那么悲凉。在困境中,也就不会放肆感情,任由感性主宰自己。所以,我们可以看到,孔子即便无限量地喝酒,仍可"不及乱"。可以听到,厄于陈蔡,孔子和乐的琴瑟之声依然不绝于耳。酒和歌,能够帮助孔子调理身心,看淡命运的无情。在那个战乱的年代,经历过那么多风霜,孔子能活到73岁的高寿,和孔子有节制的放松,是分不开的。

这是孔子的养生本领。事实上,孔子对于包括喝酒在内的事情,一直保持着这种淡定和从容。《论语》记载,在外买的酒、街上买的肉,孔子不吃。即使没有好酒,没有好饭,孔子枕着胳膊睡一觉,也会觉得很快乐。与乡人饮酒,拄杖的老人先迈出房门,孔子才会走出来。《诗经·小雅·宾之初筵》中的"载号载呶"(有的号叫,有的嚷)的酒后丑态,孔子从来都没有过。孔子的饮酒方式,深深地影响了国人。小酌不醉,最好是达到微醺的境界。酒后失态,借酒撒疯,从来为文人雅士所鄙视。可以说,周公使酒具有了宗教价值,而孔子赋予了酒以人文气息。

关于酒,白居易的一首小诗很能打动人。"绿蚁新醅酒,红泥小火炉。晚来天欲雪,能饮一杯无?"(《问刘十九》)一个黄昏的傍晚,天空阴霾,几个人围坐在火炉旁,烤着新制的酒,边说边笑。很寒冷,也很温暖。

我相信,在飘着雪花的夜晚,在曲阜,在孔子居住的阙里,或在周游的路上,心情不好时的孔子一定邀请过颜回、子路,"能饮一杯无"？此时，时间似乎融化了，烦恼似乎静止了，耳边只有沙沙的雪花落地的声音。

不为酒困，让酒服从于和谐的内心。虽然生活有困难，理想有挫折，但心中没有悲情，没有顾影自怜。借着一点点酒力，笑对冬风，笑对四季无常，也笑对这个颠倒的人间。

能饮一杯无？翻阅《论语》，你难道没有听到孔子真诚的邀请？

那年若相见：孔子问礼于老子

相传，孔融十岁时曾和父亲一起到了都城洛阳。洛阳有一名士李元礼，影响力很大，想求见他的人很多。但李元礼派头也很大，一般人很难见到。孔融想了一个办法。他到了李府，对守门人作揖行礼道：我乃李大人的世交。守门人很迟疑，最后还是把他们放了进来。爷俩来到堂上，李元礼端详半天，没认出来，很是不解。孔融解释道，我的先祖是圣人孔子，你的祖上是老子李聃，孔子与老子有师生之谊，我们不是世交吗？

这个故事，收录在《世说新语》里。孔融的机智，自不必说。我们更感兴趣的是，这则轶闻所讲的公案：孔子问礼于老子。

孔子问礼于老子，有不同的版本。《孔子家语》《史记》和《庄子》都有记载，但表述并不相同。

《孔子家语》记载，孔子对南宫敬叔说，我听说老聃"博古知今，通礼乐之原，明道德之归"，他是我的老师，我想向他学习礼仪。孔子主动向老子求学，这符合孔子的性格。《论语》开篇就表明了孔子的好学，"学而时习之，不亦乐乎"。对好学这一点，孔子很自信。他说，"十室之邑，必有忠信如丘者焉，不如丘之好学也。"在一个超过十家的乡村，必定有和自己一样忠信的，但没有如自己一样好学的人。

南宫敬叔将孔子的愿望转告朝廷。国君龙颜大悦，马上签发护照。另外，还赠与他们一车、两马和一个马夫。孔子和南宫敬叔扬鞭启程，踏上了观周之路。他们到了天朝周国，向老子问礼，向苌弘访乐，走遍了祭祀之所，考察名堂的规则，察看庙宇朝堂的制度。孔子感慨地说，"我现在才知道，周公的圣明，以及周国称王天下的原因。"

老子是楚国人，担任周国国家图书馆馆长。孔子向老子问礼，并因此拿到了鲁国官方奖学金。如果《孔子家语》所载是真的话，那么可以说孔子是中国最早的公派留学生，而老子则是较早跨国流动的国际公务员。

《史记》的记载，和《孔子家语》基本类似。不过，年代感更强。孔子问礼于老子，在《史记·孔子世家》中，出现在孔子三十岁之前的段落中。司马迁认为，那时孔子还是一个尚未"而立"的青年。

《史记》和《孔子家语》都记载了孔子离周时老子送别时的一番话。老子说，富贵的人临别送人钱财，仁人送别时则送上几句话。我不是富贵的人，却有一个"仁人"的称号，那就送你几句话吧。你记住，聪明而见解深刻的人，之所以反而容易自寻死路，是因为他们爱议论别人。学识渊博能言善辩的人之所以容易给自己带来危险，是因为他们爱揭露别人的丑恶。

老子说完，孔子做了怎样的回答，两部文献却都没有记载。在一个乱世，儒家圣人是否认同道家鼻祖的观点，我们也便不得而知了。这不能不说是一个遗憾。本来，儒道的思想交锋，才是孔子问礼于老子的精彩所在。就像两个剑客舞剑，你来我往，我们才能看出两人武术路数有何不同，判断彼此武功的高下。司马迁没记下这些关键环节，不知是何原因。

《庄子》记载的孔子问礼于老子，则内容丰富得多。《庄子·田子方》描述了孔老初见时的情景。孔子五十一岁，到沛①见老子。老子刚刚洗过澡，头发还没有干，凝神定立好像木偶人。孔子退了出去，在外面等待了一会才进到老子的房间里来。

孔子见到老子就开始抱怨。孔子说，我研究六经已经很多年了，可以说已经深谙其中道理。可是，我去觐见七十二国国君，却没有一个人愿意采用我的意见。孔子感慨道，太难了，如今的当权者真的就难以说服吗？还是我学的道理根本就不适用于天下？

《庄子》中，孔子的问题，每一个人或多或少都思考过。孔子如此优秀，为何总是如此恓惶？很多有才能的人，每天都勤奋地向成功进发，为何总是不能到达梦想的彼岸？孔子们身上究竟还欠缺点什么呢？

---

① 孔子问礼于老子，《史记》记载是在东周，而《庄子》记载是在沛。沛在江苏，东周的首都在洛阳。

　　听完孔子的诉说，老子回答道，幸亏你没有遇见治世的君主。所谓六经，只是先王走过的路罢了，但还不是大道本身。你舍本逐末，忙于术，忘了道，只会离成功越来越远了。

　　孔子听了老子的话，默默地退出了房间。三个月后，他又一次求见老子说，我懂了，我太长时间关注物是人非，而不知道和造化为友。我不和造化为友，怎么可以用道去化人呢？

　　《庄子》的故事，以孔子的领悟作结。《庄子》是有关孔子向老子问礼的最早的文献，但遗憾的是，想象成分也最多。事实上，孔子五十一岁，尚没开始周游。所谓"觐见七十二国君"，明显出于杜撰。孔子在老子面前，垂手侍立当起学生。两人的较量，以孔子完败收场。在这个故事里，孔子更像是个小道童，而不是《论语》里那个温婉先生。通过这个寓言，道家贬低儒家、抬高自家的用意不言自明。

　　其实，在学术界，孔子是否真的见过老子，是有疑问的。理由是，如果史上两位超级牛人真曾会晤，《论语》和《老子》为何都未记载？《论语》对老子，《老子》对孔子，为何没有进行思想上的回应？《孟子》和《左传》是记载孔子生平比较信实的资料，这两本书也没有留下这次相会的蛛丝马迹。

　　但是，孔子见老子，还是流传了下来。后来，或许是西汉的《史记》抄了战国的《庄子》，三国的《孔子家语》抄了西汉的《史记》。孔子问礼于老子越来越生动，越来越富有细节，民间演绎更是无数。关于孔子见老子，鲁迅写过一篇小说《出关》，也大肆想象了一把。

孔子整天泡在老子的图书馆里，学习《税收精义》，研究《宪法原理》，遍览图书馆藏书，悉数领悟了老子学问的精义。《出关》也为孔子老子的相见设计了结尾。但与《庄子》正好相反，在《出关》中，孔老相见后，老子却有说不出的恐惧。

老子说，教完孔子后，我必须离开周。弟子很诧异。老子解释说，这个世界上，能够知道孔子学问底细的，只有我了。你们都知道，少正卯和孔子一样，也是鲁国一个教书先生。在鲁国时，他们曾因为争夺生源，发生过不愉快。孔子当了鲁国大司寇后，公报私仇，借故就把少正卯杀了。今天我把我知道的一切都教给了孔子。对于孔子来说，我已没有了利用价值。如果我还待在这里不走，孔子很可能像杀少正卯一样，把我也杀了。我再"不走，是不大方便的"。

老子说，"我们还是道不同。譬如同是一双鞋子吧，我的是走流沙，他的是上朝廷的。"老子于是骑着青牛，一路向西，一直到了边关。守关的是关尹喜。关尹喜看到一团紫气从东而来，便知来者绝非凡人。关尹喜逼迫老子留下墨迹，才允许老子出关。这就是今天五千字的《道德经》。老子将《道德经》交给关尹喜后，身影消失在了茫茫戈壁，再没有人知道他的下落。

可以说，从一个圆心出发，能够画出多少个半径不同的圆，孔子向老子问礼就有多少个版本。不同时代，不同的人，读《论语》，

孔二先生

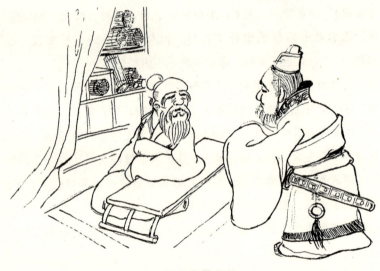

孔子向老子问礼

　　老子摆一摆手，"我们还是道不同。譬如同是一双鞋子罢，我的是走流沙，他的是上朝廷的。"

——鲁迅：《出关》

读《道德经》，想象他们的相会，都会加入自己的色彩。

或许，这和每个人从心底如何认识这两位圣人有关。老子和孔子，在我看来，一向代表着两种人。老子是出世的，面对社会的黑暗，采用犬儒主义。你专制你的，我过我的。纵然你垄断所有权力，贪腐横行，一人当政，我照样撒娇卖萌秀生活。实在忍受不了，也不过是，像巴金在《随想录》里发狠所写的，"我一定要活下去，看你们怎样收场！"

孔子则不同，孔子是入世的。他感到社会不公平，看到政治不民主，一定要发声。不过，喊破喉咙，大地也没有一点回声。谁听他的呢？到头来，凄凉如丧家之狗，受伤的还是自己。老舍在《茶馆》里，借常四爷之口说出的一句话，最适合这样人的境遇，"我爱我的国啊，可是谁爱我呀？"

孔子问礼于老子，其实就是出世和入世两种人生态度的碰撞。这一点鲁迅倒是说得对，一个是走流沙，一个是上朝廷。究竟该向哪里走，没有现成的答案。每个人都会用行动，选择一条自认为光明的大路。从而，从时光老人那里，为自己赊来一种独特人生。此种人生选定之后，快乐也罢，痛苦也罢，都需要自己独自承担，慢慢品味。

幸运的是，孔子和老子，已经走在了我们的前面。他们已经用短暂的生命，用深广的智慧，在两条不同的路上，走到了极致。从此，我们也便有机会看到了两条大路尽头不同的风景。

我时常又想，出世和入世，尽管道不同，终极上却又是统一的。入世的人，悲天悯人，以拯救苍生为己任。这种人活得很沉重，总有负载，就像大地。出世的人，孤高玄远，以超越物累为追求。这种人活得很飘逸，无所羁束，就像天空。但无论是大地，还是天空，只要各得其所，都能给心灵带来深深的宁静。

所以，读孔子，读老子，你会发现他们的不同，又会发现，他们其实有太多的相通。

至于历史中，他俩是否真的有过晤面，反倒不是我关心的了。

非敌亦非友：三家大夫

在一个竞争的社会，一个人能够达到什么高度，很多时候，和选取什么样的人做对手有关。一个人能成为伟人，多半由于他的人生中，碰到了一个伟大的敌人。

孔子一生几乎从不攻击人，只有鲁国三家大夫是例外。《论语》中，三家勉强可以算作孔子的对手。

三家的祖先是鲁桓公的三个儿子，所以三家也称"三桓"。三桓世居鲁国高位，季孙为司徒（总理），叔孙为司马（国防部长），孟孙①为司空（建筑部长）。他们有点像《红楼梦》里贾王史薛四大家族，相互照应，"一损俱损，一荣俱荣"。

三家权力，并非来自选举或国君任命，而是源于世袭。世袭制的结果是，天子、诸侯和大夫，相对独立，不存在官大一级压死人的悲剧。但各个系统独自为政，也容易产生不把王法放在眼里的乱局。

---

① 季孙（或季氏）、叔孙和孟孙，指的不是三个人，而是三个家族，或三个家族的族长。《论语》中的季桓子、季康子、孟懿子才是具体的人。

《八佾篇》开卷写道，季孙在自家厅堂内，跳起了八八六十四人的群舞。按照礼法，这种舞只有天子才有资格享用。孔子拍着桌子骂，是可忍孰不可忍！

孔子还说，三家祭祖时，竟然唱着《雍》撤掉祭品，这算怎么回事？《雍》是《诗经》的一首诗。它的歌词大意是，诸侯助祭，天子主祭。诸侯静静地立两旁，天子肃穆地立中央。这首诗只有天子祭祖时才能演奏。三家侵权，孔子又一次发出了讨伐的声音。

孔子年轻时曾在季孙家工作过。《史记》记载，孔子出身不好，家境很穷。长大后，为季孙家管理仓库，负责食品草料的采购供给。孔子还做过季孙家放牧牛羊的头儿，把牛羊养得都很肥壮。在季孙家的从政，是孔子走向社会的第一课。此时，季孙是孔子的老板，还不是对手。

人到中年，孔子当上了鲁国的司空。宦海浮沉中，孔子和宰相季孙开始了第一场对手戏。当时，鲁国有一棘手的历史问题。季桓子的父亲季平子与鲁昭公矛盾很深。昭公死后，季平子反对昭公和列祖合葬，就把昭公埋在了鲁公陵园的外侧。

孔子上任后，十分不满这种非礼行为。他就派人挖了一条深沟，将昭公墓和先主的陵墓圈在了一起。孔子对季桓子说："贬低君主，彰显自己的罪过，不合乎礼制。我把他们圈在了一起，可以掩饰您父亲（季平子）曾经的过失。"季桓子听了孔子的话，反对也不好，赞成也不好，只好默许了孔子的行为。孔子坚持了法律原则，又给上级找到了可下的台阶，打赢了和三家的第一仗。

按照我们的逻辑，戏的主角是英雄，对手一定是坏蛋。孔子是红脸的圣人，三家必定是白脸的奸臣。然而，三家实际并不特别坏，他们对孔子十分客气。《论语》中，孔子多次批评三家，但从未记载，三家向孔子发难。反而，三家向孔子问"政"问"孝"，竟达十多处。孟孙甚至将子弟送到了孔子门下学习。像孔子年轻时一样，孔子的学生大多在三家任职。冉有、冉雍、子路都做过季氏宰，即季氏总管。

在我看来，三家和孔子的对立，并不是出于私人恩怨，而只是因为政见不同。这种不和，也有一个逐渐发展的过程。鲁国国君饱受三家的折磨，三家同样深受家臣的欺凌。三家礼遇孔子，吸纳孔子弟子从政，是想借助孔子这股独立的力量，去除政在家臣之弊。而孔子一辈子都想推进鲁国的政治改革，恢复国君权威，降低百姓税负，建立礼法秩序。这些改革开始的时候，三家并不反对。但改革是把利剑，伤人在所难免，堕三都就是开始。孔子命子路拆毁三家家邑的城墙，三家猛醒，孔子改革下去，必从根本上动摇鲁国的利益分配格局。

堕三都失败，孔子和三家彻底决裂。孔子悲凉地离开了鲁国。孔子周游中，在很多国家短暂地做过官。孟子将孔子的仕宦经历概括为三类：见行可之仕、际可之仕、公养之仕。"见行可之仕"是见有机会推行自己主张，才去做官；"际可之仕"是遇到了一个贤明的君主，才走进仕途；"公养之仕"是由于国君养贤，孔子才象征性地出山问政。

孟子说，孔子只有在季桓子那里是"见行可之仕"。只有季桓子时期的仕途，最有可能实现孔子的理想。季桓子给予孔子充分的信任和足够的权力，推行改革的理念。而在其他君主那里，孔子的主张，并没有得到认真对待。这些君主承诺给孔子的，大多是空头支票，永远没有兑现的日期。

孔子的仕途，走的是下坡路。一站比一站不如意，一程比一程更恓惶。孔子周游，带着弟子，带着理想，奔走在寂寥的旷野。《新约》里约翰大声疾呼："你们悔改吧，天国近了。"然而，茫茫大地并没有温暖的回声。孔子也是如此。他大声呼喊，想叫醒在铁屋子里装睡的国君。但没有人相信，一个外乡人的政改方案，能够挽救这个已经腐烂的春秋。

孔子四处碰壁之后，鲁哀公十一年，回到了鲁国。这时，季孙家已换了当家人。季康子当上了季孙新首领。

季康子的当政还有一段插曲。《左传》记载，鲁哀公三年秋，主政大夫季桓子病重，留话给家臣："我死之后，如果夫人生的是男孩，就做季孙的首领。如果是女孩，侧室所生的肥可做继承人。""肥"就是此时已过而立之年的季康子。季桓子去世，季康子任季孙代理掌门。季桓子下葬后，夫人生产，诞生的是个男婴。家臣奔向朝廷报告，当时季康子正陪同鲁哀公处理朝政。季康子听到消息，一言未发，就走下了朝堂。鲁哀公立即派人探视新生的季孙之主，但婴儿已经死去。婴儿是谁杀的，《左传》没有下结论。但季孙新主的死，代理族长季康子受益最多，显然嫌疑也最大。

这就是春秋。和历史上所有朝代一样，权力的更替总是伴随着隐秘的算计和残忍的杀戮。这种机制下的胜出者，本性上充满了对暴力和权谋的崇拜。孔子一辈子宣讲仁爱，其实就是想给时代一服解药。消弭这种潜规则主宰的斗争，建立一个人人免于恐惧的社会。只不过，孔子的这种主张，如同向风喊话，传得很远，消散得也很快。

孔子最后一次向风喊话，是在鲁哀公十四年。那年孔子七十一岁，距离辞世还有两年。齐国执政大夫陈成子杀害了齐国国君。听到这个消息，孔子沐浴更衣，早早来到了朝堂。老人请求鲁哀公，举兵讨伐陈成子。鲁君问，"齐强鲁弱，发兵讨伐，有几成把握？"孔子答，"陈成子弑君，多数齐国人也很气愤。如果以鲁国全国之众，加上齐国半国之民，打败陈成子，不是没有希望。"哀公叹了口气说，"你还是跟三家商量商量吧。"孔子找到三家，三家无人出来就事态发言。三家用沉默给了晚年的孔子最后一击。

从孔子的经历可以看出，孔子一辈子都想在政治上找到朋友。鲁公、三家、各国诸侯，也都曾经在孔子的朋友名单中占有一席之地。孔子也希望，这些执政者能和自己一起，匡正那个颠倒的时代。或者给他一支杠杆，来撬动这个已经快要停止转动的地球。

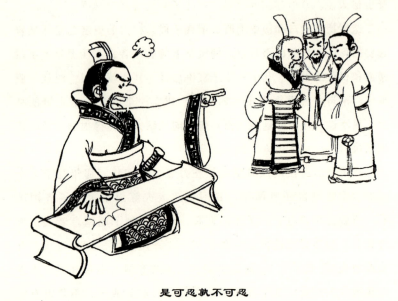

是可忍孰不可忍

　　为他人而忧，其实就是为自己而忧。为他人说话，就是为
自己说话。把违反底线的人视为敌人，也就和真理成了朋友。
对于礼崩乐坏的社会，每个人都保持沉默，自己也将成为礼崩
乐坏的受害者。

客观上来说，孔子遇到的当权者，对他都不薄。这些人提拔他，任用他，给他很高的俸禄。但孔子并没有因为私恩，放弃政治公义。当这些执政者混乱礼法、大开杀戒时，孔子一定会强烈地抗议，发出良心深处的最强音。朋友不遵守底线，在孔子那里，就成了必须讨伐的敌人。

孔子反复说过一句话，来为此类的抗议作注解。他说，我忝列过大夫之后，不敢不把我的意见坦诚地说出来。哪怕这种真话，得罪了权贵，也要说出来。因为自己当过大夫，对国家便永久有一种责任。这种责任，发展到后来，其实就是杜甫的"穷年忧黎元"，陆游的"位卑未敢忘忧国"。

为他人而忧，为族群而忧，是一个国家兴旺的根本。相反，一个群体，如果普遍地缺乏这种责任感，普遍地对他人的苦难，持久地保持冷漠。那么，这个国家，迟早会面临灾难。所有的人，在这场灾难中，将无一幸免。

德国牧师马丁·尼默勒写过一首短诗，就曾沉痛地预言过普遍冷漠导致的代价。他说，"起初他们追杀共产主义者，我不是共产主义者，我不说话；接着他们追杀犹太人，我不是犹太人，我不说话；此后他们追杀工会成员，我不是工会成员，我继续不说话；再后来他们追杀天主教徒，我不是天主教徒，我还是不说话；最后，他们奔我而来，再也没有人站起来为我说话了。"（《最先他们逮捕共产党员》）

为他人而忧，其实就是为自己而忧。为他人说话，就是为自己说话。把违反底线的人，视为敌人，也就和真理成了朋友。对于礼崩乐坏的社会，每个人都保持沉默，自己也将成为礼崩乐坏的牺牲品。

孔子时代，这个道理，已经应验。孔子劝谏鲁哀公，讨伐弑君的陈成子，哀公没放在心上。十一年后，哀公走上了和齐国国君一样的命运之路。三家大夫共同攻打哀公，哀公出逃，终于死于非命。

浊浪中的弄潮儿：阳虎

中国历史到了春秋急转直下，西周封建制度开始遭遇考验，周王再也无法号令天下。诸侯之间相互征伐，大欺小，强压弱。各个诸侯国内，主政大夫渐渐成为国中之主，诸侯大权旁落。

"犯上"似乎成为一种潮流。鲁国，也是如此。从鲁文公开始，鲁国开始被三桓主宰。截至孔子时代，这种局面已经持续了五世（宣公、成公、襄公、昭公、定公）。鲁国人已经习惯听命于大夫。

而一个人的出现使鲁国政府的权力进一步下坠。大夫的家臣代替大夫，渐渐掌控国家实权。春秋从此出现了"陪臣执国命"的乱局。

这个人就是阳虎。阳虎是季孙的家臣，《论语》称为阳货。阳虎与孔子年纪相仿，也有人说略大于孔子。

《史记》记载，孔子与阳虎相识很早。孔子十七八岁时，母亲过世，孔子为母守孝在家。季孙设宴招待"士"。孔子听说后，腰扎孝带前往季孙府邸。走到季孙家的大门，被季孙家一个家臣拦在了门外。此人叉着腰说："季孙让读书人前来进餐，而你并不在邀请之列啊。"孔圣人吃了一个闭门羹，怏怏地回去了。这个刻薄的家臣正是阳虎。

阳虎为何如此不给少年孔子面子，我们不得而知。我们只知道，在任何时代，底层的政治生态都是十分现实和残忍的。在春秋，或者在鲁国，官员都是世袭的。官一代的儿子是官二代。那时没有科举，没有高考。农二代或者穷二代想当公仆，必须先到权贵人家担任家臣。家臣地位低，但也有一些实权，负责大夫家的私人事务。如果说大夫是国的公务员，家臣则是家的公务员。

孔子的家庭，不属于社会最底层。孔子的祖先是宋国的贵族，因为政治迫害逃难到了鲁国。孔子的父亲叔梁纥是鲁国小城邹邑的大夫。在孔子三岁时，就去世了。孔子从幼年起，家境已经和普通百姓没有区别。被阳虎拦住后不久，孔子也进入了季孙家，做起了家臣。

孔子在季孙家的具体情形，史书记载很少。从有限的文献来看，孔子做过管理仓库、放牧牛羊的工作。另外，孔子说，"吾少也贱，故多能鄙事。"少年的时候，身份比较低，学会了很多一般人不屑于学习的手艺。这些手艺，很大一部分就是在季孙家学来的。从孔子的话也可看出，孔子在季孙家，仕途并没有太多惊人之处。他只是放羊养牛，不太可能接近季孙家的权力中枢，从而对鲁国政治产生影响。

而同是在季孙家，阳虎的人生却异常精彩。举一个例子。孔子四十七岁，鲁国执政季平子去世。葬礼如何安排，阳虎和季孙家另一位家臣仲梁怀发生了争执。阳虎说，主公生前实际权力等同诸侯，主公死后就应当按照诸侯之礼下葬。仲梁怀拍桌子反对，葬礼没能按照阳虎的意愿进行。阳虎很生气，后来借故就把仲梁怀赶出了鲁国。尽管史书没有记载阳虎此时在季孙家的实际职务，但可想而知绝非等闲之辈。

葬礼事件接下来的事态发展，更证明了阳虎的实力。阳虎驱逐仲梁怀，惹怒了季平子的接班人季桓子。季桓子要给阳虎一点厉害。不料，没等季桓子动手，阳虎已经察觉。他带着一帮人将季桓子捆了起来。季桓子没办法，只好与阳虎山盟海誓，永远哥俩好，才被释放。从此，阳虎连季桓子也不放在眼里。司马迁说"阳虎由此益轻季氏"。

孔子四十八岁，阳虎的权力达到了巅峰。《左传》记载，这一年鲁国侵犯郑国。战斗中，"阳虎使季、孟自南门入，出自东门"。同年，季桓子到晋国向晋君献礼，阳虎则强迫孟懿子到晋国问候晋君夫人。季孙、孟孙作为鲁国上卿，却要听从家臣阳虎的命令，可见阳虎的权力有多大。阳虎在这一年，"又盟公及三桓于周社，盟国人于亳社，诅于五父之衢"。不仅三家大夫，就连国君和国人都要和阳虎盟誓，才能换得安宁。此时，阳虎已经俨然成为鲁国权力第一人。

在政坛上，阳虎唯一欠缺的，就是贵族头衔。阳虎有的是办法，他利用三家的矛盾，成功鼓动起了三家中郁郁不得志的力量。季孙家的季寤，觊觎兄长季桓子的位置已久。叔孙氏家族的庶出子弟叔孙辄，也一直想当上叔孙一把手。阳虎大胆计划，血洗鲁国高层。事成之后，扶植季寤、叔孙辄两人登上季孙和叔孙族长之位，而自己则取代孟孙。

鲁国政坛正在酝酿一场地震。这时，阳虎突然想到了孔子。这里需要交代一下时间。孔子三十岁之前，任职于季孙家，但随后就辞掉了工作。从此，在家开设学堂，招收门徒，当起了教师。到阳虎想起孔子，已经过了将近二十年。这二十年中，孔子教授学生，名满天下。但司马迁也一针见血地指出，孔子在这期间"循道弥久，温温无所试，莫已能用"。修炼了很久，但无用武之地，无人可以投靠施展抱负，十分苦闷。阳虎心想，这是天赐良机。孔子名望出众，如果出手助我，必能为革命带来道德和舆论上的极大支持。

《论语》真实地记载了阳虎如何请孔子出山，"阳货（虎）欲见孔子，孔子不见"。阳虎想见孔子，但孔子不愿意见阳虎。世事反转，当初阳虎不愿意在季孙门前，看见落寞的孔子。今天，孔子不愿意在曲阜的家中，遇见发达的阳虎。

阳虎想到了"礼"。当时，阳虎虽是季孙家臣，但已位列鲁国大夫。而孔子还是士，和大夫之间还差着一个身份等级。依礼，大夫向士馈赠，士不可以在家接受礼品，必须亲自前往大夫家拜谢。于是，阳虎趁孔子不在家，给孔子家送了一只蒸乳猪，然后回家静待孔子上门。谁知，孔子也玩起了计谋。他专门趁阳虎不在家，掂着乳猪，前往阳虎府邸答谢。

世间很多事情，真的很巧合，孔子在回拜的路上却和阳虎不期而遇。阳虎冲孔子招手说，来，我问你几句话，自己有一身本领，却听任国家糊里糊涂，这是仁爱吗？孔子答，不是。阳虎又问，喜欢做官，却屡屡错过机会，这叫聪明吗？孔子答，不是。阳虎笑了，悠悠地说，青葱岁月，马上就会成为过去，时间不等人啊。孔子叹了一口气说，好吧，我收拾收拾，马上出仕。

阳虎和孔子，一个是史书中的大奸臣、大军阀，一个是读书人心中的大圣人、大宗师，就这样在《论语》中展开了对白。让人意外的是，阳虎的表现可圈可点，而孔子却相形见绌。阳虎层层设问，步步紧逼。孔子在阳虎面前，似乎并无多少发言机会。就像少年时期一样，阳虎一句"季孙没请你"，就把孔子打发了回去。而这次，阳虎同样没用几句话，就逼得孔子不得不说出"我将出仕"的话来。

《论语》是一本语录性质的著作，主要记载的是孔子和别人的对话。我们可以看到，孔子无论和弟子对话，还是和国君、贵族对话，都始终不慌不忙，掌握着谈话节奏。唯有和阳虎的相逢，孔子似乎被阳虎的气场镇住了。一个圣人，唯唯诺诺。一个奸贼，霸气外露。《论语》的此段文字，例外得实在让我们吃惊。

孔子和阳虎谈话后不久，阳虎发动了政变。三家被阳虎逼到墙角，却爆发出了惊人的力量。阳虎军队，如纸糊的老虎，终于被打败。阳虎败后，并没有低下头想着逃走。他脱掉铠甲，闯进鲁王宫内，取走了鲁国两件宝贝——宝玉和大弓。王宫之人眼睁睁看着阳

阳虎逼孔子出仕

　　哪一种方式更值得向往？在混浊的波涛中，随波逐流，像阳虎一样，做风光的弄潮儿？还是像孔子一样，在茫茫的雪野上，守住寂寞，做独钓寒江雪的独行者？这可能本身就是个无解的问题。

虎潇洒地进入王宫，潇洒地走出王宫，没有一个人上前阻拦。阳虎从王宫出来后，在五父之衢美美睡了一夜，随从劝道，"快跑吧，三家的追兵到了。"阳虎轻蔑地笑了笑说，"鲁国人听说我走，都庆幸自己可以晚死几天，如何会有时间追我？"事情的发展，还真如阳虎所料，鲁国没人敢来追赶。于是，阳虎悠哉悠哉地溜进了齐鲁边境的阳关。

而唯唯诺诺的孔子承诺出仕后，并没有立即出山。孔子选择了继续等待。但孔子和阳虎的缘分，并没有随阳虎的落败而告终。孔子和阳虎长得十分相似。孔子周游期间，一次路过匡地，匡人听说后，以为鲁国的阳虎又来骚扰。以前，阳虎曾经暴打过匡人。匡人就将孔子拘留了起来。五天后，在众弟子的帮助下才脱险。因为阳虎，孔子躺着也中了一枪。这段经历，历史上称为"匡地之围"。

纵观阳虎和孔子的一生，可以看出，这对一辈子纠缠不清的"朋友"，有相似，又有不同。他们都来自贫寒阶层，都不满社会，都想改变现状，但采取的方式截然不同。阳虎以暴制暴，以阴谋对抗阴谋。这种人生路径，在政治上很有可能成功，也很容易失败。成功了，便是侯王；失败了，便是奸贼。而孔子的选择则是另外一种。他试图用温良恭俭让，来对抗无处不在的政治险恶。这种方式，在现实中却最容易碰壁。你按规矩出牌，社会却处处不讲道理。众人皆醉的时候，独醒的人往往最痛苦。

哪一种方式，更值得向往？在混浊的波涛中，随波逐流，像阳虎一样，做风光的弄潮儿？还是像孔子一样，在茫茫的雪野上，守住寂寞，做独钓寒江雪的独行者？这可能本身就是个无解的问题。

我常想，阳虎和孔子，年龄相似，出身相似，相貌相似，智商相似，年少时工作单位相似。他们本该有一场相似的命运，享受相似的沉浮与枯荣。然而，造化弄人。生前，阳虎登上权力之巅，生命怒放，死后跌入深渊。生前，孔子理想碰壁，倍感挫折，死后登上了神坛。

命也？非也？冥冥中，一切似有定数，却又无常。

向阳光伸出叶子：公山弗扰的召唤

　　时间对于每个人来说，都是公平的。不管你是传说中的圣人，还是街边的小民，时间都会不紧不慢地将你的岁月，由青葱烤成枯黄。

　　孔子，转眼到了五十岁这个知天命的人生关口。

　　在这个敏感的生命节点，孔子内心生出许多焦灼。《论语·子罕篇》记载，孔子说：后生可畏，怎么知道后来人不如今人呢？青春是一种资本，年轻人代表着未来。一个人四五十岁，还没有做出成绩，这辈子也就如此了。

　　五十岁前后，孔子判若两人。五十岁之前，子路、颜回等诸多弟子从游孔子。孔子坐于杏坛之上，教大家读书，和大家谈理想论人生，弦歌不断，生活过得有滋有味。

　　五十岁之前，孔子自我感觉良好。达巷人评价孔子说，"学问很大，不过没有成名的专长。"门人将这句话转告孔子，孔子很坦率答道："达巷人说得对啊。我擅长哪一行呢？赶车呢还是射箭呢？我还是擅长赶车啊。"

　　五十岁之前，有人劝孔子不要总是宅在家里，要出山从政，施展才能。孔子洒脱地说："《尚书》说，遵守孝道，友爱兄弟，便会对从政产生影响。孝悌就是最大的政治，何必非要做官才算从政呢？"

五十岁之后，孔子的心境，却悄然变化。孔子不再认同，"宅"是很好的进攻方式。政治舞台上，同事阳虎，长袖善舞，做成了很多大事，名震诸侯。而孔子却还一事无成。他坐在川上感慨，时间像流水，逝者如斯夫。再好的演员，没有舞台，也是枉然。鲁国还是那个鲁国，乱臣当道。天下还是那个天下，群魔乱舞。孔子坐不住了。

史铁生写过一篇《秋天的怀念》。双腿瘫痪后，史铁生性情变得十分乖张。他说，"望着望着天上北归的雁阵，我会突然把面前的玻璃砸碎；听着听着李谷一甜美的歌声，我会猛地把手边的东西摔向四周的墙壁。"

读《论语》，你会发现，五十岁后，面对岁月蹉跎，孔子也有着同样的反常。望着北飞的雁阵，孔子会突然感慨，"没有人会了解我了"、"下学人事，上达真理，知道我的只有天了"。听着子路在学堂外引吭高歌，孔子会忽然说："凤凰不来，黄河不见祥瑞图景，我这辈子要完了。"这些自负的话，放在以前，根本不可想象是出自一向谦逊的孔子之口。

子路是个粗人，不会觉察到圣人更年期的来临。孔子学堂中，却有一位弟子敏感地感受到了老师的变化。这个人就是子贡。他看见孔子反常的表现，知道老师一定有心事。他就问孔子："如果我有块美玉，是放在柜子里藏着好呢，还是找个识货的买家卖掉呢？"孔子明白子贡的话外音。他长叹一声说："卖掉啊，卖掉啊。我等着买主哩。"

其实，在孔子的人生中，买主并不少。阳虎为了"买"孔子出山，不惜和孔子玩起了猫捉老鼠的游戏。此后不久，买家又找上了门。这次，买家则是季氏家私邑费市市长公山弗扰。

公山弗扰，也称公山不狃。他和阳虎是好友。在重大问题上，阳虎对他言听计从，这在季平子下葬一事上表现得最明显。《左传》记载，鲁定公五年六月，季平子病逝。阳虎准备用贵重的玙璠陪葬季孙家的老族长，仲梁怀不同意。阳虎震怒，想把仲梁怀逐出鲁国。公山不狃劝阳虎，阳虎才作罢。

季平子下葬后，季孙接班人季桓子巡行，到了费城。季桓子很尊敬费城长官公山，而仲梁怀却很傲慢。公山不狃大怒，就对阳虎说："您还是把他赶走吧。"阳虎二话没说，就把仲梁怀逐出了国门。

阳虎逼孔子出仕，孔子被迫答应了。然而，阳虎未等孔子加入到自己的阵营，就开始了政变。公山请孔子出山，正是阳虎等人作乱的这一年。

《论语·阳货篇》记载，公山请孔子，也是因为反叛。公山反叛主公季孙，也想拉孔子进入自己的集团，以扩大声势。这一次召孔子，孔子真的心动了。阳虎请孔子出山，《论语》详细地记载了阳虎对孔子的说服。而公山请孔子，《论语》只用了四个字"召，子欲往"。"召"，不像是亲自上门，更像是派人传话。这有个岗位空缺，你可以来试一试。而"子欲往"，则说明孔子接到邀请后，也没有表现出多少矜持。

孔子这种急于仕进的心态，颇让人费解。在大家的印象里，孔子看不起鲁国的执政官员。孔子如此评价过鲁国公仆，"斗筲之人何足算哉？"这般气量狭小的人算得了什么。言语中，充满了不屑。但是面对公山的邀请，孔子却并没有拿出不与执政者同流合污的气概。对孔子的这种反差，子路表达了强烈的反对。子路说，"夫子没有地方去也就算了，何必到公山那里呢？"

《论语》还记载了一事，与公山召孔子类似。晋国执政大夫赵氏家，也出现了叛臣。这个叛臣叫佛肸。他也召孔子出仕。孔子蠢蠢欲动，子路同样站出来强烈反对。子路说，"从前夫子您说过，做坏事的人，君子是不去他那里的。如今佛肸盘踞中牟谋反，您却要去为他服务，这怎么解释呢？"

《论语》用无数的笔墨证明了，子路身上具有一种"我爱我师我更爱真理"的气质。在他眼里，如果权威和真理发生冲突，他一定会站在真理一方。

可以想见，面对弟子质疑，孔子一定很窘迫。人们常说，英雄和圣人的区别是，英雄总想征服天下，而圣人只想征服自己。《论语》多次向我们展现了孔子的自我征服历程。孔子说过，不要发愁没有职位，要愁的是人如何修身养性。孔子还说，不义而富且贵，于我如浮云。然而，《论语》却又不只一次地记载，面对公山等人的邀请，孔子的行动和语言，似乎存在一定的距离。

孔子汲汲于仕进

　　孔子虽被后世塑造为圣人，但也活在具体的时代。他有普通人的感情，也有普通人的无奈。

若翻开历史来看，孔子的出仕，远比不上那些贤相名臣风光。在中国历史上，大凡开国的大臣，都很骄傲和矜持。比如，商朝的伊尹，原先只是一厨师。他遇到商汤后，就以做饭的比喻，来劝谏商汤如何治国。商汤看出，这个人绝非等闲之辈，就想聘请他为丞相。然而，前后一共五顾茅庐，伊尹才答应出山。周朝的姜尚姜太公，文王为了请他，甚至赤背拉着他的船，在河滩上走了八百步。姜尚心受感动，才答应辅佐文王八百年的江山。

相比较之下，这些光荣的传说，孔子一件也没赶上。孔子以一种近乎丢面子的方式，表达着要和当权者合作的渴望。很多学者受不了这种反差，他们试图论证，《论语》中孔子的"出仕"章节，系人为捏造。比如，清代学者崔述在《洙泗考信录》中就说，依据《左传》，公山弗扰在费地叛乱，孔子五十四岁。当时，孔子已经身为鲁国大司寇，公山弗扰不可能召孔子，孔子也没有理由离开首都到一个边远的"费"从政。

崔述为圣人讳，遭到了不少人的反驳。比如，钱穆就认为，《论语》中公山的"以费叛"并不是说有"叛迹"，而是有"叛情"，即出现对鲁国执政大夫季孙的反叛情绪。孔子在五十四岁之前，公山就已经存在这种"以费叛"的心思。《论语》的记载，在时间点上，没有多大的问题。在没有更强的反证出现前，《论语》还是可信的。孔子向公山、佛肸靠拢，并非出自人为的杜撰（《孔子传》）。

我认为钱穆的观点比较合乎情理。孔子虽被后世塑造为圣人，但孔子也活在具体的时代。他有普通人的感情，也有普通人的无奈。不得志时，他也会徘徊、彷徨。《论语》很诚实，它没有像后世的儒书一样，一味为孔子唱颂歌。它用极其写实的风格，表现了孔子在人生十字路口的抉择。通过这种抉择过程，我们看到的不是一个充满高度的圣人，而是一个满含温度的常人。

对自己的行为，孔子做了这样的解释。如果有人召唤我，难道只是召唤而已吗？如果有人用我，我岂不是可以复兴一个东周吗？对孔子来说，出山是为了实现一个渐行渐远的周朝之梦。在这个梦中，人人甘其食，美其服，老人得到尊重，儿童得到爱护，社会长幼有序，讲信修睦。只要有实现这个梦想的机会，孔子都愿意前去试一试。至于后来证实，这种机会来自乌有之乡。但我们不能因此否定梦想本身的价值。

哲学家说，时光之憾是人的永恒之憾。人从无限的时间里赊来了一段光阴，成就了有限生命，至长不过百年。在这短暂的旅程中，人想要完成许多梦想。不然，就辜负了这段不可重来的路程。在孔子看来，五十岁再不出发，或许就真的赶不上岁月的列车了。所以，孔子刚听到公山的召唤，就毅然决定出发。

其实，人生有很多次出发。小孩子背着书包上学堂，是一种出发。长大后，找到一份工作，为才能找到用武之地，也是一种出发。孔子的出发，便属于后一种。

不过，既然出发，前方就有数不清的障碍。跨过障碍，才能迎来真正的成功。如同石头下面的小草，只有顶开了石头，春天才能来临。小草在顶开石块的过程中，身子也许会有弯曲，但这都是因为空隙和阳光之故。对于孔子，谁那里有复兴东周的希望，谁就是那缕透过夹缝伸展过来的温暖阳光。

对于自然界来说，宽容弯曲，善待迂回，就是尊重成长本身。向空隙伸出根茎，向阳光伸出叶子，本来就是生的命令。

正因为如此，我对孔子的急于仕进，反倒充满了敬意和同情。

国家堕落"我"有责任：昭公知礼

人们常说，二十四史，不知从何说起。这个说法也适合孔子作的《春秋》。《春秋》从鲁隐公开始，到鲁哀公结束，一共写了鲁国的十二个君主。了解春秋，认识孔子，从十二公的哪位开始呢？

《论语》选择了其中一位，记录了孔子对他的看法。弄明白这位君主的境遇，也许就能管窥整个春秋的历史症结。这个人就是鲁昭公。在鲁国所有的君主中，鲁昭公对孔子影响最大。昭公即位时，孔子还是一个十岁的孩子。昭公在位三十二年，去世时，孔子四十二岁，人已到中年。孔子一生中的黄金三十年，是在昭公的统治下度过的。

《论语》记载，有一次，陈国的司法部长陈司败问孔子："已经故去的昭公知礼吗？"

陈司败为何会质疑鲁昭公是否知礼呢？这多少让人意外。春秋是一个礼制时代，鲁国被称为礼仪之邦。作为鲁国领袖，"知礼"是必备的从政素质。春秋舞台上，鲁昭公也一直享有"知礼"的口碑。《左传》记载，鲁昭公刚任国君不久，曾到晋国访问，举手投足之间，气度非凡。晋侯对鲁昭公的评价就是"善于礼"。

所以，孔子肯定地回答陈司败："昭公知礼。"然后，就走出了房门。陈司败不满意这个回答，他一把拽住巫马期的袖子，对这位孔门弟子说，"我听说君子论政不偏袒任何一方，看来你们的夫子，号称君子，也不过如此。"巫马期瞪了陈司败一眼道："此话怎讲？"陈司败说："春秋礼法，贵族同姓不婚，而昭公娶了吴国小姐'吴孟子'。'吴孟子'和昭公不正是同姓吗？昭公知礼吗？昭公知礼的话，天下人就没有不知礼的了。"

陈司败讲的是实情。"同姓不婚"是周礼的规定。在周朝哪怕是再远房的同姓，也不得通婚。昭公的始祖，是周文王的儿子周公姬旦。吴孟子的始祖则是周文王的伯父泰伯。昭公和吴孟子都姓姬。所以，他们的婚姻明显僭越了春秋的礼制。也是因为这个缘故，昭公或者鲁国人，才不敢按习俗称吴国小姐为"吴姬"，而改称"吴孟子"作为掩盖。

《论语》记载，巫马期将陈司败的批评，迅速地转告给了孔子。孔子听了，半天没有说话。陈司败的话没错。昭公是春秋礼宗鲁国的元首，但带头违反了礼法。国家元首不把执政的宪法放在眼里，在这个国家，法律的尊严和民众对法律的信仰，也就无从谈起。这是专制国家的弊端。一个国家没有法治、没有民主，立法者往往会带头违法，并将违法视为特权。这是孔子很清楚的道理。

孔子更心知肚明的是，在当时的鲁国，权贵违法，已经形成了一股潮流。孔子还是少年时，经常进出鲁国太庙，发现供奉周公的

陈司败诘难孔子

一个人最尴尬的时候，是有人当着你的面直言不讳地批评你的国家，抨击你的亲友。此时，任何人都是既对批评者愤怒，又替被批评者羞愧。默默无语还是顾左右言他，孔子有没有更好的办法摆脱尴尬？

堂堂太庙，竟然也充满了非礼之处。鲁作为周的一诸侯国，本无资格用天子礼祭拜先祖。所以，孔子在庙里听到祭祀天子的音乐，就很诧异，经常问太庙的主管，这是哪一种礼，那是哪一种礼。孔子走后，太庙的官员就讥笑孔子，"你们看，谁说这个姓孔的小子懂礼，进入太庙，啥都不懂，每件事都要问！"年轻的孔子，听到后愤懑地反驳："那些是礼吗？"

在孔子的心中，礼就是春秋的法律，遵守礼，就是遵守春秋的法治。礼保护每一个人的尊严，让每个人有安身立命之本。当越礼成了常态，最终每一个人都可能成为受害者。鲁国对礼的背弃，最终使国家元首昭公吃尽了苦头。

孔子三十五岁那年，鲁国执政季平子和郈昭伯因为斗鸡发生争执。为了取胜，季平子给鸡翅抹上了芥末，而郈昭伯则给鸡爪装上了金属薄片。两人互相指责对方犯规，斗鸡最终演变成一场政治纠纷。昭公偏袒郈昭伯，就出兵攻打一向强势的季孙家族。昭公的出兵，引起了鲁国其他两家大夫的不满。他们担心，失去季孙，三家将不复存在。三家联合攻击昭公，昭公军队大败，昭公本人被迫开始了漫长的流亡。

昭公的失败，宣告鲁国政治彻底进入到权臣执政时代。国家元首成了虚设，在政治生活中，象征意义大于实际意义。三家权力，越来越失去节制。他们公然在厅堂内演奏天子音乐《雍》，跳天子的"八佾"舞。而三家大夫的家臣，也纷纷效仿他们的主人，僭越礼法，春秋出现了所谓"陪臣执国命"的乱局。

　　昭公败坏了礼制，酿成了苦果。孔子为何不敢在陈司败面前承认昭公的过失呢？礼是孔子整个价值观的核心之一。孔子一生奔走，就是想恢复礼的尊严，让权力处在"礼"的节制之下。唯一合理的解释是，鲁国乱法，昭公违反同姓不婚之礼，孔子显然是知道的。不过，在正式的外交场合，孔子又不好当着陈司败的面，指责国君不知礼。

　　一个人最尴尬的时候，是有人当着你的面直言不讳地批评你的国家，抨击你的亲友。此时，任何人都是既对批评者愤怒，又替被批评者羞愧。默默无语还是顾左右言他，孔子有没有更好的办法摆脱尴尬？

　　为国争光，最终的责任在于政府，而不在国民。国民所能为国争取的荣誉，是很小的。只有一个国家的政府，推行仁政和法治，重视人权和民生，这个国家的国民才会在国际上真正挺得起腰板。只凭借少数的几个人获得一两项国际大奖，显然无法实现这个目标。

　　孔子最终是这样来回答陈司败的质疑的。他说："我错了，就有人知道，这是丘的幸运。"孔子回避了昭公是否知礼的问题，而坦陈自己搞错了。这是孔子的不寻常之处。在一个礼崩乐坏的社会里，整天抨击政府、抱怨体制的人，随处都可以见到。但很少会有人像孔子一样说，这是"我"的过错。在这场堕落中，也有"我"的一份责任。在这场"不知礼"的盛宴中，"我"也未能免俗，反倒成了推波助澜的人。

这也是《论语》的可贵之处。与宗教书籍中的首领不同，《论语》中的孔子，没有实行神迹的力量，也从来没宣称过自己拥有绝对的真理。隐士嘲笑孔子，弟子质问孔子，权贵非议孔子。孔子不只一次地低头认错。《论语》把它们都真实地记录了下来。《论语》丝毫没有为圣人讳。在《论语》编者的心中，他们编的不是圣书，而只是夫子的传记。孔子可能不是完美的，但一定是真诚的。这种真诚，却往往能穿透虚伪，最直接地撞击人柔软的心灵。

所以，我想，孔子勇于担过，反倒会让陈司败多少感到猝不及防。陈司败本想找个机会使劲挖苦一下孔子，没想到鼎鼎大名的孔先生，这么快就缴枪投降了。这就像两个人论辩，一个人刚挑起头，另一个立刻承认自己刚才观点的失误，这反而会让挑起话题的人感到不好意思。

这也许就是谈话的艺术。有的人虽拥有真理，言辞却锋芒太过，即便说得对，也很难让人心服口服。而有的人，将姿态摆得很低，不怕把自己的弱点暴露给别人看。反倒因为真诚，赢得了极大的尊重。

正是在这一点上，孔子胜过了同是儒家圣人的孟子。《孟子》全书，大部分是在和别人论辩。孟子批评国君言利不言义，质疑大臣言不由衷，反驳农家事必躬亲。在孟子凌厉的言辞攻势前，很少有人能体面地退场。洋洋洒洒三万五千言中，从来没有见过孟子低过头，认过输。孔孟相比，孟子更像是拿着匕首的斗士，而孔子更像是大肚能容的佛祖。前者怒目圆睁，后者面露笑容。两者比较，瞪着眼的，远不如眯着眼的更容易让人接受。

　　但可惜的是，不管是运用哪一种说话方式，孔子或孟子生前都未能成功施展自己的政治抱负。他们辛勤地奔走游说，却始终被隔绝在主流的政治体系之外。他们的仁义主张，诸侯听了只是鼓掌，从不动心。诸侯和权臣，依旧合法地违背着他们自己创立的礼法，百姓依旧合法地忍受着种种人间苦难。

　　真诚的人，没有得到真诚的回报。邪恶的人，没有得到正义的惩罚。这就是人间的不公平。对于这种不公，孔子还是借机表达了自己的看法。陈司败和孔子会晤多年以后，"昭公知礼"中唯一的女主角"吴孟子"辞世。孔子在《春秋》里写道："夏五月甲辰，孟子卒。"

　　对这段话，为《春秋》作传的左丘明进行了解释："夏五月，昭夫人孟子卒。昭公娶于吴，故不书姓。死不赴（讣），故不称夫人。"寥寥数语，道出了孔子春秋笔法的含义。夏历的五月，昭公夫人孟子去世。昭公娶妻于吴，本为同姓相婚，所以孔子不在史书中记载吴孟子的姓氏。吴孟子去世的时候，鲁国没有向诸侯发布讣告。因为若发布讣告，必须依照礼制，告诉诸侯死者的母家姓，这等于让鲁国人自曝家丑。因为鲁国没有发讣告，所以，孔子作《春秋》，不称昭公亡妻为夫人。

　　从左丘明的解读中，我们可以看出，孔子对于昭公的违礼，不是不知，只是不言。不是不言，只是有时无需言。在《春秋》中，孔子用心称量一字一句，最终完成了对违法者的审判。

　　只是不知，左先生如此解释，是否符合孔子晚年写史时的心意？

心灵不要被"招安"：定公问政

政治文化里，存在一种很奇怪的"招安"现象。

有些人，在没有进入权力系统之前，整天慷慨陈词，批评政府。而一旦穿上了官服，就完全像换了一个人，对权力低眉顺眼起来。就好像政权更迭，反对派成了执政党，立即就忘了竞选承诺，变得比原来的还坏。

孔子也被"招安"过。

五十岁之前，孔子是个教育家、政治学家。他自由地抨击春秋和鲁国政治，认为三家大夫的行为"是可忍孰不可忍"。五十一岁，孔子出仕，担任鲁国中都宰，即中都县县令。五十二岁，由中都宰升至司空，旋即升任大司寇，由政治学家变成了政治家。

"招安"后的孔子，如何看待政府，如何决定改革呢？他与鲁国的执政者又有哪些碰撞呢？

孔子出仕，是在鲁定公九年。从出仕到结束仕途，前后共四年，这段时间都是在鲁定公的统治之下。

先说一下鲁定公这位君主。鲁定公能够当上国君，和鲁昭公的失败有关。

鲁昭公兵败于三家后，流亡到了齐国。一直到死于齐国的乾侯，前后在外八年。这八年，鲁国并没有另立新君，而是由执政季平子担任代理君主一职。昭公死后，按照礼法，应由昭公的儿子继位。但季平子怨恨昭公，连带不喜欢昭公的儿子们。季平子支持昭公的弟弟出任国君，这个人就是鲁定公。

鲁定公出任国君的这一年，季平子重新修缮了早已废弃的鲁国先君鲁炀公庙宇。鲁炀公曾继承兄长鲁考公登上君位。季平子的用意很明显，就是告诉鲁国人，鲁昭公死后，自己废子立弟，让鲁定公继位，历史上已有先例。所以，和昭公相比，鲁定公受三桓挟制更深。他登上鲁国权力的顶峰，实在是季孙一手的功劳。

《论语》记载过两次孔子和这位傀儡君主的谈话。

《论语·子路篇》记载，鲁定公问孔子，"一言而可以兴邦"，有这事吗？孔子答，说话不能这么简单。不过，大家都说，"为君难，为臣不易"，假如知道做君上的困难，不就几乎可以一言兴邦吗？定公又问，"一言而丧邦"，有这事吗？孔子说，说话不可以这么机械，大家都说，"我做国君没有别的快乐，只是我说的话，没人敢违背。"假如说的话正确，没人违背，不是很好吗？假如说的话错误，不就是一言丧邦吗？

《论语·八佾篇》还记载了鲁定公和孔子的另一则对话。鲁定公问，君主使用臣子，臣子服侍国君，各自应该怎样做？孔子回答，君主应该依礼来使用臣子，臣子应该尽忠服侍君主。

孔子和定公的这两则对话，都涉及一个核心问题，就是如何当好一个国君，如何做好一个臣子。这是整个春秋都没有处理好的问题。君指挥不了臣，臣不听从君。当时存在这个问题的不只是鲁国。《论语》记载，孔子到齐国，齐景公很苦恼，他问孔子怎样处理乱臣贼子，孔子回答，"君君，臣臣，父父，子子"。做君主的要像个君主，做臣子的要像个臣子。虽然臣子存在问题，但是作为君主也要承担责任。孔子给齐景公开的药方，和给鲁定公开的药方，基本一致。

君臣双方都没有尽到责任，从而导致了国家的危难。定公的哥哥、失败的鲁昭公就是最好的例子。《左传》记载，昭公和季孙发生战斗时，昭公的军队起初攻开了季孙的大门。季平子登上了武子台，向昭公请罪。季平子请求躲避到沂（水）上等待昭公发落，昭公不许。季平子请求罢官还乡，回到封地费，昭公也不许。季平子又请求，只带五辆车，逃亡他国，昭公又不许。昭公之臣子家子就劝昭公："您就答应季孙的请求吧，让他带着家眷逃亡。季孙在鲁国的根基太大了，国人认识季孙，而不认识君上您。如果他再三请求，您还不答应，将激起众怨，到时不好收拾。"昭公不听。

结果，孟孙、叔孙看到季孙危急，出手相救，昭公大败。这时，子家子又劝昭公，"蛊惑您攻击季孙的人已经逃走，您留在鲁国，季孙不敢把您怎么样。"昭公说，"我不堪忍受季孙的僭越欺辱。"最后选择了流亡，踏上了不归路。后人在点评这段历史时就说，"昭公为了个人的理由抛弃国家，抛弃祖先之灵，并将后人抛

诸脑后。"（金安平《孔子》）

昭公的失败，源于他对鲁国政局的判断失误。三家大夫树大根深，这是鲁国最大的现实政治。任何改革，任何变化，必须谨慎地对待这种既存事实。孔子说，"为君难，为臣不易。"君主和臣子，都要谨慎地为国家谋划未来。否则，脑门儿一热，轻举妄动，只能是害了自己，害了民族，害了社稷。昭公丧国流亡，正好印证了孔子判断的准确。我想，孔子借这句话，其实也是在劝慰定公，不要像你的前任一样，不知道为君之难。定公向孔子问政后，"为君难"，从此就成了一句名言。后来，雍正还把这句话刻成了玉玺，放置在书案上，时刻警醒自己，做一个靠谱的皇上。

孔子和定公的问答，让我们思考，国家虚弱的时候，君主和臣民究竟谁应该负起主要的责任。在孔子看来，主要是君主。孔子说过，"政者，正也。子帅以正，孰敢不正？"政治上，只有高层建立一套公平、民主和法治的秩序，并率先垂范，民众自然会效仿。如果上位的人，专制独裁、贪污腐败，一味要求公民建立道德档案，到头来不过是徒显无耻而已。

《老子》说，"其政闷闷，其民淳淳；其政察察，其民缺缺。"政治清明，百姓自然会为人淳厚；政治严苛，百姓自然会跟着刻薄。应该说，孔子和老子，在君臣关系上，都强调了君主的义务。

政治家向孔子问计，孔子的回答一针见血。他没有为当权者粉饰太平，一如他在没有从政之前的那种敢言和敏锐。走上政坛的孔子，如果一定要说有何改变的话，就是说话更加圆润，不再直接抨击具体的个人。但孔子对时代和国家的判断，在本质和原则上并没有变化。这样的人，真可谓国家的脊梁。

但是，除了《论语》外，很多书籍中的孔子，并不是这样。这些书中的孔子，天文地理，无一不晓，片面地强调孔子在鉴宝方面的才能，而忘记了孔子的直言强谏。被誉为"史家之绝唱"的《史记》，在这方面就是如此。

《史记》记载，季桓子挖井时挖出了一个瓦罐。瓦罐上画了一只羊一样的动物。季桓子骗孔子说，"我们挖到了一只狗。"孔子说，"应该是羊吧。"大家都很惊诧，孔子解释道："我听说森林高山中的怪物叫夔、罔阆，水中的怪物叫龙、罔象，而土里的怪物叫坟羊。"大家由此都很叹服孔子的博学。类似的诡异故事，还有很多。鲁迅评价《三国演义》，"状诸葛之多智而近妖。"这种说法，用在后世很多孔子故事里也是恰当的。

博览群书被夸大，而政治方面的才华，被刻意地遮蔽了。春秋时期，孔子也面临着同样刻意的误解。《左传》记载，孔子五十二岁，陪同鲁定公到齐国的夹谷和齐侯会盟。齐国人看不起孔子，对齐侯说，"孔丘知礼而无勇。如果会盟过程中，鼓动少数民族莱民劫持鲁公，我们就可以逼迫鲁国签订对我们有利的条约。"齐侯采纳了这个建议。会盟中，莱人窜出，意欲作乱。孔子站了出来，指挥鲁公亲兵击退莱民，并斥责齐侯的失礼。孔子凭借强硬而有智慧的表现，迫使齐国归还了三座被侵占的城池。这个历史事件，史称孔子"相夹谷"。

孔子夹谷退莱民

　　定公问政，孔子没有对鲁国政局之弊保持沉默。他用如刺
的话语，提醒君主的责任。相夹谷说明，在国家和民族遭遇危
难的时候，孔子又是如何豁出性命，捍卫国家的尊严。这和我
们常见的执政者，对百姓强硬、对长官软弱，对国内残酷、对
外国温柔，恰恰形成鲜明的对比。

应该说，孔子是多面的。孔子在阳虎面前，唯唯诺诺，似乎有说不出的害怕。但如果因此认定孔子生性软弱，则又大错特错。定公问政，孔子没有对鲁国政局之弊保持沉默。他用如刺的话语，提醒君主的责任。相夹谷说明，在国家和民族遭遇危难的时候，孔子又是如何能豁出性命，捍卫国家的尊严。这和我们常见的执政者，对百姓强硬、对长官软弱，对国内残酷、对外国温柔，恰恰形成鲜明的对比。

也许，这就是孔子作为政治家和一般政客的区别。政客被权力"招安"后，毫不犹豫地开始"屁股决定脑袋"。出仕前，出仕后，判若两人。他们让人感慨，人的心是复杂的，就像天气，每天都可能发生变化。真真假假，世间有太多的看不透。

孔子却让人看到，人的心灵也可以是简单的，就像气候，长年都能保持常态。不向恶势力低头，不为强权找借口。他任何时候都敢于站出来指出国家存在的问题。任何时候，都敢于付出生命的代价，来捍卫自己认定的核心价值。就像安徒生笔下的那个小男孩，人人都夸皇帝的新装好，只有他敢于冒着杀头的危险，指出皇帝其实什么也没穿。

在沉闷的政治气氛中，如何挺起脊梁，始终如一，让心灵宠辱不惊，四季如春？可以说，历史中的孔子，已经给我们做出了不错的示范。

憎只能被爱打消：公伯寮的背叛

有人说，对于历史上的伟人和大师，大家不会在乎和记住他们的职务，只要留下他们的思想就足够了。

这话有一定道理。不过，伟人和大师当时不一定这么想。他们活着的时候，也有为职务低、权力小而苦恼的时候。孔子就是例子。

孔子一生中当过的最大的官就是鲁国大司寇。在任期间，孔子最想做到的是，拆掉鲁国三家大夫的都城，就是史书上说的堕三都。但因为顶头上司半路不配合，孔子遭到沉重打击，心里很受伤。

春秋礼制规定，大夫家城邑的城墙面积不得超百雉。也就是说，周长不得超过一千米，高不得超过三米。三家大夫的都城城墙，都远远超过了这个限大、限高令。另外，三家在都城内大量养兵，严重威胁到了国家安全。孔子身为大司寇，主管治安和刑狱。所以，他很想拆掉三都，从根本上遏制三家势力，让政权回归公室。这既是孔子的本职工作，也是他一生的政治理想。

对于拆掉三都，国君鲁定公最赞成。因为他虽是名义上的君主，实权却远在三家之下。孔子要拆三家城墙，天上掉下来一块石头，砸死了敌人，定公巴不得有这种好事。

鲁国总理季孙，也不反对。季孙是三家之首，他虽是都城费的老板，但费城的大小事，他都做不了主。市长公山弗扰根本不听他的，就像他不听鲁定公一样。

叔孙的情况比季孙更糟。郈是叔孙的封地，但是郈的市长侯犯先是造反，把城池送给了齐。后来鲁国几经斡旋，才把郈从齐国手中要了回来。回归后的郈民生凋敝，行政系统瘫痪，叔孙根本没心思打理。所以，孔子拆三家后院，季孙和叔孙起初都没意见。

拆城运动开始。鲁国成立了拆迁指挥部，孔子任总指挥，子路任前线负责人。孔子之所以让子路具体负责，是因为子路做事果断，善于处理疑难案件。孔子评价子路：根据一方的供述，而不用听两面之词，就能够断案的只有子路。另外，孔子任鲁国大司寇时，子路已是季孙家的家臣。子路拆城，容易和鲁国第一权臣季孙沟通。

堕三都中，拆除叔孙的郈最顺利，几乎没有遇到阻力，拆季孙的费却遇到了麻烦。尽管季孙支持拆城，可费城市长公山弗扰不答应。公山弗扰带领群众，浩浩荡荡杀向首都曲阜上访。鲁国出动军队维稳，费城才终于成功拆迁。

三都中，最难拆的是孟孙家的成。郈城乖，费城闹，都好办。

面对限期拆除令，孟孙的都城成却奉行三不政策——不赞成，不反对，也不配合。这让孔子指挥部伤透了脑筋。

孟孙家与其他两家不同。孟孙当家人孟懿子是孔子的学生，孟懿子与属下关系一直都很好。成市市长公敛处父对孟懿子忠心耿耿，还曾救过孟懿子的命。公敛处父对孟懿子说，成处于齐鲁两国边境，若拆了成，齐国必然打到鲁国北门。关键是，成是孟孙家族的保障，没了成，孟孙就没了根。

公敛处父的话说到了孟孙的心坎里。公敛处父已经不是第一次这样劝孟孙。《左传》记载，在昭公和季孙那场著名的战斗中，孟孙对是否搭救季孙，起初很犹豫，最后也是公敛处父劝孟孙，没有季孙，就没有孟孙，三家是一体，离开任何一家，其他两家都不可能在鲁国存在。最后，孟孙出手，打败了昭公，从而深刻地改变了鲁国的历史。

公敛处父的话坚决了孟孙抗拆决心。于是，堕三都中的最牛钉子户诞生。限拆令期限已过，成无一点动静。堕三都指挥部决定强拆。

《春秋》记载，公元前498年冬，天寒地冻。鲁定公亲帅拆迁队开始十月围城。然而，双方谁都不敢打第一枪，局势就这样僵持了下来。这时，历史镜头对准了孔子的一位弟子，是他最终打破了鲁成双方力量的平衡。他叫公伯寮。

公伯寮，字子周。在《史记·仲尼弟子列传》中，公伯寮列在所有弟子中的第二十四位。孔子的许多重要弟子，如司马牛、樊迟、

孔二先生

公伯寮愬子路于季孙

　　嫉妒之毒眼伤人最狠之时，正是那被嫉妒之人最为春风得意之时。这一方面是由于这种情况促使嫉妒之心更加锐利；另一方面是由于在这种情况下，被嫉妒者最容易受到打击。

——培根：《人生论》

有若和公西华，排名都在他之下。

不过，如此重要的公伯寮，《论语》却只有一处记载。"公伯寮愬子路于季孙"。公伯寮在季孙面前，说子路坏话。这些坏话，据人考证，就是诋毁子路堕三都行动。子路拆城执行的是孔子命令，公伯寮攻击子路，实际就是在攻击老师孔子。因此，公伯寮被定义成了孔门中的犹大。明朝祭祀孔庙，把公伯寮直接开除出了孔子弟子队伍，也是因为这件诋毁门事件。

其实，孔子和弟子的关系很民主。孔子经常骂弟子，弟子也经常质疑孔子。比如子路质疑孔子见南子，子游发现孔子教的和做的不一致。但是，弟子质疑孔子全部是当着孔子的面。背着孔子说孔子不好的，公伯寮是唯一一个。

公伯寮为什么这么做呢？公伯寮和子路都是季孙家的家臣，而子路是家宰，也就是家臣中的老大。同是家臣的公伯寮对子路充满了羡慕嫉妒恨，但又无可奈何。子路人品一直深受大家的敬重。在子路诸多好的品格中，最突出的就是"忠诚"。作为学生，子路忠心于孔子；作为家臣，子路忠心于季孙。

我推测，或许正是这个"忠"，让公伯寮看到了破绽。如果孔子和季孙利益不一致时，"忠心"的子路会站在哪一边呢？是帮季孙考虑，还是替孔子谋划？堕三都，就是检验子路会站哪一队的试金石。

公伯寮向季孙打起了子路的小报告。小报告的内容极有可能是，子路卖力拆城，其实是为了孔子集团的私利。孔子收徒很多，已经是一个很大的势力集团。如果拆掉三都，在鲁政坛上，三家就会失去和孔子对抗的砝码。公伯寮的报告产生了极大的效果。《论语》的说法是，"夫子固有惑志于公伯寮"，季孙已经被公伯寮迷惑，对堕三都产生了怀疑。

其实，对于拆城，季孙态度转变，早晚而已。公伯寮只不过加速了这一过程。毕竟，三都是三家后院。成被围，僵持不下，季孙可能已经动摇。公伯寮挑明了利害关系后，季孙心中的天平彻底失衡。

季孙是鲁国第一实权人物。孔子虽任鲁国大司寇，但顶头上司不是鲁国国君鲁定公，而是季孙族长季桓子。季孙是执政上卿，司寇是上卿的属官，归上卿直接领导。季孙的态度变化，直接导致拆迁队停止了行动。堕三都，终于功亏一篑。

孔子一生主张抑制权臣，堕三都是最好的机会。但弟子公伯寮人前蛊惑，季孙反悔，孔子所有的心血付诸东流。在政治上，孔子遭到了摧毁性打击，从此对鲁国的政治前景心灰意冷。

故事又出现了戏剧性的一幕。孔门出现叛徒后，一个鲁国贵族站了起来。他向孔子保证，凭借自己的政治势力，可以杀了公伯寮。他叫子服景伯，是孔子的铁杆粉丝。孔子死后，有人抬高子贡诋毁孔子，也是他第一时间告诉了孔子弟子，为孔子积极开展危机公关。

这就是孔子的魅力。在朝在野，孔子都是有影响力的。孔子并不像我们想象的那样，只是一个教书先生。暗杀、权斗，孔子如果愿意使用，绝对有人愿意拼死效劳。他的门下弟子，他的热忱粉丝，在任何国家，随处可见。

孔子并没有听从子服景伯的意见。孔子的回答，很感人。他说，堕三都是一项伟业，成功是鲁的命，失败也是鲁的命。成败皆命，公伯寮能把我的命运怎么样呢？孔子制止了子服景伯的报复行为。

孔子对公伯寮的宽容，让人不禁想到了《圣经》。犹大出卖耶稣后，左右也都很愤怒，将来捉拿耶稣之人的一只耳朵砍掉了。耶稣看见后说，"到此为止，由他们吧。"随即，就摸了摸那人的耳朵，治好了他。

在对待背叛上，孔子和耶稣，似乎有种默契。一生理想，马上就有机会成为现实。叛徒出卖，功败垂成。孔子和耶稣都没有以暴制暴，最终都选择了和心灵的和解，让人看到了爱的光芒。

我想，这种和解或宽容精神是孔子不同于阳虎或者很多政客的地方。孔子在政治上失败了，败得光明磊落，败得坦坦荡荡。即便是失败了，也不会将失败的责任，归结到一两个人的从中作梗上。这种风度，让人对孔子的人格肃然起敬。勇于担当，敢于宽容，这也是孔子留给中国人的一笔宝贵遗产。

斯宾诺莎说，"憎受到憎回报则增强，但反之能够被爱打消。"（罗素《西方哲学史》）不知道孔子原谅公伯寮时是否如是想，但至少我愿意做这样的推测。

一棵稻草压垮骆驼：孔子离鲁

我们应该期待一场怎样的人生？

有的人，一辈子安安稳稳，波澜不惊。应该接受教育的时候，接受了教育；应该工作的时候，开始了工作；应该年老的时候，安享起了晚年。简简单单，很少有转折，很少有不曾预料。

有的人，则一生充满了变数，像戏剧，时刻有跌宕起伏。你永远不知道他的命运，何时会有转折。如同云，无法预测，下一个小时，究竟会飘向何方。

孔子是后一种人。

阳虎和公山弗扰的叛乱平息后，鲁国上下认识到，选人，不仅要有才，还要有德。于是，无权无势的孔子，突然迎来了生命的怒放。五十一岁，孔子开始正式步入仕途。五十二岁，已经是鲁国大司寇。两年间，走完了很多职业政客一辈子都没有走完的路。

孔子五十五岁，正当人们以为，他会在鲁国政坛大展拳脚的时候，他却选择了辞职，远走一个从未去过的国度——卫国。

"升车，必正立，执绥。车中，不内顾，不疾言，不亲指"。

《论语》的这段话描述的是孔子坐车。上车时，先端正地站好，拉着扶手带登车。在车内，不向内回顾，不很快地说话，不指指划划。或许，孔子就是以这样的方式，开始了中国人都知道的周游列国的传奇。

春秋时期，人的平均寿命四五十岁。离开曲阜，五十五岁的孔子已经是个老人了。他的儿子孔鲤已年过而立。应该说，孔子放弃了政治事业，放弃了含饴弄孙，浪迹天涯，其中必有一番缘由。

《史记》认为，孔子成为大司寇，鲁国迅速崛起，邻国齐国深感威胁。于是，齐国选派绝色美女八十人，送给了鲁定公。这八十个美女，"皆衣文衣而舞《康乐》"。拿现代的话来说，这些美女特工，个个身材性感，能歌善舞。鲁定公和季桓子果然上当，从此荒芜了朝政。孔子看到鲁国君臣无药可救，认定大势已去，决定离去。

史记版的孔子出走，核心元素是美人计。这是好莱坞大片的故事套路，符合人类好色的本能，观众百看不厌。不过，也有破绽。如果说孔子因为鲁定公好色，而认定跟错了老板，那么又为何会投奔卫国，选择了卫国领袖卫灵公？卫灵公为博心爱的女人南子一笑，甚至可以创造机会让南子约会男人。显然，他的荒淫程度，远远不是仅仅爱看歌舞的定公比得上的。

在小节上要求政治家完美，从来都是不现实的。政治是政治，生活是生活，孔子深谙这个道理。比如，齐桓公杀了管仲的老板公子纠，管仲没有以身殉难，最终成了齐桓公的丞相。人们对管仲的行为嗤之以鼻，孔子却认为，管仲的不世功业是主要的。孔子反问道，难道能要求管仲像普通老百姓守着小节，在山沟中自杀，最后还没人知道吗？

很多学者认为，孔子出走原因还是在于堕三都失败。孔子从政，主要做了两大大事，一是外交上的相夹谷，为鲁国收复了失地；二是内政上的堕三都。堕三都就是拆掉违规的三家大夫的都城。如果成功，将彻底治愈鲁国政在家臣的弊病。鲁国国君世代不掌权，国内政治暗杀不断，都是由家臣作乱引起。拆掉了都城，他们也就失去了为所欲为的资本。

堕三都是一味救治鲁国的良药。孔子太想熬好这味药了，他在这味药中，倾注了全部政治理想。复兴周朝的礼制，让颠倒的社会秩序复归正常。然而，由于权贵的联合反抗，弟子公伯寮叛变，这项事业不了了之。鲁国的政治铁幕，让孔子深刻体味到了孤独和无助。鲁国是孔子的父母之邦，却不是理想的政治实验田，所以孔子选择了离去。

孔子离开也经过了一番思想挣扎。《史记》在这一点上的记载倒是准确无误。《史记》记载，子路看到鲁国无可救药，就向孔子进言，"夫子，可以离开了。"孔子说，"再观察观察吧，鲁国很快就要到郊外祭天了，如果祭祀后把祭肉分给大夫们，那么我们还可以留下来。"分配祭肉，是一项由来已久的春秋大礼，也是鲁国政治生态向好的标志。但是，祭肉并没有送来。

离鲁投卫

　　孔子离开祖国，也将人生剪成了前后两段。孔子满怀依恋地向鲁国作别，其实是在向前半生作别。踏出了鲁国国门，孔子像那只山梁上的雌雉一样，在茫茫的天地间，开始了后半生作为孤独者的漫漫探求。

心理学上，有一个骆驼和稻草的比喻。骆驼是一种十分能负载的动物，但它所驮的稻草超过极限后，哪怕再只增加一根，也可以把它压垮。对于孔子来说，祭肉就是那根足以压垮骆驼的稻草。祭肉没来，孔子毅然登上车，手指着去卫的方向。

卫国和鲁国的政治结构很相似。孔子说过，"鲁卫之政，兄弟也。"孔子目的地选择在卫国，孔子或许认为，在鲁国的功亏一篑，是一种本可以回避的偶然。在卫国，他一定能够将梦想实现。

孔子离开曲阜后，当晚住在了屯邑。这是一个不出名的小镇，今天已经很难再找到它的确切位置。离开曲阜，家乡渐渐远去。对留在曲阜的家属和学生，他又做出了怎样的安排，我们不得而知。但可以推知，孔子当晚一定辗转反侧，很难安眠。

孟子也有一段类似的别离。《孟子》记载，孟子在游说齐国失败后，在一个叫做昼的地方住了三天。齐国一个叫尹士的人对孟子说，"你在这里住了三晚才离开，是何等迟缓啊？"孟子说，"千里而来，是我的愿望，游说不成，岂是我想看到的？我三天才出昼，我还认为很急。齐王如果后悔，一定会追我。我离开昼，没人来追，我才决意离开。"孟子有点委屈，有点不舍，但又很无奈。孔子留宿屯邑的心情，想必和孟子差不到哪去。

齐国终究没有派人来追孟子。而孔子离鲁，根据《史记》记载，却有人来送。此人名叫师已。在送别的道路上，孔子对师已说，我为你唱支歌吧。孔子迎着大风，高声唱起来，"彼妇之口，可以出走；彼妇之谒，可以死败。盖优哉游哉，聊以卒岁。"妇人搬弄口舌，害得你四处奔波；妇人在君主面前告状，叫你不死则亡。我现在退出官场，悠游自得了此一生。

　　孔子离鲁，《论语》有关的记载却很少。联系最密切的是这么一段，"子适卫，冉有仆。子曰：'庶矣哉。'冉有曰：'既庶矣，又何加焉？'曰：'富之。'曰：'既富矣，又何加焉？'曰：'教之。'"

　　《论语》的意思是，孔子这次出行，驾车的是冉有。两人坐在车上，一边走，一边聊。连年的诸侯争霸，人口锐减。在一个即将收割的季节，田里却很少看到有人劳作。即使偶尔碰到，也是衣衫褴褛，举止粗俗。孔子很感慨地说，"要让人口多起来啊。"冉有问，人口多了又该如何呢？孔子说，要让他们过上富有的日子。冉有又问，再然后呢？孔子说，教育，一定要让他们享受精神上的愉悦。

　　让人口众多，让百姓富足，让教育兴盛。庶之，富之，教之，是孔子心中政治改革的三部曲。堕三都，吹响了改革的序曲，但序曲尚未奏完，戏剧就谢幕了。这不能不说是一个遗憾。

　　孔子在去卫国的路上，应该和冉有还聊了很多。冉有大概也很困惑，在鲁国未完成的事，在卫国就一定有机会吗？《论语》在"子适卫"一章下，就巧妙地衔接了一段话。孔子说，"苟有用我者，期月而已可也，三年有成。"假若有人用我主持国政，一年便差不多了，三年便会很有成绩。《论语》将"适卫"和"苟有用我"这两章紧密相连来编排，似乎也是在暗示孔子去卫时的憧憬和自信。

　　《论语》关于孔子离鲁投卫的暗示还不止于此。《论语》全书共两卷，前后基本上自成一体。第一卷的末尾，《论语》记载了一个意味深长的故事。说有一种鸟，见到人们有少许颜色，便会举身飞去。在空中回翔再四，瞻视详审，才飞下来安集。孔子说，"这不是山梁上的雌雉吗，它也懂得时宜啊，懂得时宜啊。子路听了，起身拱手，那雌雉转睛三惊视，张翅飞去了。

　　我认为，这个故事有很强的隐喻色彩。

　　在人生的关口，人像鸟一样，也会左顾右盼，思前想后，再作出选择。不同的是，真正的猛禽，选择好了，就会勇往前飞。不管风霜雨雪，还是电闪雷鸣，它都不会后悔自己的抉择。

　　飞鸟之喻，处在《论语》的中间。孔子离开祖国，也将人生剪成了前后两段。孔子满怀依恋地向鲁国作别，其实是在向前半生作别。踏出了鲁国国门，孔子像那只山梁上的雌雉一样，在茫茫的天地间，开始了后半生作为孤独者的漫漫探求。

书中"圣人"多为赝品：子见南子

西汉成帝时期，皇后赵飞燕在宫廷斗争中失宠。赵飞燕寂寞难遣，在宫中养起了男宠。皇帝龙榻，一时聚集了很多不怕死的猛男。光禄大夫刘向十分替皇帝鸣不平，又不便明言。于是编了一本书，专门记述历代女子事迹。这群女子中，贤良者居多，但也不乏不守妇道之人。刘向借助红杏出墙的例子，提醒皇帝注意帽子颜色的变化。没想到，汉成帝看后，一笑了之，没当回事。这本书却流传了下来，就是《列女传》。

《列女传》里不安分的女子，大多美貌而荒淫。因为美貌而人见人爱，因为荒淫导致父子反目，君臣相仇。因此，出现这等女子的朝代，一般难逃没落的厄运。如夏桀的末喜，商纣的妲己，周幽的褒姒，皆导致一个王朝的覆灭。于是，在史家眼中，红颜成了殃国的第一支毒箭。

孔子离开鲁国，到了卫国。卫国是周武王同母胞弟康叔的封地，殷商故都朝歌就坐落于此。或许是前朝的帝王之气太重，卫国镇不住这一方地脉，历史上的卫国始终没能强盛起来。孔子到来之际，这个殷妲己曾经生活过的国度，也正为一支美丽的毒箭深深折磨。这支毒箭就是南子。

南子，来自宋国，是卫灵公的夫人。在嫁给卫灵公之前，南子就与老家宋国的美男子宋朝通好。嫁到卫国后，南子依然不忘旧爱，和宋朝藕断丝连。

南子牵挂旧情人，卫灵公并不介怀。卫灵公本人也十分好色。历史记载，包括南子，卫灵公有三位夫人。他经常和三位夫人同池而浴。卫灵公还喜欢男人，宋朝这样的偶像派也是其中之一。他不仅不禁止妻子和宋朝私通，还积极为他们见面创造条件。《左传·定公十四年》记载，"卫侯为夫人南子召宋朝，会于洮"，为这一段荒唐情事作了历史明证。

南子的淫乱，卫灵公不介意，太子蒯聩却受不了舆论压力。一次，蒯聩因公事路过宋国的田野。一个村夫看见蒯聩便放声歌唱起来，"既定而娄猪，盍归吾艾豭（jiā）"，歌词的意思很低俗。农夫唱的是，既然安抚了你家发情的母猪（南子），什么时候归还我家的公猪（宋朝）？蒯聩又羞又怒，决定除掉南子。

蒯聩找到家臣戏阳速，对他说，你和我一起去见"小君"（南子）时，我向你使眼色，你就动手，杀掉这个淫妇人。蒯聩见到南子，三次向戏阳速使眼色。不料，戏阳速却迟迟疑疑不敢上前。南子觉察到事态不对，哭着跑开，报告卫灵公，"太子将杀我"。事情败露后，蒯聩逃出了卫国，党羽被悉数剪除。

妻子与人私通，丈夫欣然接受，儿子决定杀掉后母，父亲撵走了儿子。卫国第一家庭的动乱，开启了整个国家的震荡模式。卫国的国运之衰，可想而知。

　　翻过了一座座山，蹚过了一条条河。西游的唐僧总是能遇见貌美如花的女妖。女妖的要求很简单，要么把身体留下来长相厮守，要么把尸体留下来吃一块肉。孔子不是唐僧，孔子的周游也不如唐僧的西游来得浪漫。不过在卫国，孔子也有一次难忘的邂逅。

　　这次邂逅的女主角正是南子。《史记》记载，南子派人捎话给孔子，"四方之君子不辱欲与寡君为兄弟者，必见寡小君。寡小君愿见。"南子的意思很裸露，来到卫国的男人要想见到我的丈夫，须先过我的目鉴赏鉴赏。看你是个男人，我愿见你。

　　遗憾的是，《史记》是纸质传媒，不能把镜头推上去给孔子一个特写。我们不知道，孔子听到这个消息后，心里作何感想，脸上又有何表情。司马迁只是告诉我们，"孔子辞谢，不得已而见之"。孔子不愿意拜会这个风流女人，所以开始进行了辞谢，后来被逼无奈，才见了南子。

　　《史记》的记载，很有故事性，但也很容易产生疑问。孔子坚信，"君子坦荡荡，小人长戚戚"。孔子到卫国之前，至少去过齐国，参与过夹谷之会，外交上见过大场面。那么这次有何理由一定相信，见南子一定有涉风流，而不会是一场例行外交招待会？既然心中不安，又有哪些不得已的情况，迫使孔子决定前往呢？司马迁是在替孔子作不必要的隐瞒？还是在故意营造一种朦胧？

　　《史记》对"子见南子"还有更多暧昧的描写。司马迁说，孔子最终见了南子。当时的情形是，"夫人在绤（chī）帷中，孔子入门，北面稽首。夫人自帷中再拜，环佩玉声璆（qiú）然。"寥寥数笔，便勾画出了相见的撩人心处。没有人说话，两人对面而揖。堂中景物，一概略去，只有细葛布做成的帷幔迎风摆动，环佩相击的声音铿锵入耳。两人相见，自始至终没有人说话。

《史记》不是小说，写实是史书的责任。孔子和南子为何没有对话，颇让人费解。也许，司马迁相信，无声是最好的对白？只是不知道，如果南子不是一位绝代佳人，司马迁是否还有兴趣，用如此唯美的笔触写这场相会？

关于孔子和南子相见，《论语》对事实的交代只有四个字，"子见南子"。见了就是见了，没有什么先辞谢，后不得已才见的说辞，也没有对相见作精微的细节描写。但《论语》记载，这场相见，却为孔子带来了说不清楚的麻烦。子路强烈质疑孔子会见南子，有难以向人明说的龌龊。

孔子作出重大行动前，一般都会告诉子路。公山弗扰、佛肸想要拉拢孔子，加入叛臣集团，共成大事。孔子有点动心，皆同子路进行了商议。子路反对，孔子最后取消了出山意向。孔子说，大道行不通，跟随我乘着一只木筏，悠然于海上的，恐怕只有子路吧。

然而，这次见南子，子路事先并不知情。《论语》记载，听到子路的质疑，孔子相当激动。他指着天发誓说，"予所否者，天厌之！天厌之！"我所说的如果有一句话是假的，上天就抛弃我吧！抛弃我吧！

子见南子

　　南子：我想先生来了，这种千载一时的机会，切切不可错
过，所以想要创立一个"六艺研究社"。或是习射，或是习琴，
或是舞剑，或是跑马。总而言之，礼乐射御书数都来。

　　孔子：好极，好极！

——林语堂：《子见南子》

孔子矢口否认的内容究竟是什么呢？是在对子路说，我对美女没动过邪念？还是，我见美女没有一点有违礼节？我们不得而知。但孔子的矢口否认，十分淳朴和可爱。这让人想起了感情问题上十分单纯的大哲学家康德。据说，康德终身未婚，一辈子仅有过一次感情上的浪漫。一天，一个女子鼓起勇气问康德，你愿意娶我吗？康德答，你先回家吧，我想好了告诉你。三年后，康德想好了三百个结婚的弊端和三百零一个结婚的理由。他叩响了那位女子家的大门。大门开启，一位夫人探身出来，正是康德想要见的女子。康德攒足劲说，我愿意。女子笑道，你先回家吧，我还要伺候我的儿子。

在人们的印象中，似乎哲学家或者圣人都应该这样。他们不食人间烟火，不懂男欢女爱。他们只应采薇而食、梅妻鹤子，与常人要有所区别。自然孔子也不例外。所以，司马迁笔下的"子见南子"，尽量含蓄，只是叙事描景中隐约透出一种骚动。《论语》中的孔子，听到子路的质疑，立刻要引用上天来为自己证身，唯恐和南子产生哪怕一丁点儿的心灵纠葛。

我们终究不敢用一种写实的镜头，去抓拍圣人感情最深处的世界。面对长风帷帐，平民如何浮想联翩，都可以原谅。圣人却永远没有机会，将姿势摆得如同你我小人。从这个意义上来说，书本中的"圣人"，大多都是人造的赝品。在被过滤掉感情的鲜活成分后，剩下来的只有一堆绝对正确的素材。久而久之，我们逐渐忘记了，生活中能够轻松化解冲突的孔子。我们只记住了，书本中的孔子面对情感质疑时的打死也不说。

心理学家的研究表明，如果试图压抑一种观念，这个观念反而会更频繁地出现在脑海中。我认为，子见南子，本来只是孔子周游中分量一般的一幕。也许出于礼节，也许出于人在屋檐下不得不低头的考虑，也许只是出于男人向美女行注目礼的冲动，孔子见了南子一面。孔子事后可能不断地在脑海中回放相见的过程，也可能很快就遗忘了。

孔子如何想的，只有他自己知道。我们知道的只是，在我们的文化中，在我们的礼制中，我们一定要替孔子压制这种危险的邪念。而压制的结果却是，过了两千多年，子见南子还为人津津乐道。上世纪二十年代，林语堂创作了话剧《子见南子》。剧中，南子和孔子谈理想、论人生，一起谋划成立"六艺研究社"。前两年，电影《孔子》上映。不管孔子的后人如何反对，《孔子》还是用了很大的篇幅去勾勒、去炒作孔子与南子之间若有若无的暧昧。

一位历史学家说过，所有的历史都是当代史。孔子，这股来自鲁国的清风，南子，这股来自宫闱的暖风，他们本该有着各自需要吹拂的麦田。然而由于我们带着有色眼镜去品读，一次简单的邂逅，却罕有地纠缠成了一场粉色风暴。

优秀政治家　好色老男人：卫灵公

哲学家说，人不能两次踏进同一条河流。

社交学家说，聪明的人不犯两次同样的错误。

孔子五十五岁，离开鲁国，放着大司寇不做，投奔卫国，这是为何呢。孔子在鲁国的失意，在卫国就可以弥补吗？鲁国君主不强势，无力支持孔子的改革。和鲁国相比，卫国和卫灵公有哪些比较优势呢？

卫国和鲁国一样，文化氛围很浓，民风淳朴，但都不是一流强国。它们不得不依附于一个更大的国家。鲁国依附的是晋，卫国依附的是齐。

卫国和鲁国却有一点不同。鲁君，到孔子时代为止，已经四五代不掌实权。政在大夫，政在季孙，已成为一种无奈的现实。而在卫国，无论从名义上还是事实上，国君灵公都是一国的老大。

灵公，姓姬，名元。灵公能够成为卫国的领袖，还有一段传奇。《史记》记载，灵公的母亲，本是卫襄公的使女。襄公宠幸她，怀了孕。临产前，做了一个梦，梦见有人对她说，"我是康叔，给你的儿子起名叫'元'，我会让他享有卫国。"使女醒来后很奇怪，就问卫国执政上卿孔成子，康叔是谁。孔成子说，"康叔是卫国的祖先。"孩子诞生，果然是个男孩。宫里人告诉襄公。襄公仰天叩拜，"这是上天的暗示，祖先的安排。"他给孩子起名为"元"。襄公的夫人没有儿子，时年六岁的元成为卫国太子，最终登上了君位。

赵本山演过一个小品《有钱了》，讽刺了一个彩票控。本山大叔开场一句，"有人发财靠劳动，有人发财靠玩命，我发财啥劲不费，就靠俩字儿，做梦！"靠做梦来发财，让人捧腹大笑。而卫灵公命实在好，文艺作品里自由想象的美事，他竟撞上了。他真的只靠别人的"做梦"，就实现了很多人连想都不敢想的美事。

卫灵公继位后，没有辜负母亲的梦想，表现出了极大的戡乱才能。《左传》记载，卫灵公十三年，卫国贵族齐豹、公子朝等人联手发动叛乱，卫灵公逃出京城。卫灵公逃走不久，叛臣之间就出现了内讧。卫灵公利用这个难得的时机，趁机返回了王宫。他秘密地和叛臣中的北宫喜盟誓。盟誓的内容是，只要北宫喜帮助自己平乱，卫灵公保证永远不翻后账，不再追究北宫喜叛乱的责任。叛臣同盟顷刻瓦解，公子朝等人大败。卫灵公胜利后，为了进一步安抚北宫喜，防止他再次作乱，卫灵公做了一个新奇的决定。他赐予仍然活着的北宫喜一个死人才可能享有的谥号"贞子"。意思是，北宫喜是钦定的忠贞之士，卫国以后无论发生何种政治变故，都不会将北宫喜视为乱贼。

北宫喜等人吃下了永远的定心丸。这次的叛乱平息后，卫灵公在位四十二年间，再无内乱发生。这一年，卫灵公刚刚十八岁。这一年，也是鲁昭公在位的第二十个年头。五年后，由于处理不好国内贵族的矛盾，鲁昭公赌气跑到了齐国，一辈子没再返回国都。两者相比较，年轻的卫灵公在处理复杂矛盾时，显得更务实，更像一个成熟的政治家。而年长的鲁昭公，则显得充满了孩子气。

卫灵公身上，还有一个鲁昭公没有的优点，就是更能忍辱。鲁昭公不能忍受季孙的侮辱，抛弃了国家，远走他乡。卫灵公也遭受过很大的侮辱，但却表现出了极大的隐忍。鲁定公八年，晋国和卫国会盟。卫灵公亲自前往，而晋国只派了大夫出席。晋国大夫坚持认为，若论国土面积和人口，卫国只和晋国的一个县相当，不可享受诸侯之礼。在歃血为盟的时候，晋国大夫故意推攘卫灵公的手臂，让所杀牺牲的血顺着卫灵公手臂流下来。卫灵公回国后，在国人面前放声痛哭。他说，"是我无能，辱没了社稷，让卫国遭受奇耻大辱。我不配做你们的君主，你们另选高明吧。"卫灵公的真诚，极大地感动了国人，全国同仇敌忾，空前团结。而反观鲁昭公，他一时的受辱，使鲁国陷入了无休止的权斗之中。两人处理危机上的差距，不言自明。

卫灵公身上的优秀品质，值得一提的还有勇敢。鲁定公九年，卫齐两国同盟和晋国之间爆发了战争。晋国兵车千乘驻扎在中牟，卫国只有五百辆。卫国举行了占卜，不小心，占卜的龟甲却烧焦了。卫灵公说，不用担心，卫国的战车可以抵挡敌人的一半，寡人可以抵挡一半。于是，卫灵公勇敢地把部队开赴中牟，只求和晋国决一死战。晋国人说，卫国虽然人少，但国君亲征，体恤下人，卫国是不可战胜的。齐国军队虽多，但主将无名，战斗力不强，可以攻打他们。于是，晋国攻击齐国，齐国失败。齐国佩服卫国军队的英勇，战后送给了卫国三座城池。这一年卫灵公39岁。这一年，孔子出山，当了鲁国的中都宰。

孔子在鲁国政治事业失败，主要是因为背后没有国君的支持。孔子离开了鲁，选择了卫，除了风土人情相近外，卫灵公显然是主要考虑因素。可以说，在鲁国君主身上欠缺的素质，在卫灵公身上都可以找到。作为国君，卫灵公不仅是位杰出的政治家，还是位不可多得的外交家和军事家。卫灵公承认卫国的弱小，竭力给他的国民勇气，困难时勇于站出来承担责任。这样的领导人，无论在任何时代，都会产生强大的人格魅力。跟随在他的身边，国民心中自然会生发出来一种由衷的踏实感。

历史上的卫国是一个人才辈出的国家。孔子童年的时候，吴国公子季札曾做了一次著名的出使。季札到观鲁国、周国、齐国、郑国，看到了这些国家很多沉疴旧病，做了很多批评。唯独到了卫，季札颇为惊喜。他见到了蘧伯玉、史狗、史䲡、公子荆、公叔发。这些当时著名的贤人，或在朝，或在野，分布在卫国的各个阶层。季札感慨道，"卫多君子，未有患也。"

人才多，对于一个国家来说，是双刃剑。使用得当，是国家之福。使用不当，无用武之地的人才，也可能是国家的威胁。作为政治家，卫灵公身上的优点还包括善于用人。孔子晚年，回到鲁国。有一天，孔子和季康子相对而坐，季康子谈到了卫灵公。季康子说，卫灵公人们都说他很无道荒淫，那么为何卫国没有亡国呢？孔子说，卫灵公让仲叔圉搞外交，让祝鮀当祭司，让王孙贾管军事。有这些贤人在，卫灵公怎么会亡国呢？

卫灵公之所以没在后世留下好名声，主要是因为他混乱的私生活。卫灵公的母亲和公子朝私通，导致了卫灵公执政初年的政治危机。卫灵公本人似乎没有从这里吸取足够的教训。卫灵公宠幸夫人南子，南子借此干预国政，从此为国家埋下隐患。孔子到卫国，必须得到南子的许可，才可以见到卫灵公，就是明证。

春秋国君不好色的很少。孔子说，"吾未见好德如好色者也。"卫灵公好色，喜欢南子，如果仅此而已，并不算新闻。卫灵公还喜欢男人。南子私通的美男子宋朝，卫灵公喜欢，暂且不提。卫灵公还喜欢臣子弥子瑕，这个是当时诸侯间的大八卦。

《韩非子》记载，卫国有条法律，偷窃或私乘国君之车的人，要判刖刑。弥子瑕母亲生病，有人连夜告诉住在王宫的弥子瑕。弥子瑕来不及多想，就驾着灵公的车，狂奔回家了。卫灵公听说后，不仅没治弥子瑕私驾君车的罪，还夸弥子瑕孝顺。卫灵公宠幸弥子瑕，还有更出格的。一天，弥子瑕和卫灵公在果园中游玩。弥子瑕吃到一个桃子，很甜，没舍得吃完，将余下的一半给了卫灵公。灵公高兴地说，小弥真是爱我啊，有好吃的不忘寡人。

好色卫灵公

　　在春秋所有的君主中，卫灵公绝对是形象最饱满、个性最鲜明的一位。卫灵公身上集中了政治家最多的优点：勇敢、有谋略、体恤下属、忍辱负重。同时也集中了男人最大的缺点：好色、欲望无穷、蔑视人间的礼法。

春秋时代，尽管已经礼崩乐坏，但基本仪式还在。人们喜欢引用《诗经》，来显示自己知礼和有文化。比如，人们见面，甲背一段，"关关雎鸠，在河之洲"，乙背一段，"兼葭苍苍，白露为霜"。然后，才开始转入正题。在这样一个稍显呆板的年代，灵公的出现，是上帝献给人类的活宝。从此，春秋的诸侯或大夫见面，想必在背《诗经》之后总会问，"阿元之事，可得闻诸？"

我认为，在春秋所有的君主中，卫灵公绝对是形象最饱满、个性最鲜明的一位。卫灵公身上集中了政治家最多的优点：勇敢、有谋略、体恤下属、忍辱负重。同时也集中了男人最大的缺点：好色、欲望无穷、蔑视人间的礼法。

《孔子家语》记载，晚年，孔子曾和鲁哀公煮酒论英雄。鲁哀公问，"当今时代的国君，哪个最贤明？"孔子说："这个没有定论，但卫灵公算是一个吧？"鲁哀公很惊讶，问，"我听说他男女关系很混乱，而您却认为他贤明，为何？"孔子回答，"我说的是他在朝堂上的行为，不论及他在闺门之内的私生活。"

朝堂行为和个人生活，相对独立，这是孔子评价政治家的标准。朝堂行为好的人，不一定私生活就好。私生活不好，治国很有理想的，同样大有人在，如殷纣王、隋炀帝。不能因为他们的荒淫，就一概地把他们定位为昏君。不得不说，在评定君主时，这是一条十分公允的标准。

但孔子这个评价君主的标准，被后人刻意遗忘了。在王朝更迭的时刻，后来者为了掩盖前任的善政，肆意抹黑前任的道德。在凌厉的宣传攻势下，新王朝的国民必须相信前任统治者的万恶不赦。新任统治者连带宣称，自己在治国理政上，也是天然的优胜者。在历史的书写上，新来者就这样完成了对败退者的彻底征服。这是统治的合法性论证，虽然论证本身并不具有逻辑的合理性。

政治从来都是成王败寇。但王成功后，往往也完成了对寇的妖魔化证明。

孔子找寻卫灵公，本身就是对这个妖魔定律的反叛。在寻找王的道路上，孔子是明智的。孔子告别了鲁定公，来到了卫灵公的面前，带着诚意，扑面而来。我相信，孔子在作出这个决定之前，一定沉思了很久，考虑了很久，也比较了很久。孔子的心是清亮的，也是笃定的。

一只苍鹰，在空中盘旋，不断地盘旋，它选好了着陆地点，不顾一切向目标扑去。

人心最难是说服：孔子在卫

一个人想要成就的事业越大，所要承受的压力和非议也会越大。孔子的不走寻常路，孔门内部也不是人人都能理解。

孔门弟子之间有过一段闲谈。子禽问子贡："夫子至于是邦也，必闻其政，求之与？抑与之与？"

孔子到一个国家必定听得到那个国家的政事。这是他老人家自己要求的呢，还是国君要他过问呢？孔子离开鲁国，到他国参政或者议政，是主动要求还是被动接受，在子禽看来，差别很大。就像女子嫁人，上赶子总不如矜持一点好。

这段交谈，大概发生在孔子去世之后。那时，孔子已经成为一个传说。孔子身边最亲近的几个弟子，纷纷过世。颜回不在了，子路也不在了，子贡成了了解孔子的活化石。

在孔子的诸多学生中，口才最好的是子贡。然而，面对子禽的求证，子贡还是很小心。他知道，子禽的问题不是一般八卦，而是关乎老师名节的大问题。孔子不像老庄或者佛陀，讲求悠然世外。孔子很关心政治，这几乎人所共知。而孔子如何关心政治，只有长期追随孔子周游的弟子才能说得明白。

子贡回答道，夫子走到哪里，就用温良恭俭让的品德和人相处。那里的人，自然会把他们国家的政治讲给夫子听。夫子参与一国的政治，和一般的政客还是有很大区别啊。

子贡的评价，和孔子在卫国的经历，是符合的。孔子初到卫国，住在子路的妻兄颜浊邹家。一晃几个月过去了，也没有等来卫灵公的召见。孔子很苦闷。他穿着及膝的皮袄，左边袖子长，右边袖子有些短，在房间踱步。子贡拱手侍立在一旁。

卫灵公的大臣王孙贾求见。孔子喜，出迎，将王孙贾引进屋内。在狐貉皮毛做成的坐席上，两人猜起了哑谜。王孙贾问，"与其媚于奥，宁媚于灶，何谓也？"一家之中，屋内西南角的主神叫"奥"神，主管炊饮的神叫"灶"神。王孙贾问，我听人说，想办成一件事，与其祈求主神奥神的保佑，不如参拜主管家中杂事的灶神更灵验。孔先生，请问这话是什么意思？

王孙贾的话外音很明显。王孙贾告诉孔子，在卫国生活一定要懂得变通。想要见到卫灵公，不如先巴结卫灵公的左右，如风流女子南子、宠臣弥子瑕，当然也包括面前坐的王孙贾。孔子沉默了一会，轻轻地摇摇头说："不对，若是得罪了上天，拜哪尊神都没用。"在孔子看来，能不能见得到卫灵公，要听天由命。天让我见，自然会见。天不让见，见了也是白见。

孔子不愿意攀援权贵来达到目的。孔子在绝境中，频繁地提到这个不敢得罪的"天"。公伯寮背叛，子服景伯要替孔子清理门户，孔子说，这是天命。桓魋追杀孔子，众人劝孔子快逃，孔子说，

王孙贾劝孔子

　　韩非子说，"游说"之难，难不在表达，而在"知所说之
心，可以吾说当之"。知道别人的心，不难。知道自己的心，
也不难。实现两心相悦，才是人间真正的难事。

"上天给了我道德，桓魋能把我如何？"

孔子到卫国，目的很明确，就是要见到卫灵公，推销自己的仁义主张。但是，孔子采用的方法很独特。他没有接受王孙贾的建议，用关系敲开卫灵公的后门，而是要坚持等待，他相信酒香不怕巷子深。这种方式就是子贡说的"温良恭俭让"的途径。

孔子的坚持，等来了机会。卫灵公终于决定接见孔子。根据《论语·乡党》对孔子觐见国君的细节描述，我们可以想象出以下情景。传令官宣读完召命，没等颜浊邹准备好马车，孔子就小跑着，向王宫的方向去了。卫王宫有三重门。来到大宫门，孔子敛身谨敬，好像宫门容不下身子一般。在二宫门，孔子没有稍作停留。尽管紧促，孔子还是避免踩到宫门的门槛。孔子面色矜庄，脚步很快地来到卫灵公的面前。

孔子离开鲁国，投奔卫国，卫灵公不可能完全不知情。鲁国和卫国，一个是周公的封地，一个是康叔的封国。周公和康叔是同母兄弟。所以，鲁卫的亲缘很近，相互之间信息沟通也很通畅。孔子的改革几乎使鲁国走向复兴。这样一个金凤凰，如今落在了卫国的梧桐上。卫灵公当然满心欢喜。经过几个月的观察，卫灵公也深信孔子此番前来，绝对是带着诚意，扑面而来。

所以，我们在《史记·孔子世家》中读到了下面一段文字："卫灵公问孔子，'居鲁得禄几何？'对曰：'奉粟六万。'卫人亦致粟六万。"卫灵公询问孔子在鲁国的俸禄，然后比照这个待遇，给孔子开出了一年六万斗谷子的工资。看得出，卫灵公对面前的这位高级引进人才，十分重视。孔子一行人，在各个国家周游十多年，财政上之所以能够坚持下去，多半就是因为有卫灵公等人的慷慨资助。

不过，孔子受到的大方礼遇，并没有转化为终极的信任。司马迁记载，孔子领得厚禄后，"居顷之，或谮孔子于卫灵公。卫灵公使公孙余假一出一入。孔子恐获罪焉，居十月，去卫。"就像戏剧中，有正角，必有反派一样，孔子在卫国很快碰到了"坏人"，他们在卫灵公面前说孔子的坏话。卫灵公就派公孙余假，带着兵器在孔子下榻之地，进进出出了几次。孔子感到了现实的威胁，于是只在卫国待了十个月就走了。

人们考察一件事总是喜欢追问动机，正像子禽问子贡，孔子周游是否有"求"的动机在里面一样。小人在卫灵公面前告状，动机如何，司马迁没说。不过，设身处地地为卫国大夫想一想，原因也大略推测得出。一个外来的和尚，还是一个著名的大和尚，要来卫国念经。卫国的老大二话没说，给了一个住持的待遇。这不能不让卫国大夫感到莫大的生存压力。

孔子在卫国受到非议，具体细节，我们不清楚。但《史记》记载了当年孔子在齐国时的一段往事。这段往事，却有助于我们想象孔子在卫国的遭遇。孔子三十五岁时，追随鲁昭公流亡到了齐国。齐景公十分赏识孔子，准备将尼溪的一块领地封给孔子，齐国大夫晏婴站了出来。晏婴就是小学课本中"晏子使楚"中的晏子。他说，"儒家分子只会油腔滑调地胡扯，建议没有执行性；他们傲慢自以为是，谁也使唤不了；他们到处游说，只想升官发财。孔子就是一个这样的人，极其讲求繁文缛节。您要是用他说的那套来治理齐国，您自己到最后都可能没法给老百姓做表率。"结果，一席话说得齐景公歇了菜，收回了成命。

回到孔子在卫国的遭遇。在描述卫国大夫给卫灵公进言时，司马迁用的词很准确，就是"谮"。"谮"的意思，即诬陷。这种诬陷，至少要比晏子所说的"油腔滑调""自以为是"严重得多。这种说法必定说到了卫灵公的心坎里，卫灵公坚决不能容忍孔子继续在卫国待下去。卫灵公很聪明，他采用示威的方式，让同样聪明的孔子自觉离开卫国。既保全了孔子的面子，又没有给自己落下排斥贤人的骂名。

孔子离开卫国，《论语》却有不同记载。按照《论语》的说法，孔子离开卫国，源于卫灵公的一次问询。卫灵公将孔子请进了王宫，问，世上战乱连年，卫国吃了不少苦头。先生博通古今，在战场上，可有排兵布阵的良策？不料，孔子满脸不悦。孔子回答道，祭祀礼乐，我学过。军事的事情，我却没有学。第二天，就离开了卫国。

不同于《史记》中孔子离卫的被动，《论语》中，孔子是主动离开卫国的。卫灵公向孔子请教军事，孔子说，这事我不懂。这显然是孔子的托辞。春秋时期，孔子以教授贵族礼仪闻名。这些礼仪，当然也包括排兵布阵的军礼。《左传》记载，孔子弟子冉求有一次率领鲁军，大破齐军。季康子问冉求，你这些本领是跟谁学的？冉求回答，学自老师孔子。孔子既然熟谙军事，为何如此不给卫灵公面子，对打仗这么排斥呢？

春秋是一个战争频繁的时代。有人统计，《春秋》所载的242年的历史里，列国间军事行动就达483次。具体到卫灵公时期，战乱也一直未停。鲁定公八年，卫灵公受到晋国的侮辱，断绝了和晋的同盟，转而依附强大的齐国。之后，卫齐联手，和晋国发生了很多战争。鲁定公十三年，孔子离鲁去卫，距离卫国背晋投齐不过五年。国际形势风云突变，卫灵公向孔子询问军事，其实也很正常。

然而，在孔子看来，卫灵公的提问，最真实地暴露了卫灵公的倾向。孔子来卫国之前，就曾和冉有谈论自己的志向。他说，生息人口、富强百姓、教育民众，才是政治家应该关心的三件大事。孔子来卫国，对这三件事抱着极大的热忱，也满怀着十足的信心。而来到卫国才发现，卫灵公的追求，与他恰恰相反。卫灵公好战，孔子反战，两人政见正好相反。

孔子离开鲁国后，到的第一个国家就是卫。在周游列国的十多年中，孔子不只一次离开卫国，又返回卫国。因此，我们不知道，《史记》和《论语》记载的孔子离卫，是不是同一次。

但不管是否同一次，《史记》和《论语》都让我们看到了卫灵公和孔子合作的不可能性。只不过，两部文献记述的侧重点不同。《史记》偏重记载卫灵公不愿和孔子合作，《论语》偏重记载孔子不愿和卫灵公走到一起。

如果抛开私人生活不论，卫灵公绝对算是春秋英雄或名主。但是孔子在卫国仕途的失败，也让我们看到了，这场酝酿已久的英雄和圣人的相会，并没有给我们呈现一个握手言欢的结局。

韩非子说，"游说"之难，难不在表达，而在"知所说之心，可以吾说当之"。知道别人的心，不难。知道自己的心，也不难。实现两心相悦，才是人间真正的难事。

韩非子的时代，中国出现了很多职业说客。他们翻手为云，覆手为雨，掩藏起自己的内心，实现了很多绚烂的"说服"。韩非以后，中国也出现了很多读书人，政治家喜欢左，他们便高喊左；政治家喜欢右，他们就高喊右。他们大都比孔子成功，能在混乱的年月，赢得政治家的欢心。

在沉闷的时代，只有孔子，真正遇到了"说"的困境。

微笑是最好的武器：匡地之围

如果一个人是一颗星球，那么星球的运行轨迹，就是一场人生。

每个人的轨道，似乎上天早就安排好。看似随意，其实又有着深刻的命运定律。孔子和卫灵公相会，我满以为会上演一次激动人心的月食。地球和太阳处在一条直线上，双双心意相通，完全重合。

然而，这只是我们的一厢情愿。

卫灵公刚派了几个警卫员，在孔子下榻的宾馆门前散步，孔子一行就自觉地离开了卫都城。一场预料中的月全食，连月偏食都没上演，就结束了。

走前，卫灵公亲切地接见了孔子，宾主双方进行了愉快的交谈。孔子师徒纷纷表示，要为诸侯间和谐做出贡献。我想，卫国的《人民日报》头版，至少应该是这么写的。

孔子出了朝歌，目的地——陈国。

卫国，在今天河南的北部。陈国，在今天河南的东部。卫陈直线距离并不远，高铁一个小时即可到达。不过，在一切交通基本靠走的年代，孔子从卫至陈，磨不破几双鞋、累不死几头马匹，是到不了的。而失去了诸侯的定期俸禄，孔子一行路途中的拮据，可想而知。

《诗经》有一首诗《东山》，传是周公所作。诗中写道："我徂东山，慆慆不归。我来自东，零雨其濛……蜎蜎（yuān）者蠋（zhú），烝（zhēng）在桑野。敦彼独宿，亦在车下。"大意是，我往东山去，长久不能回来。我从东方来，小雨迷蒙落下来。蠕动的是毛虫，在桑树上。蜷缩在一起的是兵丁，在那战车下。

西周建国初期，周公东征管叔、蔡叔，三年后才班师回朝。《东山》描写的就是这段征程。露宿在战车下的士兵，在细雨迷蒙中打战，在茫茫荒野中想家。

据说，周公唱这首诗时，闻者莫不流泪。朴素的歌词，唱出了离家者的心声。孔子和他的学生们，对这首诗，一定也有切身的感受。离鲁到卫，从卫又到陈，一晃几年已过。暑去秋来，他们不是在他乡，就是在去他乡的路上。风霜雨雪，他们躲在马车下，生活困苦可想而知。我们可以想象，孔子和他的弟子，唱着《诗经》里的歌，像《东山》中的士兵一样，躲在一个角落互相慰藉。这真是一场悲苦的远行。

然而，困难总喜欢加倍来临。在卫国，孔子遇到的是政见不同之苦；在离开卫国的路上，孔子遭到的是衣食不足之难。而孔子师徒，从卫到陈，经过一地，匡。在这里，孔子一行的生命安全甚至都遭到了严峻的考验。

《史记》记载了这段旅程。孔子坐在车上，徒弟颜刻驾车。颜刻用鞭子指着匡的城墙说，"我到过匡，就是从那个缺口进去的。"

我们可以想象一下接下来的情景。孔子命令车子停下，车队沿着匡的护城河，一字排开。孔子站在下面，向城头喊话。这是一道正常的程序。不料，匡地的百姓，拿着镰刀、锄头，从城里冲了出来，将孔子围住，捆的捆绑的绑，将孔子师徒推进了城。

《庄子·秋水》描述了孔子被劫持的生活。孔子被关在一个地方，里外遍布岗哨。孔子端坐堂上，依然"弦歌不辍"。子路很生气，就问，"我们不明不白地遭此劫难，夫子还有心思娱乐？"孔子弹完一曲，等琴弦的余音散尽，转过脸来对子路说，"仲由，安心吧，我的命是有主宰的。"

没过多久，一个带兵的走进来，道歉说，"我们以为你是阳虎，所以包围了你。现在得知是误会，你们可以走了。"

阳虎是鲁国的权臣，在匡也树敌不少。据说，阳虎曾带兵抢劫了匡，匡人一直想找机会出这口恶气。而孔子和阳虎长得很像。这次孔子的车队经过匡前，颜刻又指指划划，搞得匡人以为鬼子又进了村。对于匡人来说，长得和阳虎一样，不是孔夫子的错。但出来吓人，就别怪我们不客气了。

104　　　　孔子或者阳虎的长相究竟是什么样的？《论语》没有过多描述，

只是记载，"子温而厉，威而不猛，恭而安。"孔子性格宽厚，又不失威严。孔子长得应该是谦谦君子型，谈不上是超级帅哥，但也不一定吓人。

但到了西汉，孔子成了一个传说。连带他的长相，也有了几分传奇。《史记》说，孔子"其颡（前额）似尧，其项类皋陶，其肩类子产，然自要（腰）以下不及禹之三寸"。我们不清楚司马迁此说的依据何在。尧、皋陶、子产、大禹都是圣贤，孔子在长相上集众贤之大成。这个样子帅不帅，还像不像奸臣阳虎，甚至还像不像人，司马迁估计也不敢肯定。

其实，孔子匡地被围，长相只是一个插曲。关于这场劫难，人们不禁会问，为何孔子不辩白自己不是阳虎呢。我想，这和语言不通有很大关系。春秋时，语言分雅言和俗语。雅言是周朝的普通话，俗语是各国的方言。《论语·述而》记载，"子所雅言，诗、书、执礼，皆雅言。"孔子只有在读《诗经》《尚书》和行礼仪的时候，才会说"雅言"。被围时，孔子如果说雅言，对于匡来说，没几个人懂。孔子的鲁国俗语，当地人又听不明白。即便能听明白，信不信还是另一回事。

依照《庄子》的记载，孔子的办法很简单，堂上弦歌，镇定自若。匡人才知道，所拘之人真的不是阳虎。匡人和阳虎打过交道，阳虎举止粗野，目中无人。而面前的老者，举止风雅，彬彬有礼，临危不乱，与阳虎判若两人。"弦歌"是孔子的生活习惯，这种良好的修养，在匡人眼里，将孔子和阳虎区别了开来。孔子于是被释放。

孔二先生

孔子拘于匡

　　布鲁图斯在天地共谋反对他与罗马的自由之际，还在巡夜
之余偷闲几个小时，安心阅读和批注波里比阿的著作。

——蒙田：《蒙田随笔》

　　孔子脱险，让我们明白一个道理，人想要"苟全性命于乱世"，很多时候，不是看你话说得多好，而是看你行为做得多对。关键时刻，行动总是显得比语言有说服力。一个优秀的人，听从内心的召唤，做良心要求做的事，自然而然，光明磊落，自然会有一种生命的威严。有时候，简单的微笑就是保护自己的最锐利武器。

　　匡地被围，《史记》描述得很生动，《庄子》讲说得很传奇，唯独《论语》记载得很简单。《论语》载，孔子被"畏"在了一个叫做"匡"的地方。孔子说，"周文王死后，一切文化不都在我这里吗？天若消灭这种文化，我也就不会掌握这些文化了；天若是不消灭这种文化，那匡人能把我怎么样呢？"

　　《论语》所说的"畏"是什么意思呢？《礼记·檀弓》规定，"死而不吊者三，畏、厌、溺。"就是说，人死于三类事故，大家可以不去吊丧——拘禁而死、夭折和淹死。这是三种十分不祥的去世方式。孔子"畏"于匡，险些落了个不得好死。孔子向天感慨，感慨上天不想消灭自己身上传承的周朝文化。《论语》里，时常可以听到孔子的这种感慨。悲愤中，有淡定；淡定中，又有隐隐的悲鸣。

　　品读《论语》，品读孔子的这段落难经历，如果只注意到了孔子的悲鸣，那么还不够全面。这段经历中，《论语》还特意提到了颜回。《论语·先进》记载，"子畏于匡，颜渊后。子曰：'吾以女为死矣。'曰：'子在，回何敢死？'"孔子和颜回说这话的时候，应该说匡的风波已经过去。孔子离开匡，继续赶路。不知什么时

候，颜回赶了上来。颜回出现，孔子十分惊喜。孔子说，"我还以
为你死了呢？"

可以想象，在匡人围捕孔子的过程中，师徒失散。孔子解围，
启程赴陈前，左等颜回不来，右等颜回不至，孔子以为颜回或已牺
牲了。在一个战乱的年代，死一个人，就像死一只蚂蚁一样平常。

"您还在，我怎么敢死呢？"颜回回答。在经历了生死考验后，
孔子师徒间的对话，反倒有点黑色幽默的意味。这种幽默在整本
《论语》并不多见。颜回说这话时，应该是乐呵呵的，一如他平常。
弥漫在孔子师徒之中的阴郁，也因为颜回的出现，稍稍得到了
舒缓。

孔子的弟子很多，特点各不相同。子路勇敢，关键时刻，能用
拳头为孔子说话。子贡聪慧，危难时机，能用智慧为孔子解围。没
有他们，孔子不可能走出像匡一样的险境，更不可能坚持走完十四
年的列国行程。

然而，颜回是个例外。他更像是一个没有特点的人。《论语》
中，颜回出现了二十次左右。你看到的总是，颜回在学习，颜回在
领会孔子的思想，颜回在快乐地生活。颜回总是一副怡然自得的
样子。

在困难来临的时候，颜回并没有特别的反应。甚至在匡地之围
的生死关头，他依旧笑对生活，和往常并无两样。孔子一直认为，
颜回是自己真正的知音。或许，颜回的这种淡定，才是孔子希望在
弟子身上看到的气质。一个人无论如何努力，可能都达不到子路的

天生勇力、子路的利口善辩。但经过反诸内心的修炼，人人大体都可以做到颜回的"仁者无忧"。

外在无论如何险恶，内心只要没有恐惧，生活还是能看到阳光。无论处在何种境遇，内心只要不悲不喜，不忧不惧，世界末日就不会来临。蒙田说，"布鲁图斯在天地共谋反对他与罗马的自由之际，还在巡夜之余偷闲几个小时，安心阅读和批注波里比阿的著作。"（《蒙田随笔全集》第3卷）这种镇静，是大勇敢，也是大智慧。

周公东征，三年后，终得凯旋。孔子师徒，从家乡出发，到了卫国，又到陈，中途畏于匡，其间又有多少个三年。人生就是一条漫漫风尘路，面对人生的劫难，你可以对命运的安排感到不平，你也可以像孔子那样弦歌不绝。当然也可以像颜回那样，在生死关头，不忘和命运开玩笑。

在困难面前，要学会从容，要学会微笑。孔子的匡地之围，似乎在告诉我们，从容和微笑里面，本身就有着坚不可摧的生命力量。

没有批评，赞美便无意义：颜回之辩

对于国人而言，相比于西历，农历似乎距人心更近。

草长莺飞二月天，是早春。七月流火，九月授衣，是秋季。万物的生息，个人的感受，都浓缩在分明的四季里。

农历，也称夏历。春秋时期，有三种历法，夏历、殷历和周历。晋国采用的是夏历，鲁国使用的是周历。周历比夏历早两月。夏历正月，在鲁国，此时已是人间三月天。

孔子喜欢夏历。颜回曾问孔子如何治理国家。孔子说，"行夏之时，乘殷之辂，服周之冕"（《论语·卫灵公》）。用夏朝历法，乘殷人之车，穿周朝礼服，才是一种值得向往的人生。

一个夏历的九月，孔子坐着殷车，穿着周服，赶往楚国。时令已是深秋，桑树的叶子飘满了大地。

孔子已经记不起，这是第几次赶往异国。孔子周游列国，到卫离卫，前后不下四五次。除卫之外，孔子去的最多的国家，是陈。这次到楚国去，就是从陈出发。

可以想象，万物肃杀，一行人行进在乡间小路上，马车走得很慢。为了救世梦想，他们走上了离家的路。前途路漫漫，不知何日是归年。如果是电影，如果有背景音乐的话，当是凄凉悲怆之调。

孔子的这一段经历，史称"厄于陈蔡"。

关于"厄于陈蔡"，《论语》的记载是，"子在陈，从者病，莫能兴。"孔子在陈境，弟子都病了，没有一个人能够站起来。天空晦暗，浓云蔽日。孔子端坐中央，抚琴而歌。

孔子一行的这个写实镜头，不禁让人想起了西方画家拉斐尔的《雅典学院》。一群圣贤，或立或卧，或侃侃而谈，或凝想深思。居中者，柏拉图和亚里士多德，如布道者，向我们走来。

"厄于陈蔡"，《孔子家语》也有记载，也很凄惨。《孔子家语》说，"孔子厄于陈蔡，从者七日不食"。人无食可吃，生命的极限也就六七天。如果说人生有谷底，命运有绝境，我想，孔子和他的弟子算是经历了这样的时刻。

这个时刻的到来，酝酿了很久。对于孔子来说，鲁国政治理想的终结，源于改革的功败垂成。在卫国的郁郁不得志，是因为没有找到一个懂自己的人。春秋诸侯，好孔子之名者，比比皆是。愿行孔子之志者，却几乎没有。这是孔子个人的不幸，也是春秋整个时代的悲哀。

不过，孔子的不幸，并没有迎来理解和同情。相反，在很多人眼里，孔子根本就是一个笑话，这更是让人五味杂陈。《韩诗外传》准确地捕捉到了人们的这种心理。它讲了一个故事。孔子和子贡，在道路艰难行走，路遇一个叫鲍焦的人。鲍焦说，"吾闻之，世不己知而行之不已者，爽行也。上不己用而干之不止者，是毁廉也。行爽毁廉，然且弗舍，惑于利者也。"鲍焦的意思很简单，世间没人理解你孔丘，你还忙个不停，这是瞎折腾。没有老板看得上你，你还天天勤奋地投简历，这是不要脸。瞎折腾，不要脸，主要是因为名利熏心。

一个立誓救天下的人，被天下人传为笑谈，孔子一生中都在遭受这种不公。孔子很有才，没人怀疑。但屡屡陷入人为的或自然的困境，令人不解。不仅鲍焦看不懂，他的弟子也有怨言。子路一向率真，《论语·卫灵公》记载，子路忍不住站了出来，愤怒地找到孔子，说："君子也有穷的时候吗？"

君子有穷，小人得志，这是子路不能接受的结局，也是自古以来政治的大无奈。屈原在诗歌里常常追问这个人生困惑。在《离骚》里，屈原哀叹道："固时俗之工巧兮，偭规矩而改错。背绳墨以追曲兮，竞周容以为度。忳（tún）郁邑余侘（chà）傺（chì）兮，吾独穷困乎此时也。"庸人本来善于投机取巧，背弃规矩改变政策。违背是非标准追求邪曲，苟合取悦作为法则。忧愁烦闷啊，我失意不安，现在孤独穷困多么艰难。

不公和反差是诗歌产生的温床，同样也给予商人大显身手的机会。《孔子家语》记载，陈蔡之厄中，富有商业才华的子贡也站了

颜回"偷食"

　　偷食一旦得到证实，颜回一贯的乐以忘忧，就会让人觉得是虚伪和做作了。这将是孔子厄于陈蔡的最大打击。七日不食，对于孔子来说，打击的是胃。三好学生颜回关键时刻改变节操，对孔子无异于诛心。

出来。子贡站出来不是抒发烦闷，而是要切实解决吃饭问题。子贡拿着携带的货物，与村民以物易物。很快，在穷困的乡野，积攒下了一石米的食粮。

有了米，颜回、子路找到一间简陋的土房，重新开灶做饭。在这间屋子里，子贡发现了一个不敢相信的事实：颜回在做饭过程中，伸手从锅里抓了一把米，塞进了口里。子贡判定颜回在偷吃。一场空前的孔门危机蔓延开来，比以往任何时刻都严重。

子贡和颜回都是孔子最重要的弟子。颜回，以修养著称，是孔门楷模，最得孔子喜爱。子贡比颜回小一岁，擅长言语，智商超群。子贡找到了孔子问道，"仁人廉士，穷困的时候就改变节操吗？"孔子说，不会。子贡又问，"像颜回这样的人，也不会改变节操吧？"孔子坚决地肯定，不会改。子贡陈述了亲眼所见的一切，质问孔子如何解释颜回的行为。

信用是人生最大的财富，但也最经不起挥霍。它建立很难，摧毁却很容易。有的人，一辈子都恪守诺言，只因在一件小事上失信，多年树立的良好形象瞬间垮塌。

所以，偷食一旦得到证实，颜回一贯的乐以忘忧，就会让人觉得是虚伪和做作了。这将是孔子厄于陈蔡的最大打击。七日不食，对于孔子来说，打击的是胃。三好学生颜回，关键时刻改变节操，对孔子来说无异于诛心。若真如此，结束陈蔡之厄后，孔子真的就可以卷起铺盖回家了。栽培多年的最信任弟子已然如此，何必还再辛勤奔走，去教育他人？

一番思考后，孔子叫来了颜回。孔子说，前几天我梦见了祖先，这难道是祖先在指引我们未来的路吗？你赶紧做好饭端上来，我要敬献给先祖。颜回听完后，跪了下来，声泪俱下地说，刚才有灰尘落入饭中。若留下来不抛弃，饭就不洁净；如果丢弃了，就很可惜。我就把它吃了，这饭不能祭祖了。

学者大多认为，成书于三国的《孔子家语》是一本伪书。然而，近代的考古发掘，越来越多地印证了《孔子家语》的价值。我认为，不管《孔子家语》的总体如何，至少颜回"偷吃"的记述，就相当真实精妙。《孔子家语》准确地表现了孔子集团在实际运作过程中，所可能产生的裂隙。毕竟，长达十四年的周游，师徒如何相处，出现矛盾如何解决，都是必须面对的现实问题，而《论语》提供的这方面信息却很少。

颜回"偷食"的记载，让我感慨良多。常言说，世间若无批评的自由，所谓的赞扬也便无意义。没有怀疑的空间，真理和谎言便会失去分别。颜回是好学生的化身，而《孔子家语》却表明，即便是颜回也可能行为自私，罔顾他人。绝境之中，贤士会不会变节，此番论断须经证明方能成立。判断一个人的最终标准，是其行为，而不是流俗的意见。

所以，从这个意义上说，子贡的怀疑合理且必要。民主社会的一个特征是，在团体生活中，大人物要接受公共监督。只有所有人不免于监督，团体的肌体才可能永久葆有健康。就像一个人，只有愿意接受医疗检查，才会有更多的健康机会。讳疾忌医，只会导致病入膏肓，无可救药。

领袖接受监督，团体生活才是可以忍受的。不然，对于普通成员来说，团体无疑是一个无形的监狱和囚室。所有人都置于规则的监督之下，再加上一点点梦想，那么团体生活才会令人向往。即便厄于陈蔡，一生颠沛流离，弟子们紧紧跟随孔子。他们追随的何尝不是一种可以质疑、可以辩论的精神生活？

相反，面临多种可能性，不经辩论，一锤定音，这是专制者的特权。孔子没有这么做。他既没有听信子贡的一面之词，也没有刻意偏袒心爱的颜回。他给颜回提供了洗刷清白的机会，让每一个遭受怀疑的人，有机会为自己辩解。这在民主社会里，就是辩护制度。孔子做事所折射出来的民主作风，或许正是尽管厄于陈蔡，众弟子仍不愿散去的原因之一。

可惜的是，中国文化对孔子的这种民主继承得太少了。党同伐异，政治从来都是单向性发展，而缺少相反意见的约束。政治中，多定性，少宽容。一个人一旦被划为敌对分子，连说话的基本权利，也连带丧失了。多少政治灾难和历史冤案，从此定期重演。在中国人的生活里，像噩梦一样挥之不去。

孔子的后半生，多半是在旅途中度过。他们一群人，多在路上见证了春夏的交替，寒暑的更迭。匡地被围，厄于陈蔡，不过是其中之片段。剖开这些片段，皆可呈现一段值得回味的过往。

渡过陈蔡的劫难，孔子又启程了。鲍焦的嘲笑，还会继续。孔子和弟子的世俗修炼，也还没有完成。

　　春秋时代，百家绚如夏花，各不相同。墨子如首领、如教主，言出法随，冷酷到底。老庄如隐士、如游侠，独来独往，拒人于千里之外。比较而言，我还是喜欢孔子。他和一群普通人生活在一起。在这个团体中，没有绝对的权威，每个人只向真理低头。没有可以容忍的特权，每个人都是规则的奴隶。这样的一群人，总会给人信心。即便厄于困境，彼此心生误会，终是暂时光景。譬如二十四节气，过完大寒，便迎来了立春。

悲剧源于抗争：微服过宋

家乡，总是让人向往。

"谁谓河广，一苇杭之。谁谓宋远，跂余望之。"

黄河并不广，乘一束芦苇便可以渡过去。宋国远吗？跂起我的脚尖，就可以望见了。

这段话出自《诗经·卫风·河广》。一个姑娘，对娘家宋国动了载不动的乡愁。

宋国，聚居着殷的后代。周武王灭商后，将殷的遗民迁到宋，便有了宋国。历史上，王朝一旦更迭，前朝贵族的下场一般都比较凄凉。流水落花春去也，天上人间，李煜唱出了所有亡国者的悲哀。宋的留存，是一种幸运。人们感叹今朝的弊政，想念前朝的善端，至少还有一个相思地。此时，那宽宽的黄河，宛若一湾浅浅的诉怨的海峡。

宋也是孔子的老家，孔子的祖先是宋的贵族。孔子的姓氏"孔"，就是因先祖宋国大司马"孔父嘉"而来。孔父是字，嘉是名，孔家以先祖之字为氏。孔父嘉后来被杀，其后代奔鲁，失去了宋的世袭卿位。

　　鲁国离宋并不远。宋在鲁的东南，鲁人称宋人为南人。孔子说，"南人有言曰：'人而无恒，不可以作巫医。'"孔子经常听南方的宋人说，人没有恒心，做不了巫医。对于孔子来说，宋人充满了神秘感。他们心中常念鬼神，坚定且有恒。香烟缭绕，女巫神医，似乎与主流的周鲁迥然不同。

　　一天，历经磨难的孔子，终于来到了这个美丽而神秘的国家。然而，宋国也没有给孔子带来好运。到了宋，孔子还是一如既往地衰。《史记·孔子世家》记载，孔子离开曹国到宋，与弟子在树下学习礼仪。宋国司马桓魋想要杀孔子，拔掉了大树。孔子不得已离开了这个国度。

　　司马，这个官职，主管军事。如果孔家没有败落，继续留在宋，按照世卿世禄的继承制度，孔子也会成为孔司马。不过，世间唯有时间参不透。孔子一生与政治缘浅分薄，天生没有当大官的命。半辈子流浪，路过宋，司马大人都要置他于死地。其中缘由，让人费解。

　　桓魋的弟弟司马牛，是孔子的入门弟子。桓魋和孔子，应该互相闻名，并无过节。或许，桓魋的先人在和孔子的先人争夺宋司马之位时，曾有过血拼，桓魋还记着世仇？或者，这只是孔子命中注定有此一劫？

　　读《新约》，可以看到，耶稣一布道，就会有满城满城的群众跟随。耶稣说，跟我来。正在打鱼撒网的匹夫匹妇，二话不说，就会丢下活计，随着耶稣往前走，受苦受难，在所不辞。

而同样是传道，孔子境遇为何如此不同？刚到卫，卫灵公就派大兵拎着刀在其门前转悠。在匡，遭到不明真相群众的围攻。刚进宋境，桓魋就要和老孔玩命。君主不买账，群众不给面子，官僚天天想整死老孔而后快。孔子到哪里，哪里都是敌人。孔子生前若想撞死，恐怕都没人愿意借给他一堵墙。

孔子死后，被塑造成了圣人。君王拜之，百姓焚香敬之，天下官僚言必称之。坐在马车上的孔子，如果能够预知身后事，一定又好气又好笑。气自己为何不早生五百年，那时先祖还显赫，生来就有资格当部长。笑自己一辈子不受人待见，死后竟成了旁人礼拜的尊神。

生前，孔子不受人欢迎。可靠的证据表明，死心塌地地跟随孔子的，不过子路、子贡、颜回、冉有等几个弟子而已。孔子教授他们礼仪，孜孜不倦。这些礼仪知识，以前为贵族所垄断，平民子弟无权问津。孔子的收徒讲学，使礼仪走向了民间，却产生了比周游本身更震撼的结果。

培根说，知识就是力量。有时候，这个力量，给一个支点，就能撬动地球。对于世卿世禄的春秋来说，知识具备的正是这种力量。

美国汉学家顾立雅认为，宋司马桓魋要暗杀孔子，正是由于孔子传播了一种危险思想。这种思想认为，一个人之所以高贵，依靠的正是心灵，而不是血统。在政治利益的分配中，血统远不如想象中那么重要，知识才是决定分配的关键。所以，"在司马桓魋看来，孔子所倡导的东西正是苏格拉底被判的罪行：腐化青年"（《孔子与中国之道》）。

在我看来，顾立雅的观点，未免太后现代了。春秋不是一个太平的年代。贵族用杀人来显示权威，十分平常。就像今天的富人，用豪车大宅来显示高人一等一样，这纯属人的劣根性。桓魋暗杀孔子，可能相当偶然，或许只是一时心血来潮，如猎人偶尔发现了一只兔子一般。防止孔子腐化青年，桓魋想不了这么远。退一步讲，即便想到了这么远，一定要以这个理由杀孔子，那么桓魋也不是第一人选。鲁国季孙、卫国权臣，早就会先于桓魋动手。

不过，顾立雅的观点，有一点符合事实。客观上来说，"腐化"青年，孔子真的做到了。孔子之前，士农工商的后代，只能是士农工商，平民子弟没谁敢天天做当官梦。而孔子的教育，使青年人开始有机会用学到的知识改变命运。尽管孔子后半生，没有找到权位施展理想。而他的弟子中，出任行政长官者比比皆是：子路、冉有、冉雍，都出任过季氏宰，掌握鲁国大权。正是看到了这一道亮光，孔子的追随者络绎不绝。甚至人们认为，这个数字一度达到了三千。孔子后来自己都感慨，弟子中学了三年后，不惦记着当公务员的，打着灯笼都找不到。

桓魋欲杀孔子

　　抗争，失败，不改其乐，少了任何一下要素都不是真正的孔子。屡战屡败说的是人的能力与运气，屡败屡战则是一个人做事的态度和精神。

　　从主观上来讲，孔子也很乐意去"腐化"这些年轻人。在遭受桓魋的攻击后，其他人都很惊慌，劝孔子快逃走。孔子镇定地说，上天给了我品德，桓魋能把我怎么样呢？在匡地被围，孔子也同样是如此淡定：上天没有让文化断绝，匡人能把我怎样？我爱这帮年轻人，我教授他们知识和你们有何相干？孔子将生命和教育青年的事业绑定在了一起，这真是一种大气魄。

　　孔子的斗争和不妥协，使我想起了英国人斯马特关于悲剧的描述。斯马特认为，"如果苦难落在一个生性懦弱的人头上，他逆来顺受地接受了苦难，那就不是真正的悲剧。只有当他表现出坚毅和斗争的时候，才是真正的悲剧。"（朱光潜《悲剧心理学》）

　　斯马特的理论，可以从下列事实中得到印证。世界每天都会发生许多不幸。阿富汗爆炸、利比亚战乱、叙利亚危机……新闻报道中，多少多少人的伤亡。但这些数字和悲惨镜头本身，只能称为灾难，不能称为悲剧。人们对单纯的灾难，不会寄予太多的同情。而在灾难现场，一个人为了救出他的亲人，舍出了自己的生命，悲剧才会真正诞生。就像泰坦尼克沉船时，杰克与命运博斗，把生的希望给了罗斯，自己沉入海底，世界观众为之动容。这是悲剧独有的魅力。

　　孔子的行为正好符合斯马特的悲剧定义。孔子的悲剧性，不在于他所受的苦难，而在于他的抗争。他教育青年，游说诸侯，一直没有向磨难妥协。一个国家不接受自己的仁道，就换另一个国家。甚至遭受死亡威胁，也无所畏惧。你们杀了我，还有无数的后来人。孔子把自由、信仰的火炬，传给了一群年轻人，也把抗争的种子，种在了中国人的精神田园。虽然孔子的努力，到死也没换来世界选贤任能、讲信修睦。但这种反抗，本身就是一首悲壮的史诗。

其实，我们的古人中早就有人与斯马特有共鸣。屈原就曾直截了当地指出了世间悲剧的根源。他在《涉江》里悲怆地说，"吾不能变心以从俗兮，固将愁苦而终穷。"不肯放弃抗争，不肯随波逐流，所以一辈子都要在忧愁苦闷中度过。

与屈原的悲剧体验相比，孔子相对乐观，"不义而富且贵，于我如浮云"。如果不按我的想法生活，那些所谓的成功，在我眼里根本就是浮云。所以，我就要抗争，而且是快乐地抗争，唱着歌迎接人生的悲欢离合。

抗争，失败，不改其乐，少了任何一个要素，都不是真实的孔子。《史记》记载，在落寞的乡间，郑国人看见了孔子。这个历经苦难的老人，佝偻着腰，脸上依旧挂满了谦逊的笑容。郑国人说，这个人的样子，多么像一只"丧家犬"啊。子路把这个描述告诉了孔子，孔子笑了。孔子连口说道，"然哉，然哉"，郑国人说得对啊。

这不禁让人想起了《大话西游》。朱茵站在土台上，对着周星驰说，你看那个人像条狗耶。至尊宝滑稽地扛着一条棍子，略带悲伤，消失在人们的视野里。他像一条狗吗？他不像一条狗吗？在生命的穷境中，人们似乎都喜欢拿狗作命运的自嘲，不管是在儒家经典里，还是在戏剧电影里。

124

关于狗，西方也有一传说。希腊哲学家毕达哥拉斯有一次看见一只狗受虐待，他大喊，"住手，不要再打他。他是一个朋友的灵魂，我一听见他的声音就知道。"（罗素《西方哲学史》）也许，在毕达哥拉斯眼里，人和狗的灵魂是一样的，狗才是人真正的朋友。善待狗，就是善待自己柔弱的灵魂。

狗是忠诚的，也是执著的。它认定了一个人，认定了一件事，就会跟随到底，至死不变。他敢于搏斗，哪怕是和强大于自己数倍的敌人。即便失败，即便付出生命，狗也敢一次一次地冲上去。

狗的这一点，很多人，却做不到。

凡我在处就是鲁国：叶公好龙

我曾向不同的人问过同一个问题：《论语》中，除了孔子之外，哪一个人物的知名度最高？

答案各不相同。有人说是子路，子路率真、仗义。有人说是子贡，子贡举止优雅、谈吐不凡。也有人说是颜回，颜回是个好学生，最得孔子喜欢。

他们仨，确实有名。不过，与另一个人相比，还是有点逊色。这个人，便是叶公，好龙的叶公。

叶公好龙的故事，家喻户晓，小学课本都有收录。这个故事最初出现于刘向的《新序·杂事五》：子张见鲁哀公，七日而哀公不礼，托仆夫而去曰："……君之好士也，有似叶公子高之好龙也，叶公子高好龙，钩以写龙，凿以写龙，屋室雕文以写龙，于是夫龙闻而下之，窥头于牖，拖尾于堂，叶公见之，弃而还走，失其魂魄，五色无主，是叶公非好龙也，好夫似龙而非龙者也。"

在我的印象中，叶公就是这样一个滑稽人物。平常举手投足，唯恐别人不知道自己对龙的喜爱。一旦真龙到来，却逃之夭夭，不见了踪影。胆子小，爱虚名，标准的一个伪龙"控"。直到读了《论语》，才发现原来这是一场误会。

叶公，原名沈诸梁，字子高，楚国大夫，因封在叶（旧读shè），故名叶公。叶公是一个相当有才华的将军。鲁哀公十六年，楚国发生了宫廷政变。楚白公杀了楚国执政大夫，劫持了楚王。叶公闻讯后，从外地赶回，平定了这场叛乱。叶公从此执掌军政大权。国家安宁后，叶公归还了所有的权力，老于叶。叶公平定叛乱的这一年，孔子去世，走完了 73 岁的人生。

叶公戡乱，孔子没能看到。不过，孔子和叶公，也曾有过一面之缘。那年，孔子 63 岁。那年，孔子刚刚脱离陈蔡之厄，赶着马车，渡过弯弯的汝河，来到了楚国。《论语》记载，孔子一行刚刚到达楚国的边境，叶公就前来向孔子请教如何治理国家。

对于孔子来讲，这是很少见的政治关怀。孔子在卫国数年，卫国国君待如上宾，"奉粟六万"。不过，卫灵公只问过孔子，怎样调兵遣将。孔子过陈，待了三年，陈君除向孔子问过灵异事件外，并无他事相询。

卫灵公问调兵遣将，孔子第二天就离开了卫。在孔子眼里，一个国家，若整天想着和他国比大比强，号称某某指标世界第一，却置普通人的疾苦于不顾，这样的国君不是自己的知音。陈君问奇闻逸事，在这位不靠谱的国君眼里，老孔就是位掐指会算的江湖术士。总之，孔子周游列国，碰到的主儿，大多是"叶公好龙"之辈。

真正的叶公，表现却出人意料。孔子来楚不久，他就诚心向孔子请教为政，孔子也实话实说。孔子说，为政的关键就是，要让"近者说（悦），远者来"。一个真正实行仁政的国度，老百姓不会因为是一个小民而烦恼，会真心为住在这个国家而喜悦。外邦之人也会想方设法移民到这个国家，以成为该国公民为无上的荣耀。

孔子的话也可以反过来理解。政治上，一个国家可以开动所有暴力机器，宣传自己的制度优越。也可以控制所有的言论，消弭不和谐的声音，使颂歌充盈于耳。但是政治的生命力，最终靠的还是普通人朴素的感觉。一个国家再强大，如果国民整天愁眉苦脸，一家老小拼命想着到国外发展，对祖国整体缺乏"安全感"，那么这个国家迟早会为恶政付出代价。

"近者说，远者来"，是一个国家无言的宣传。孟子也曾拿这样的理论，来游说诸侯。孟子说，今天如果大王发仁施政，使得天下的仕者都愿意立在王之朝堂，耕者都愿意在大王您的田野上耕种，商贾都愿在大王您的市场上经商投资，行路的人都想在大王您修的道路上行走，天下对自己的君王不满的人，都愿意到大王您的跟前哭诉。如果是这样，谁还能抵御您呢？

叶公听了孔子的话，作何感想，我不知道。但可以肯定，叶公和孔子对话是投机的。不然，也不会有《论语》记载的下面一段交谈。叶公对孔子说，我们乡里有一个叫直躬的人，他的父亲偷了一只羊，他会向政府举报。孔子说，我们乡里正直的人和他不同。如果碰到这样的事，父亲会替儿子隐瞒，儿子也会替父亲隐瞒，这才是真正的正直。

叶公问政于孔子

　　叶公务实，亲和，这和传说中的大不相同。他真的是拿孔子当朋友，当人才。可以说，"叶公好龙"流传了两千年。叶公的冤，连说理的地方都没有。

叶公和孔子的对话已经从大政方针的研究，转向具体细节的探讨。父亲偷羊，正直的儿子，应该怎么做？是揭发父亲，还是替父亲隐瞒？这个问题，历来有争议。站在公义角度的人认为，应大义灭亲。站在私德立场的人认为，应亲亲相隐。

"自古忠孝难两全"，对国人来讲，确实是一道哥德巴赫猜想。孟子曾经试图破解这个难题。大家知道，舜是中国的大圣人，也是一个孝子，而舜的父亲瞽瞍却是一个大恶人。一个学生就问孟子，如果瞽瞍杀了人，那么作为天子的舜，应该怎么办？放了父亲，违背法律。杀了父亲，违背伦理。孟子说，舜会辞去君位，和瞽瞍逃到天涯海角，终生享受天伦，忘了天下。

这就是法律和道德的关系。偏重一方，总会得罪了另一方。孟子的回答也不过是回避了核心问题的一种鸵鸟战术。

叶公提到父亲偷羊这件事，可能也没想到会引起这么大的论争。楚国处在中原诸国之南，是南蛮居住之地，并不属狭义的中国范畴。叶公也许只是想用这个例子，表明楚文化里的正直是个什么样子。至少，发现偷羊，就会举报，这种正直的风俗是难能可贵的。在这种民风中，楚国让"近者说，远者来"不成问题。不远千里而来，站在眼前的孔子，就是最好的例子。在叶公眼中，楚国总比连年权斗的鲁国、卫国，强上一百倍。

叶公时期，楚国在国际上的表现确实可圈可点，这都是因为楚国有一个杰出的领袖楚昭王。在来楚的路上，孔子就听过了楚国的一个奇闻。云彩像赤色的飞鸟一样包围着太阳飞了三天，楚国人都很害怕。算卦的人说，"王有灾祸，将其转移到大臣身上，灾祸才可以免除。"楚昭王说，为除掉腹心的病痛而残害股肱，我不忍心。我如果有大过，天就惩罚我，和大臣有何关系呢？楚昭王说这话的时候，尚不满三十岁。

有这样的领袖，叶公有理由对楚国自信。不过，我们不知道，这样的自信是否触动了孔子敏感的心灵。毕竟，流浪者对自己国家总怀着一种复杂的情怀。楚国虽然国力强盛，民风淳朴，君主英明，但在孔子心中一定会比鲁国好吗？

"二战"爆发后，德国作家、诺贝尔奖获得者托马斯·曼开始了流亡。1938 年，在接受美国《纽约时报》采访时，托马斯·曼说了一段著名的话，"我其实什么都没有损失。凡我在处，就是德国。我带着德意志文化，我与世界保持联系，我并没有把自己当作失败者。"

如果听到托马斯·曼的这段话，孔子也一定很欣赏。到见到叶公为止，孔子离开鲁国已经八年，孔子并没有把自己当作失败者。对于孔子来讲，"凡我在处，就是鲁国"，鲁国文化，西周礼制，随着孔子的周游，在不断地迁移和流动。所以，在听到叶公举出正直人的例子时，孔子娓娓道来，说出了鲁国正直的标准，父子相隐，才是真正的正直。孔子身上，丝毫看不出一位"远来者"的自卑。鲁国的传统是优秀的，孔子对此深信不疑。他现在想做的，就是把它介绍给楚国这个充满希望的国家。

孔子不卑不亢的气质，给叶公留下了不错的印象。他对孔子很

131

感兴趣。《论语》记载，叶公在和孔子论政后，向子路打听起了孔子的为人，子路没有回答。孔子知道后，就笑着向子路说，你为什么不说，这个人发奋忘食，乐以忘忧，不知不觉间就已经成为一个老人了。六十三岁，孔子还能废寝忘食地奔走游说，一点都不觉得愁苦，这一点很是可爱。

应该说，孔子能碰到叶公是种幸运。叶公不迷信孔子的名气，也不介怀孔子颠沛流离的政治境遇。他对孔子没有仰视，也没有俯视。他直接和孔子争论一个问题的曲直，直接从孔子身边的近人处，来打听人们对孔子的评价。叶公务实，亲和，这和传说中的大不相同。他真的是拿孔子当朋友，当人才。可以说，"叶公好龙"，流传了两千年。叶公的冤，连说理的地方都没有。

然而，历史总是让人猜得着开始，猜不着结局。尽管，真叶公真好"龙"，孔子最终在楚国还是没能实现抱负。孔子来楚，是为了得到楚昭王的召见，叶公和孔子相见不过是召见的暖场。而让人想不到的是，序曲刚拉开帷幕，就奏响了结束的挽歌。

"赤云夹日"不久，楚昭王突发怪病，不幸去世。这个年轻的君主，拒绝用臣民的命来交换自己的命，拒绝站在他人的痛苦上，来争取自己的幸福。楚昭王的死，孔子充满了痛惜。孔子说，"楚昭王通晓人间的大道，他的后代不会失去楚国。"这是孔子最后一次对一位倾慕的君主，表达由衷的敬仰。

楚昭王的死，也许，就是孔子的命。人生如戏，好容易挑好了搭档，又控制不了剧情。孔子在和君主的合作中，总是充满了遗憾。鲁君软弱，卫君好战，陈君爱好灵异。仁爱的楚昭王，原本是孔子最后的希望，却不料英年早逝。孔子再次踏上希望的征途，迎来的却又是一场失望的羁旅。

不过，对读者来说，这却是好事。亚里士多德说，悲剧中两个最能打动人心的成分是属于情节的部分，一个是发现，一个就是突转（《诗学》）。而这两个要素，在孔子的生命中，常常出现。

从时间里开始逃离:《论语》中的隐士

　　读书人似乎一直都有两种矛盾情结。一种是,立在高高的庙堂,为民请命,鞠躬尽瘁,死而后已。一种是,处在悠远的江湖,采菊东篱下,淡泊明志,宁静致远。前一种人生态度,称为"入世",后一种则为"出世"。

　　是入世,还是出世,各人选择不同。孔子和他的弟子,大多选择了前者。孔子说,"富而可求也,虽执鞭之士,吾亦为之。"正当途径发财致富,死了都要爱。孔子还说,"三年学,不至于谷,不易得也。"自己的学生,三年下来,只想学习,不想仕进的,打着灯笼都难找。功名利禄,儒生从来都不拒绝。对名利的渴望,就像一朵美丽的罂粟,读书人深受荼毒。

　　历史上也有一些人,选择了后者。他们很有才,也很狂,天生摆明了要跟主流对抗到底。他们不追求仕进,不和政府合作,只在乎自己的内心。他们在人间深深地蛰伏起来,不知魏晋,怡然自乐。

　　《论语》中就活着这样一群人。他们蔑视人间的礼法,直呼孔夫子的名讳，指责孔子"四体不勤、五谷不分"。他们又质疑孔子，整天四处演讲，其实是利口强辩的小人。他们有的留下了名号，比如微生亩、长沮、桀溺。有的，则只是一个简称。比如早晨守城于石门，《论语》就称他为"晨门"。

《论语》记载了很多次，孔子和这些人的美丽相遇。这些相遇，大多发生在孔子周游的路上。在寂寥的乡野，在开满鲜花的小径，孔子和他们，在身体上、在思想上，终于有了激动人心的相逢。

《论语·宪问》载，孔子在卫国击打一种名为磬的乐器。一位背着草筐的老者正好路过，听到有人击磬便停了下来。他听了一会，作了如下乐评，"很有闲啊，还有心击磬。既然没人听得见，敲给谁听呢。既然没人理解，闲下来不好吗？水深的时候，穿着衣服过河；水浅的时候，撩起衣襟过河。"

荷蒉丈人一席话，孔子无话反驳。千里而来，为的是求见君王，施展自己的治国抱负。可是，君王的追求和自己的理想，就像月亮和地球，完全不在一个轨道上。场场精心准备的相会，总是以失望告终。这样的结局，荷蒉丈人似乎早就有所预料。荷蒉丈人很清楚世道，也似乎很理解孔子。他能够从一段细小的音乐中，了解到孔子的不如意。在寂寞的乡野，这样的人也可谓孔子的半个知音。

孔子在外逗留时间最长的是卫国，卫国有很多像荷蒉丈人一样的人。当时人评价，"卫多君子鲁多儒"，卫国的君子和鲁国的儒生一样多。这些君子，有不少在朝堂为政，但多半隐没在乡野。

《诗经》形容卫国，"瞻彼淇奥，绿竹猗猗。"看那淇水弯曲处，竹子修长，美不胜收。只不过，美不胜收的卫国容得下君子的"隐"，却载不动孔子的愁。孔子惆怅，自己的抱负难伸，理想难酬。《论语·微子》记载了很多次孔子在卫国时的颓唐情绪。一个很有意思的现象是，这时，荷蓧丈人等人总会不经意冒出来，拿惆怅的孔夫子寻开心。

长沮、桀溺也是这样的人。弯弯的河边，他们并肩而耕，默声不语。孔子经过，让子路向他们打听渡口。长沮问明子路等人的来意，答了一句"他知道渡口"，便不再言。言下之意，孔丘知道无道的天下出路在哪里，又何必向我们投石问津。子路只好问桀溺，老人家渡口在哪里啊？桀溺答道：滔滔浊水，到处泛滥，谁能改变呢？你跟着一个人，躲避坏人，一路奔走。为何不跟随贤者，避开这个世间呢？于是继续埋头耕耘。

在长沮、桀溺的眼中，孔子不算是个无可救药的人。但孔子离开鲁国，只为躲避坏人，还只是一个小隐。孔子并没有看透天下，孔子一颗希冀的心，还在为美好的未来躁动。所以，桀溺劝子路，与其避人，不如彻底避世，委身田亩，以求内心安宁。他们相信，孔子这群人注定会越走越糊涂。于是，他们等在美丽的河边，等着给孔子的伤口再撒一把盐。

这样的故事，发生在何时，并不重要。《论语》编排这样一个故事，似乎本身就是一个隐喻。孔子一行在列国间，遍寻名主不遇，屡遭碰壁之苦，确实应该问一问前行的"渡口"了。

《微子篇》频繁地写到了孔子师徒的这种迷路。有一次，子路在路上和孔子一行走散了。子路遇到了一位锄草老人，便打听道，"我的夫子是否从此经过啊？"老人满脸不悦，愠怒道，"四体不勤，五谷不分，谁是你的夫子？"子路哑口无言，在旁边垂手而立。老人转而又笑了，对子路说，天晚了，你就留下来吃晚饭吧。于是，在茅草屋中，杀鸡为黍款待子路。第二天，子路告辞，找到了尚未走远的孔子一行，述说了昨晚的经历。孔子说，"这是一位高人啊，你回去务必把他找到，我有问题请教。"子路忙回去寻找，然而荷蓧丈人早就搬走了，留给子路的只是一地鸡毛。

这让我们想起了陶渊明的"桃花源"。渔人忘路之远近，忽逢桃花林。进入一口，源中别有洞天。此中人设酒杀鸡作食，招待来者。渔人既出后，再寻不见，"遂迷不复得路"。五柳先生的笔下故事，在情节上，和子路所遇几乎相同。过程很曲折，相逢很美好，但回首总像在梦中。可见，那时人们编故事，还没有版权意识。这种"雷同"的故事，不知道是"纯属巧合"，还是有意为之。

不期而遇，神秘消失，让人永远不可捉摸，孔子也亲身经历过这种事。孔子一行前往楚国。途中就听到有人唱，凤凰啊，凤凰，为何德行这么衰落？过去的不说了，未来的还可以追赶。今天的从政者，真是差劲。孔子听后，便知此人绝非一般人，慌忙下车，欲与其攀谈。然而，唱歌之人，小跑着走开，不久就消失了。

唱歌的人，从哪里来，到哪里去。子路不知道，孔子也不知道。这些人在《论语》里，像雾像雨又像风。他们出现在孔子师徒

子路问津

　　在长沮、桀溺的眼中，孔子不算是个无可救药的人。但孔子离开鲁国，只为躲避坏人，还只是一个小隐。孔子并没有看透天下。孔子一颗希冀的心，还在为美好的未来躁动。所以，桀溺劝子路，与其避人，不如彻底避世，委身田亩，以求内心安宁。

苦闷彷徨的时刻，用一种不可捉摸的存在，提醒着孔子，世界其实还有另一种可能的生活。或许，对于入世的人来说，出世的人就像风，或狂风大作，或慢慢吹拂。入世的人，在逐世之梦中，往往会因此稍觉苏醒。

儒家和隐者，虽然走的不是一条路。但孔子对隐者保持着最高的尊敬。《宪问篇》中，孔子感慨，"贤者辟世，其次辟地，其次辟色，其次辟言。"最贤明的人躲避无处不在的时间，其次躲避己身所在的空间，再次躲避俗人的脸色，最次等的是躲避浊污的语言。一句话，好人应离世界远点。最好是，世界有多远，就躲多远。晚年的孔子，岁月洗净了铅华。心中的壮志，像残阳晕染的晚霞，渐渐淡去。此时，这些避世的人，或许分外显得温婉可亲。

隐者大多看到了春秋的大势。王室衰微，诸侯争强，乃大道使然。人如草芥，无能为力。他们不会像孔子，为苍生之理想奔走疾呼。而是顺其自然，不为物累。他们的信条，就像楚辞里《渔父》中所唱，"世人皆浊，何不淈其泥而扬其波？众人皆醉，何不餔其糟而歠其醨？"如果世间上人人都沉醉了，何必自己独装清醒，让自己那么累呢？所以，他们把自己的名和身体，都从世上隐去了，为的是给自己的心灵找一个宁静之所。

避开时间，避开空间，只为心灵，这样的人，我们的文化称他们为隐士。

如果说孔子出行，是一幅历史的彩轴。那么这些隐士，就像水彩之韵，穿行在孔子出游的画卷里。去鲁适卫，过匡过蒲，返卫出仕，由卫到陈，由陈至蔡，自蔡返陈。一路行来，他们不是主角，却无处不在。他们的出现，使儒家和道家，纠缠得不可开交。

于是，看似泾渭分明的儒道两家，在《论语》中，找到了诸多契合点。他们都对时代不满，都认为所活的时代，不符合心中的理想。终极意义上讲，他们都是现政府的反对党。过分地强调他们的不同，不符合实际。

儒生和隐士之间稍微的一点差别，只在于心境。隐者认为，世道已无可救药，大家就别折腾了，还是洗洗睡吧。而在孔子眼中，死马也要当活马医，反正闲着也是闲着。这两种态度，看似相反，实则谁也离不开谁。没有出世的心，入世往往会变得庸俗。没有入世的心，出世往往会显得残酷。入世和出世，儒生和隐士，就像太极，互相依存，互为循环，永无穷尽。

太极是一个黑白之圆。从某种意义上讲，孔子之后，国人的精神，不论如何折腾，都没有从这个圆里逃脱。跳出黑，则入白。脱离白，则入黑。失意的文人，面前有两瓶毒药，或隐或仕，或儒或道。不过是，看谁凭爱好拿起哪一瓶，来给自己一个了断。因此，隐士，一定关注儒生。儒生，多半羡慕隐士。一个人拿起药瓶仰颈喝下去的一刹那，总要瞄一眼对方是否也做好了喝下去的准备。隐和仕的这种纠结，谁又分得清呢？看似在隐、实则为仕，身在朝野、心在江湖，这样跨界的人太多了。

品味孔子和和荷蓧丈人，品味他们的选择，品味他们的交往，我们也许能为内心找到一条归路。这条路虽小，却通向澄明。

哪一颗灵魂不疯狂：三问浣纱女

为何我们活得累？

每个中国人都可能问过这样的问题。人情关系，凡是人，都离不开，中国人却尤其复杂。男女关系，凡是人，都绕不过，中国人却总是欲说还休。

《诗经》开篇咏唱缠绵悱恻的爱情，"关关雎鸠，在河之洲。窈窕淑女，君子好逑"，大胆而炽热。现实中，中国的礼法却要求，男女授受不亲。《孔子家语》记载，我们的孔夫子治理中都，甚至实现了"男女别途"。大路朝天，男女各走一边，多么奇怪的事情。

告子说，"食、色，性也。"（《孟子·告子章句上》）好色和吃饭一样，是人的本质需要。《论语》对于孔子的"食"描绘得相当精细。吃什么样的肉，喝什么样的酒，甚至拌什么样的酱，都一清二白。而对于孔子的"色"，却只字未提。

避而不谈，同样出现在艺术中。我们的人物画，画英武的帝王，画美丽的仕女。但正统的画家，没有谁敢像西方画家那样，将赤身裸体的女人当成创作的主题。女人和性，是中国人心中不登大雅之堂的雷区。

或许因为这个缘故，孔子师徒给人的印象，大多是严肃的。孔子多数时候，或正襟危坐，或作揖行礼，总是透着一种正人君子气。孔子的学生，更是张口理想、闭口道德。女人的话题，他们鲜有论及，更别说像我们一样爱讲黄段子。唯一的一次，孔子在卫国见了一次南子，子路把所有的不高兴都写在了脸上。孔子最后只好对天发誓，自己是清白的，才算完事。

这让我们感到疑惑。《礼记》说，饮食男女，人之大欲存焉。圣人如何驾驭自己的欲望呢？心理学的研究告诉我们，欲望因不满足会变得格外强烈。孔子周游，没有听说带着夫人亓官氏。他如何处理长达十多年的分居生活？碰到美丽的异性，孔夫子会有别样想法吗？一个男性集团，常年漂流在国外，真实的私生活是怎样的？

周国平说，"路上遇见一个女子，你怦然心动，她走过去了，你随即忘记了她，也忘记了你刚才的怦然心动。"（《把心安顿好》）这是实情。异性相吸，这是荷尔蒙分泌的结果，并不因为你道德高尚，或者博学多才，就可以具备天生的免疫力。

我八卦地猜想，孔子应该也不例外，只是《论语》刻意省略了关键细节。所以，当读到东方朔的《怨世》诗，我很兴奋。这位西汉的滑稽家，在作诗为屈原鸣不平的时候，捎带举了一个孔夫子的例子。他说，"路室女之方桑兮，孔子过之以自侍。"这句话的大意是，孔子在赶路的时候，遇到了一个采桑的美女。然后，孔子经过她的身旁，悄悄地站立在一边。

　　东汉文学家王逸的《楚辞章句》是《楚辞》流传下来的最早的完整注本。对于这句诗，王逸的理解是"言孔子出游，过于客舍，其女方采桑，一心不视，喜其贞信，故以自侍"（《楚辞章句》）。孔子出游，店家女儿正在采桑，用心专一，目不斜视。孔子认为，这个女子有贞德，所以就在她身边停留了下来。

　　王逸判断的前半部分应该没什么问题，这确实可能是孔子出游住店时发生的一件轶闻。而有关心理描写，显然加入了臆想成分。店家女儿采桑时，是否真的是目不斜视，孔子是否因此认为她是道德上的楷模？东方朔没说，王逸是怎么知道的呢？

　　采桑女是中国文学中美的化身。如《陌上桑》中采桑的罗敷，"行者见罗敷，下担捋髭须；少年见罗敷，脱帽著帩头"。所有的人，不管是走路的，担担的，老年人，少年人，只要是男人，都会对这个名叫罗敷的采桑女子，产生荷尔蒙冲动。这就是美女的天然杀伤力。

　　正是因为这种夺人心魄的美，所在在一个动乱时代，采桑女本身就是一份高危职业。《诗经·豳风·七月》写道，"春日载阳，有名仓庚。女执懿筐，遵彼微行，爰求柔桑。"春天，暖洋洋的太阳照耀着大地，黄莺在枝头恰恰鸣啼。姑娘拿着深筐，顺着小路一直前行，去摘求柔软的桑。美固然很美，但是，《诗经》笔锋一转，就显出担心来，"女心伤悲，殆及公子同归"。因为采桑时，好色的公子，或许正好经过，把女子抢了去，采桑女心里充满了无限的伤悲。罗敷后来遇到劫色的使君，就是一例明证。

　　所以，我认为，王逸对东方朔诗句的理解，主观臆想成分太重。在一个危险环境中，采桑女不太可能做到心无旁骛。孔子也不应该仅凭这个女子"目中无人"，就妄作道德判断。毕竟，在采桑的时候，左顾右盼，同样也可能是有贞德的，且人身更加安全。东方朔说的"孔子过之以自侍"，是否可以理解为悄悄地停下来，偷偷地观看呢？《陌上桑》中的"行者"和"少年"，震慑于罗敷的美，情不自禁，多看了几眼。这原本也是十分正常的事情，为何到了孔夫子那里就行不通呢？只是因为孔子是圣人吗？

如果说《怨世》中的孔子究竟是怎么想的，我们还存在歧义，那么《韩诗外传》的一则记述则明白得多。比东方朔早些时候的韩婴，给我们展现了一个更别样的孔夫子。

孔子向南到楚国去游历，来到一条山谷小路，见一位佩着玉璜的姑娘正在谷水边洗衣服。孔子说："那位女子或许可以交谈一下吧？"便抽出酒杯交给子贡，对他说："好好跟她谈，看她怎样说。"

子贡走过去对那位女子说："我是北方边远地区人，要南行到楚国去。赶上暑天炎热，觉得心生焦渴，想向您讨杯水喝，来压压内心的烦扰。"女子回答道："山谷路径，幽僻溪流，水清水浊，流向大海，想喝就喝，何必问我？"她拿过子贡的酒杯，逆着水流舀上水，光闪闪地泼出去，又顺着水流舀上水，水清亮亮地充满酒杯，溢于杯外。她坐着将杯子放到沙滩上，说："按照礼，我是不能亲手交给您的。"

子贡回来把这情况告诉孔子。孔子说："我知道了。"他抽出琴，去掉上面的弦轴，交给子贡，说："好好跟她谈，看她怎样说。"

三问浣纱女

　　周国平说，"路上遇见一个女子，你怦然心动，他走过去了，你随即忘记了她，也忘记了你刚才的怦然心动。"这是实情。异性相吸，这是荷尔蒙分泌的结果，并不因为你道德高尚，或者博学多才，就可以具备天生的免疫力。

子贡过去对那位女子说："刚才您的话，正如和畅的清风，与我所言不相抵触，使我感到非常舒畅。我这里有一张琴，缺了转弦的轴，想请您来调调琴音。"女子答道："我是乡野之人，无知愚笨，不懂五音，怎会调琴？"

子贡又把这些告诉了孔子。孔子说："我知道了。"孔子拿出细葛布五匹，交给子贡说："好好说话，看她这回还说些什么。"子贡再次来到河边，对女子说："我这个北方人将要到南方楚国去，这里有细葛布五匹，我不敢说给你做衣服，就把它放在这水边吧！"女子说："你这个客人差矣，拿出你的资财，丢弃在野外，这是什么意思？我还很年轻，怎敢接受这些？你趁早离开，我那暗中守护的性情粗暴的家人知道了就不好了。"

这段故事很长，记述了孔夫子和楚女攀谈的过程。孔子通过子贡，分别向楚女借水、问音、赠布，表达自己内心的萌动。出乎我们意料的是，孔子师徒纠缠得不亦乐乎，楚女却表现得相当冷漠。伶牙俐齿的子贡，编了一堆攀谈的理由，比如"暑天炎热"，"琴弦断绝"，楚女并不为这些殷勤说辞所动。她有礼有节，拒这对师徒于千里之外。楚女最后甚至怒斥，再不走，就告他俩性骚扰。

这是多么令人震撼的事情。孔子师徒，一个至圣先师，一个旷世大儒，行为举止多么像两个轻薄之徒。路遇村妇，他们不仅没有遵守"男女别途"的交通规则，反而举止失态，乃至被女子怒斥。他们俩几次三番地问一些不着边际的问题，意欲何为？是在通过楚女观察楚国的风俗呢？还是想借机欣赏眼前的这位异性，从而获得一种作为男性的愉悦？

如果韩婴的记载属实的话，我相信，后一种动机更有说服力。孔子说，"吾未见好德如好色者也。"对这句话，朱熹在《四书集注》里所作的权威解释是，"好好色，恶恶臭，诚也。"爱好美丽的姿颜，厌恶刺鼻的臭味，这是人内心本真的流露。

朱夫子一向古板，连他都承认，异性相吸是人本性的一种真诚表露。卫灵公会如此表现，孔子师徒就一定是例外吗？对于异性的欣赏，只要未越过一定的度，皆有益于身心。一定要以德或以礼来抹杀色，强调"存天理灭人欲"，只能让社会充满虚伪和假道学。当然，过度强调色，以色来抹杀德，这又走入了另一个极端。就像卫灵公，让夫人南子干政，让男友弥子瑕专权，则最终会伤害到国家和国民的福祉。

孔子生活的时期，有人尊孔，有人不屑孔。但即便是尊孔的人，也没有将孔子看成道德楷模。他们佩服孔子生在乱世，往返奔走，企图给社会一服解药。就像仪封人所说的，"天将以夫子为木铎"。上天派孔子当一个警醒世人的木舌大铃。不屑孔子的，认为他是"何为栖栖者"（微生亩评孔），"知其不可而为之"（晨门评孔）。就是说，孔子的作为是瞎忙活。对于孔子在途中，有没有浪漫的邂逅，会不会有一些凡人的杂念，没有人追究。

后来，仲尼成了孔圣人。在圣人面前，人们再无评论自由，只有资格唱响歌颂的主旋律。孔子高大了起来，端坐在神坛之上。一个可爱的孔子消失了，一个有着人间感情的老夫子，再也看不到了踪影。孔子言为师表，行为世法，他的感情世界，也成了不容讨论的禁区。这是孔子的幸运，还是孔子的悲哀？

147

孔子身上，有无数的谜。关于男女情感，我还是认为亚里士多德说得对，哪一颗高尚的灵魂不带点疯狂？（蒙田《蒙田随笔》）

所以，我很庆幸，韩婴的"孔子三问浣纱女"能够流传下来。毕竟，这个政治上不太合格的记述，为我们想象真实的孔子，提供了一个稀有的轻松空间。

勿为贪心找借口：冉有回国

马车上的岁月是颠簸的。狐死必首丘。

泰戈尔说，"旅客要在每个人生门口敲叩，才能敲到自己的家门，人要在外面四处漂流，最后才能走到最深的内殿。"（《吉檀迦利》）

周游列国，终有结束的那一天。鲁哀公十一年，孔子将归心的箭射向了鲁国，那个他心中最深的内殿。

一晃在外十四年了。十四年来，孔子一直在向诸侯讲述自己的理想。十四年过去了，水中捞月，镜中探花，来来去去却只是一场空。孔子长叹道，"归与！归与！吾党之小子狂简，斐然成章，不知所以裁之。"回家吧，回家吧。家乡的小子志向很高，文采斐然，我还不知道如何指导他们呢。

季桓子也想让孔子回来。这位鲁国宰相，曾经支持孔子堕三都，而在关键时刻松懈，使孔子功败垂成，孔子才一跺脚离开了鲁国。《史记》记载，临死的时候，季桓子将儿子季康子叫到了床前。他悔恨地说，鲁国有几次兴盛的机会，只因我屡次得罪孔子，这个国家最终没能兴盛起来。我死后，如果你能接替我任宰相，一定要把孔子请回来。

不几日，季桓子去世，季康子继承权位。迎接孔子回国，作为一项政治任务被提上日程。这时，公之鱼劝季康子道，您的父亲任用孔子，不能终了，为诸侯笑。今天，如果您任用孔子，若还是不能善终，将再次为诸侯笑。季康子沉默半晌，对公之鱼的话十分认同。于是，他决定搁置父亲的遗命，慎重研究孔子的未来。

无情最是台城柳，依旧烟笼十里堤。峰回路转后，人们才发现，柳暗花明又一村，只不过是海市蜃楼、梦中的镜像。在人生的关口，孔子总会碰到阻挡，让他的事业陷入低谷。为什么当政者始终不能给予孔子重任，或者认准了孔子不能有用武之地呢？甚至连回个家都如此艰难？

永远不为当权者所用，这是孔子的命。《论语》里，有人就看到了这一点。"你们这些人为什么着急没有官位呢？天下黑暗日子太久了。圣人是有使命的，上天是把他老人家请出来当大众的导师哩。"仪封人用天命来安抚孔子的弟子。"不要发愁没有职位，要为没有任职的本领而发愁，不怕没人知道自己，去追求足以让人知道自己的本领好了。"孔子告诫自己的弟子，只求修炼，莫问前程。他似乎也是在宽慰自己，宽慰自己的一路风尘。

其实，抛开天命和修炼不谈，如果客观地分析，孔子回到鲁国的不顺利，倒存在实实在在的原因。其中一点是，周游回来时的孔子，名声太大了，超过了召他回国的人。不管是季桓子还是季康子，在这位名闻天下的列国周游之星面前，都有点相形见绌。

另外，孔子太有才。在当政时期，孔子夹谷之盟击退齐兵，堕三都几乎根本扭转鲁国的政局。用现在的话来说，这些事哪一件不是帅得惊动诸侯？孔子说过，如果有人用我，一年便可以了，三年便会让国家有所成就。这话虽有点自负，但也是实情。召唤这样的人回来从政，不是任何一个领导都有自信管得住。

最关键的一点是，孔子和他们政见不同。孔子推崇尧舜禹的三代之制，想给鲁国一个崭新的明天。而季孙三家则更喜欢维持现状，保住既得利益。一个高喊着变革，一个高喊着稳定。一个是改革派，一个是保守派，两股相反的力量怎么能拧到一起呢？

当然，作为鲁国公民，孔子有权回到自己的祖国。历史记载，六十八岁那年，孔子最终还是回到了曲阜。只不过远没有之前想象的风光，没人夹道欢迎，也没有小朋友献花。季康子依然听歌跳舞，鲁国社会依然和谐一片。但季康子总感到对不住父亲，便问公之鱼，父亲的遗愿怎么办。公之鱼说，那你就从孔子的弟子中选一个人出来从政。季康子问，谁？公之鱼答，冉有。

冉有，名求，也称冉求。在孔门十哲中，冉有名列政事科。孔子评价他说，在一千户人家的城邑或有一百辆战车的大夫之家，冉有可以做首长。对此，冉有也颇自信。一次，冉有和子路、曾皙、公西华等陪孔子聊天，孔子向他们询问志向。冉有回答，国土纵横六七十里或五六十里的国家，让我去治理，三年以后，就可以使人人饱暖富足。

冉有很有才华，做事也比较谨慎。子路和冉求曾请教孔子同一个问题，"听到一件事就可以做吗？"孔子回答子路，先和父兄商量后再做。而告诉冉有，看准了就可以做。一问两答，正好相反，众弟子很困惑。孔子解释说，子路比较鲁莽，所以我劝他好好想想。而冉有比较谨慎胆小，所以我要给他壮壮胆。谨慎的冉有，在做任何事情之前，都会和父兄商议。季孙也有理由相信，这样的人，在行政岗位上，是不会胡来的。

冉有回鲁后，就当了季孙家的总管。在总管的任期中，冉有也成功地经受住了季孙的考验。季康子要求祭拜泰山，就是其中之一。按照礼法，春秋时代，只有周天子可以领着众诸侯跪在泰山之顶，祈求上天给予普天下的子民以庇护。这在当时是最高级的国事活动。而季康子只是鲁哀公的大臣，却坚持对泰山进行祭拜。这无疑破坏了礼制的严肃和法律的尊严。

祭拜泰山很快便传到了孔子的耳朵里。《论语》记载，孔子便把冉有叫来问道，你身为季孙家的总管，就不能制止季孙的违礼吗？冉有平静地回答，不能。孔子有个学生，名叫林放。林放曾经问过孔子何谓"礼"的根本。眼见冉有秉持顽固态度，真心和季康子站在一条战线上。孔子就说，呜呼哀哉，泰山不如问礼的林放吗，怎么会接受季孙的朝拜？！孔子不能指责当政的季孙，不愿直接批评面前的冉求，大呼泰山不懂礼。不知道，冉有听了心里会是怎样的滋味。

冉有通过了政治家的考验，却将礼义道德的教诲放诸脑后，这

152

是孔子晚年十分痛心的事情。孔子和冉有的矛盾，在季孙将要攻打小国颛臾上表现得更明显。

《论语·季氏》记载，季氏将要攻打颛臾，冉有和子路向孔子通报事态。孔子说，"冉求，这不是你的过错吗？你是季孙家总管。颛臾虽是小国，但一直做事正义，为何要攻打？"冉有说，"季孙执意要打，我们两人都是不同意的。"孔子说，古人有句话，能够贡献自己的力量，就任职。不能贡献自己的力量，就该辞职。譬如瞎子遇到危险，不去扶持；将要摔倒了，不去搀扶，那么何必用你们这些助手呢？老虎犀牛从围栏里跑出来，龟壳美玉在匣子里毁坏了，这是谁的责任呢？

孔子一番话，把冉有的实话给骂了出来。冉有说，"颛臾工事坚固，而且靠近季孙家的都城费，今天不把它拿下来，以后必为后世子孙之祸。"孔子说，冉求，不直言自己贪心无厌，却另找借口一味隐瞒，君子最讨厌这种态度。

从这段对话可以看出，孔子一辈子为何会经历数不清的"失败"，孔子的原则感太强了。只要领导人的行为不符合正义、不符合真理，他会豁出命去劝谏、去阻止。如果阻止不了，他认为就应该辞职不干。在鲁国，在周游中，孔子是这么说的，也是这么做的。在真理和饭碗面前，孔子一次又一次地选择了前者。他也要求自己的弟子这么去做。

但是，人和人是不一样的，冉有并不认同孔子的这种理想主义情怀。在一次又一次的政治事件中，冉有不顾孔子的反对，坚定地和季孙等当权派站在一起，颁布实行孔子一贯反对的政策。冉有更像个极端务实主义者。

冉有有时候甚至会要求孔子像他一样变得务实起来。《左传》记载，季孙要加倍增收鲁国的田赋，派冉有询问孔子的意见。冉有问了三次，孔子都是一个回答，"不知道。"冉有问，您是国老，为何不发表意见呢？孔子还是不应。公事结束，冉有问孔子沉默的原因。孔子才说，按照礼制，给予民的福利要"厚"，让人民从事的劳役要"中"，对百姓的征税要"薄"。如果不按照礼制行事，今天将田赋增加一倍，明天还要面临"财政悬崖"。政府想要推行礼法，那么周公制定的典章都在；如果不愿推行，何必来问我呢？

政府向孔子问政后，鲁国赋敛还是大大增加了。冉有一次又一次地冒犯孔子的底线。《论语》罕见地记载了孔子和冉有的决裂。孔子对门下弟子说，季孙比周公还富有，冉求还帮着他横征暴敛，这样的人不是我的弟子，你们可以敲着鼓打着锣，去攻打冉求。

孔子批评弟子很多次，但对冉有批评最重。孔子遭遇公伯寮的背叛，事业跌入谷底，尚没有指责公伯寮。孔子只是说，这是我的命，怨不得别人。但是，对冉求，孔子的出离愤怒，又如何理解呢？

替换孔子回国行政的冉有，无疑是成功的，他得到了鲁国朝野上下的赞赏。但是，他对孔子原则的抛弃，对当权者恶劣行为的忍让、退缩，乃至公然支持，则让孔子绝望。没有原则，没有理想，一味地服从上级的命令，这是孔子最不愿意看到的冉有。或许，在

鸣鼓而攻之

　　孔子骂完冉有后，心里的失落感前所未有的沉重。一辈子的理想，一辈子的呐喊，在弟子那里，都不能得到实在的回应。自己还能奢求在社会上，找到多少真正的知音？

孔子看来，公伯寮的背叛，只说明个人的道德品质问题。而冉有的背叛，则说明一种向现实妥协的精神力量是多么强大。

孔子骂完冉有后，心里的失落感前所未有的沉重。一辈子的理想，一辈子的呐喊，在弟子那里，都不能得到实在的回应。自己还能奢求在社会上，找到多少真正的知音？孔子感到悲凉。这种悲凉源于不被人理解，或者没有人真正愿意去理解，连他的得意高足也不例外。

是啊，在一个充满着技术性官僚的国度，孔子的呐喊永远是微弱的。古今多少的从政者，将孔子供在了高高的庙堂，顶礼膜拜，然而又有多少人，真正将孔子的呼声当回事，从而厚适于民，不与民争利？又有多少人，自称是孔子的学生，却在权力面前唯唯诺诺，放弃了监督和约束邪恶的责任？

秋风划过，落叶铺满大地。《论语》记载，冉有伏在孔子的耳边，向孔子解释自己的行为，"非不说（悦）子之道也，力不足也。"我不是不喜欢您的大道，只是我的权力很小，力量不足罢了。这是冉求的借口吗？这不是借口吗？

我想，"非不悦子之道也，利不足也"，或许才是冉有想说的吧。

人未老　梦先衰：偶像周公

时间是人间最不可捉摸的事物。

同样的一天，同样的一年，放在不同的年龄阶段，感觉上却有不同的长短。有人说，人过四十以后，时间的飞快才会真切地感受出来。

急匆匆之中，无论在身体上，还是在心境上，人突然会发现自己老了。

孔子也是如此。

孔子斜倚在卧榻上，半眯着双眼，对弟子们说："甚矣，吾衰也，久矣吾不复梦见周公。"

周润发主演的电影《孔子》用的开场白就是这句话。这句出自《论语·述而》的台词告诉观众，孔子老了。

"梦见周公"和"孔子老去"有何具体关系，电影没有交代。或许，了解了周公才能明白孔子这句话的含义。

周公，姓姬，名旦，周武王的同母胞弟。武王伐纣成功，两年后，就因病去世了，留给周一个未定的世界。周打败了殷，但殷族并没有灭绝。殷的移民，聚集在宋，就是宋国。宋人经常游行，抗议周的政策。武王的儿子成王当时还年幼。武王的去世，使周陷入了深刻的政治危机。

周公决定代侄子成王摄政。然而，周公的举动，引起了其他兄弟不满，他们怀疑周公谋权篡位，纷纷起兵，讨伐周室。宋国国君武庚也趁机反周。周公见大事不妙，果断出手，杀了武庚以及一位作乱的兄弟，镇压了这次反叛。

周公借平乱之机，为周建立了完备的礼制，从根本上稳固了风雨飘摇中的新帝国。难能可贵的是，七年后，成王长大，周公身退，把王位还给了成王。

果敢铁腕，有大功勋，而不占为己有，周公真可谓是古今完美人臣的代表。然而正是这种完美，也给后世埋下了隐患。成王为了表示对叔父周公的感激，允许周公的封地鲁国用天子之礼祭祀周公。这个决定，明显违礼，但周公的儿子鲁公愉快地接受了下来。从此，以礼闻名的鲁，以诸侯身份，开始用天子礼祭拜先祖。尽管这种僭越，周公生前极力反对。

孔子距离周公五百多年，违礼的行为越来越肆无忌惮。孔子少年时经常参观鲁国太庙，也就是周公庙。《论语·八佾》生动地记述了这段历史。孔子入太庙，像进了大观园的孩子，每件事都问。太庙的人说，谁说鄹地①来的那个小子懂礼，大小事都问。孔子说，

---

① 孔子的父亲叔梁纥曾做过鄹邑大夫。孔子三岁，父亲去世，孔子随母迁往首都曲阜。

"这就是礼啊。"有学者指出，孔子之所以会每件事都问，其实就是想让鲁国官员认识到，鲁国在周公庙的做法，几乎没有几件合乎礼的规范。

对周公之礼的背离，是春秋的大问题。每一级都在僭越，每一级都在篡权，社会秩序早已荡然无存。百姓常年生活在战乱、谋杀和恐怖之中。周天子早已没有尊严，位同小侯。国家之内，君主也失去了权威。鲁国三家把持政权，国君成了提线木偶，想怎么摆布就怎么摆布。人们称这种局面为礼崩乐坏。

身处礼崩乐坏的大环境，孔子入太庙，不只一次地瞻仰过周公的雕像。我们不知道，站在周公像前，孔子确切地有什么心情。不过，通过《论语》的编排，我们可以看出，对于周公缔造的光荣，孔子确实有着由衷的欣赏。在"子入大庙"一节前，《论语》选编的段落是，孔子说"周监于二代，郁郁乎文哉，吾从周"。周借鉴夏殷两代，有郁郁葱葱的光明，我愿意追随周。这种追随，具体到一个人身上，就是周公。周公挽狂澜于既倒，扶大厦之将倾，立大功而不称王，所有这些都让孔子沉醉。孔子也梦想自己能像周公一样，匡正春秋的政治乱局，然后功成身退，带着一群弟子，在泗水河畔慢慢老去。

孔子的周公梦雄心勃勃。为了这场梦，孔子也确实做了很大努力。《孔子家语》记载，在刚刚出仕为中都宰的时候，孔子就展现出了与一般政治家的大不同。他勤奋地进行制度建设，"治为养生送死之节，长幼异食，强弱异任，男女别途，路无拾遗，器不雕伪"。以现代眼光看，这些制度至少涉及了丧葬、社保、人力资源安置、两性发展、社会治安和适度消费等方方面面。孔子的改革成果相当显著，一年下来，中都大治，西方诸侯纷纷效法。鲁定公问孔子，根据您治理中都的方法来治理鲁国何如？孔子自信地答道，治理天下都可以，岂止鲁国。

　　孔子大刀阔斧的改革，甚合执政当局的心愿。于是，我们看到了孔子从政初期飞速的升迁。两年之内，孔子完成了从中都宰、司空到大司寇的跃迁。然而，在最重要的堕三都上，由于鲁国权臣的不配合，孔子铩羽而归。孔子认识到在鲁国已无用武之地。孔子的周公梦，在周公的封国，首次遭到沉重打击。孔子决定出游列国。《史记·十二诸侯年表》记载，孔子周游中，拜谒了数十位国君，希望他们能推行周公之道。扶起跌倒的，救起病残的，让强者服从礼制，让弱者看到曙光。然而十四年的拼搏，一无所获，最终寂寞地回到了故土。

　　在周公曾经叱咤风云的天下，孔子举着周公的旗帜，为何会屡屡碰壁呢？客观来说，这一切和周公既定的治国方略不无关系。《论语·微子》记载，周公在鲁国建国之初，曾对儿子伯禽，也就是第一位鲁公，说了一段这样的话，君子不怠慢他的亲族，不让大臣抱怨没被信任。老臣故人没有大的过失，就不要抛弃他。不要对一个人求全责备。总之一句话，任人尽量要唯亲唯旧。这是宗法制度的核心。这种制度在维护周的稳定上，数百年间，起到了巨大的正作用。它利用血缘的纽带，牢牢地将几十个同姓的诸侯国捆绑在一起，对付外在异族的侵犯。

孔子梦周公

　　即将结束周游的孔子，或者说回到了鲁国的孔子，渐渐不再梦见周公。岁月稀释了孔子的梦境，就像一滴颜色滴入河流之中，渐渐地晕开，没了踪迹。孔子哀叹自己老了，也似乎在哀叹那个时代对梦的拒绝。

或许就像培根所说的，"就人性而言，恶，似乎有一种自然的动力，在发展中增强；而善，却似乎缺乏一种原创力，只是在开始时最强。"（《人生论》）周公为周帝国创设的制度，本身是一种充满温情的善政。然而到了春秋时期，这种制度的生命力似乎已经衰竭。从周初到春秋，几百年间，亲缘经过一代一代的稀释，亲人已经和路人无异。一个国家的关键岗位，全部被亲族故旧占据。国家失去了原动力，止步不前。同姓之间无所顾虑地进行权争和内斗，国家实力被无限地耗损。

孔子周游列国，走的是周公的道路。但孔子对周公的战略进行了修正。孔子向诸侯国推荐自己，推荐弟子，其实就是破除由来已久的"任人唯亲"，让国家最终走向"选贤任能"的轨道。在选贤任能的社会，一个人最终不是凭借出身，而是凭借对国家和社会的贡献，取得地位和荣耀。这是孔子对周公思想的革命性发挥。但是，孔子对时代所做的移植手术，实践中并没有取得预想中的成绩。事实上，孔子后半生多半饱受被权力"排异"之苦。所有的诸侯，最终还是不能把外姓的孔子当成自己人。

我想，正是在这种失落的时节，孔子才会频繁地梦见周公，梦见这位远古的知音。只不过，《论语》并没有描述孔子梦的细节。我们便不知道，孔子的梦是朦胧中带着希望，还是疲惫中满含忧伤。这一切都随着孔子的梦醒而远去了。

我们能够清楚的只是，做梦人孔子和梦中人周公之间客观上还是存在巨大差别。周公，身份显赫，拿他自己的话来讲，"我文王之子，武王之弟，成王之叔父，我于天下已不贱矣"（《史记·鲁周公世家》）。所以，在周朝政治出现危局时，周公有能力也有资格摄政，完成扭转乾坤的英雄事业。

而孔子则缺乏这种身份优势。孔子承认自己"少也贱"，他只是一个贫贱的来自郰邑的外乡人。在一个任人唯亲的时代，孔子即使有天纵之才，还是难以取得诸侯的终极信任。鲁国和卫国，西周遗制保存尤为完整，外姓人更是没有机会掌握实权，推行变革。而这两个国家偏偏一个是孔子的祖国，一个是孔子周游时期逗留时间最长的国度。可以说，孔子的失意，是"命"中注定的结局。

即将结束周游的孔子，或者说回到了鲁国的孔子，渐渐不再梦见周公。岁月稀释了孔子的梦境，就像一滴颜色滴入河流之中，渐渐地晕开，没了踪迹。孔子哀叹自己老了，也似乎在哀叹那个时代对梦的拒绝。

好莱坞电影《盗梦空间》，很多人都很喜欢。影片用一种新奇的想象向我们展示了一种可能：人能够进入别人的梦境，植入自己的想法，轻松达到现实中无法达到的目的。面对孔子这种奔波的命运，我忍不住假想，传说中能够解梦的周公，或许也有这种本领。他穿越几百年的岁月风尘，来到孔子梦中，将自己的想法和孔子的潜意识对接，来改变那个生命系统已经有些紊乱的时代。所以，孔子的奔波，实在是前生注定。

163

梦，是一种难以解释的现象。在梦中，庄周可以化为蝴蝶，蝴蝶在梦中也可以化为庄周。"盗梦"，谁能说只是一种艺术的想象呢？毕竟，理想的执著，现实的无奈，是梦境产生的温床。

这种春秋大梦，孔子有，历史上的很多人都有，你我又何曾不是经常遇到？

麒麟啊，你为何要来：颜回之死

人活在世总要有所寄托。

有人为钱所累，有人为情所困，有人为名奔波，也有人一辈子视线没离开过孩子。钱也好，名也好，情也好，孩子也好，无非是为自己找一个安置心灵的地方。

具体到孔子，孔子不讨厌钱，但也不迷信财富。孔子五十多岁，抛家弃子，远离鲁国，一去就是十四年。爱情和孩子，在特定的时刻，孔子也割舍得下。名，孔子一辈子更没缺过。年轻时，因知礼就名震诸侯。死后，他的名气更是无人能敌。

孔子最在意什么呢？显然，很难通过一个词来回答。六十五岁以前，孔子周游列国，劝政治家政改，让天下人享受仁德礼乐。结束周游后，孔子的周公梦破灭，累累如丧家之犬，不得不重回鲁国任教。

阅读《论语》容易发现，这时的孔子开始比以往任何时候都热爱《周易》。他感慨，"加我以数年，五十以学《易》，可以无大过矣。"五十岁以前没深入研究过周易，现在才开始学，孔子深感后悔。《周易》是"变"的学问。只是不知道,孔子这时候讲求"变",是一如既往地"变"社会,还是向社会妥协,"变"自己?

晚年,孔子开始执笔写《春秋》。《春秋》号称让"乱臣贼子惧"。这本书寄托了孔子全部的理想。孔子曾说,"知我者其惟春秋乎,罪我者亦惟春秋乎。"(《孟子·滕文公下》)繁华落尽的时节,《春秋》成了孔子晚年内心的独白。

七十岁左右,孔子频繁地到弟子的出仕之地,听他们述职。他到武城,询问子游"是否选拔到了人才?"他到蒲邑,观望子路如何治理当地政治。他到莒父,告诉子夏,为政不宜急,"欲速则不达"。

仔细品味孔子的一生,尤其是孔子的晚年,有点像堂吉诃德,他们都是爱战斗的骑士。不同的是,堂吉诃德战的是风车,而孔子战的则是荒诞的世道。如果说很多人,一辈子没脱离名利情的困扰,那么孔子一辈子最在意的就是心。社会不安宁,他心里不平静。世界丧失了规则,他心里很难受。他总想为世界找到一个曾经有现在无的温暖人心。也正因为如此,他处处碰壁。他想为世界找到内心,自己最后却满心伤痕。

孔子活了七十三岁。可以说,一直到死,命运一直没有放弃对这位老人的折腾。

孔子六十九岁,儿子伯鱼去世。孔子的弟子子夏和孔子的境遇相似,也是晚年丧子。子夏一夜哭瞎了双眼。然而伯鱼的死,孔子外表上并没有过多地显露悲伤。《论语》记载,他草草收葬了儿子。

孔子做过鲁国司寇，但并无多少积蓄。贵族丧葬，装殓尸体的灵柩，一般都是外棺内椁。而孔子只能为儿子备了棺，却无力为儿子备椁。孔子就伯鱼一个儿子。孔子一生，绝大部分时间献给了政治和学问。单独和儿子相处的时间很少。对于伯鱼，孔子的愧疚可想而知。

儿子死后，孔子的噩梦还没有终结。紧接着，孔子的弟子颜回也死了。颜回之死，较伯鱼的死给孔子的打击更大，这主要是颜回在孔子心中的独一无二性。孔子曾对颜回说，"用之则行，舍之则藏，唯我与尔有是乎。"有人用，可以将理想变为现实；没人用，就收起自己的才能。在这个混乱的时代，只有我和你能够做到这一点。

如果说"用之能行"是一种基本的生活能力的话，那么，"舍之则藏"则是一种高级的生存智慧。在生活得遍体鳞伤之后，谁能很好地藏好自己的感情，而不衰堕，藏好自己的本真，而不变质，谁就是生活的主人，而不是劫难的奴仆，谁就能在无限的时空中，取得一种心灵的自由。这显然是对颜回无上的褒奖。

在众多弟子中，颜回也是最理解孔子的人。《论衡》记载，孔子讲学初期，和少正卯齐名。孔子学堂，几次人满为患，不久却又人去楼空。孔子弄不明白这是怎么回事。调查后才知道，曲阜来了一位设坛讲学的少正卯，很会表现，十分受欢迎。走掉的弟子都转投到了少正卯门下。《论衡》说，"唯颜渊不去，颜渊独知孔子圣也。"

不仅求学时期如此，颜回对孔子一辈子都做到了不离不弃。孔子周游，游说无望，弟子坚持不下去的很多。《孔子家语》记载，一次，孔子一行到齐，路遇一人哀哭，就问，你为何在此痛哭？这个人说，我少年好学，走遍天下，后来还家的时候，我的父母都死了，我悔恨啊。孔子和身边的人听了，很受触动，"自是弟子辞归养亲者十有三"。而颜回则始终跟在孔子左右，包括几乎被饿死的"厄于陈蔡"期间。

弟子中，也只有颜回能在言行上和孔子保持严格一致。子路经常和孔子抬杠，冉求即便挨孔子的骂也不忘为季孙聚敛附益，宰我质疑孔子倡导的三年之丧。颜回则对孔子说的话"无所不悦"。这种心悦诚服还体现在私生活中。《论语》记载，孔子评价颜回，"我整天和他谈话，从没见过他提反对意见，似乎有点笨。不过，看他私下的言论，又发挥了我的言论，他不是真的笨。"

所以，如果说伯鱼是孔子身体的延续，而延续孔子精神的则是颜回。而他们两个后辈人都先孔子离开人世。

据记载，颜回死时年仅四十一岁。关于死因，《论语》没有言明，民间有很多传说。一种是，颜回和孔子一起登上鲁国的泰山。孔子向东南方远望，看见吴都阊门外拴着一匹白马，于是指给颜回看。颜回说，"好像是系着一条白绸。"孔子帮颜回揉了揉眼睛，纠正了他的看法。下山后，颜回的头发变白，牙齿脱落，不久因病死去。王充说，颜回的精神不如孔子，勉强使眼力达到了自己的极限，精华用尽，所以早早地死去（《论衡·书虚篇》）。

传说尽管不可信，但王充的分析是有道理的。《史记》记载，

"回年二十九发尽白"。颜回对孔子的学问，投入了最大的热诚。在追随孔子的路上，颜回更像是一位朝圣者。颜回说，对孔子的学问，他是"瞻之在前，忽焉在后"，即使穷尽了力气，孔子还是好像远远地走在前面。另外，颜回的家境很穷，吃饭经常是"一箪食、一瓢饮"。皓首穷经，身体消耗大，营养又跟不上，颜回早死，是可以预想得到的。

颜回的死，给了孔子毁灭性的打击。孔子再也克制不住内心的伤痛。《论语》忠实地记录了孔子这一段心路历程。孔子放声大哭。在门人看来，伯鱼的死，孔子都没有如此伤心。弟子们劝孔子说，"夫子，您悲伤过度了。"孔子回答，"是悲伤过度吗，如果不为这个人悲伤过度，又为谁呢？"颜回死后，孔子常说的一句话是，"天要灭我！天要灭我！"

颜回去世，孔子心情不好，可以理解。但是，孔子将颜回的死，看成是上天在抛弃自己，却非比寻常。孔子一生经历的挫折很多。孔子过宋，穷困潦倒，又遭到司马桓魋的追杀。孔子还安慰随行弟子，"我有上天给与的道德，桓魋能把我怎么样？"在匡地被围，孔子说，"我有上天给与的文化，匡人能把我怎么样？"面临这些生命绝境，孔子都没有对天产生怀疑。颜回之死，孔子却连呼"天丧予"。爱徒和知己的离去，可想而知，在孔子心中产生了多大的精神危机。

在孔子集团内部，颜回的死也带来了深远的现实危机。我们知道，孔子集团并不是一个单纯的教育机构，同时还是一个政治社团。孔子屡次出使，受到隆重接待，并接受当地国君的问政，弟子们也借助孔子搭建的平台纷纷出仕。这些都说明了孔子集团政治性的一面。

而孔子集团之所以能够长期存在，就在于有孔子的向心力。孔子一旦去世，这个集团若要继续存在，就必须有一个大家都接受的新"领袖"。而这个人，除了颜回，孔子弟子中找不出第二人。颜回先孔子而去，孔门前途从此充满了变数。

颜回去世两年后，孔子辞世，弟子分立宗派，孔门一分为八。我不知道，颜回死，孔子哭喊"天要灭我"，这是否暗含着，孔子预感到自己死后，倾注一生心血的学院将不可避免地走向分裂和瓦解？从此，儒家再也无法作为一支独立的政治力量，对君主专权进行制衡？

生老病死，是人无法逃脱的命运。《论语》对死亡保持着一份超然的态度。子路之死，甚至包括孔子的死，《论语》都没有特意记载。但是，颜回的离去，《论语》却描述得很详细。这也印证了，颜回离去，无论对于孔子还是对于孔子集团都具有不同寻常的意义。

颜回死的这一年，是鲁哀公十四年。这一年，鲁国发生了一件奇事。鲁国人打猎时，捕获了一只麒麟，伤了它的左脚。人们就把它牵给孔子看。孔子路上和麒麟相逢，见了之后，孔子老泪横流，泣不成声。孔子抱着麒麟说，"你为什么要来，为什么要来？"孔子说，麒麟是祥瑞，今天却被逮到了，这是天要亡我啊。孔子在《春秋》中记完此事后，就停止了鲁国历史的写作。

鲁人西狩获麟

　　麒麟和颜回，都是美和善的象征。他们或夭亡或罹难，宛如美玉坠地。正在人们欣赏其芳华和秀丽时，它却出乎意料地粉身碎骨。这是偶然，还是宿命？没有罪的人，无端受到死神的惩罚。为非作歹的，活得倒是自由自在，寿至期颐。上天用这种极端残酷的方式，究竟想传达一种什么样的信息？

我不知道，颜回之死和孔子绝笔于获麟，是否存在某种关联。麒麟和颜回，都是美和善的象征。他们或夭亡或罹难，宛如美玉坠地。正在人们欣赏其芳华和秀丽时，它却出乎意料地粉身碎骨。这是偶然，还是宿命？没有罪的人，无端受到死神的惩罚。为非作歹的，活得倒是逍遥自在，寿至期颐。上天用这种极端残酷的反差，究竟想传达一种什么样的信息？

哲学家说，凡是发生的，都是合理的。这句话在理论上，或许成立。但具体到人间，总让人心中不平。至少，我不知道，面对这些一桩桩往事，孔子搁下《春秋》的笔，内心如何恢复平静。

回到春光里：孔子之死

世界上没有两个人的命运是完全一样的。人生来就不平等。有人出身富贵，有人生来寒微，有人生在民主的国度，有人活在专制的时代。

只有一件事，对所有人都公平，就是死亡。死亡是每个人必然的结局，谁都逃不掉，只是早晚不同。就像拉丁谚语所说，"人生最大的确定，就是死亡；人生最大的不确定，就是不知道它何时来临。"

死亡，这件人生下来就确定了的大事，也最能考验一个人的心。苏格拉底在生命的最后三十天，思考他的死刑判决。最后，拒绝了学生帮他逃跑的计划，坦然接受了暴民专政下的人生终结。耶稣三次预言自己受难，用鲜血和十字架来救赎众生。可以说，耶稣和苏格拉底的死，让我们领略了希伯来和希腊文明中死亡的庄严和神圣。

孔子是如何迈过人生门槛，进入另一个世界的呢？面对死亡，孔子是如何看待的呢？中华文明又有着怎样的一种死亡文化呢？

孔子卒于鲁哀公十六年，享年七十三岁。

孔子的死，有一系列凄惨的铺垫。孔子六十九岁，唯一的儿子孔鲤（伯鱼）去世。孔子七十一岁，最心爱的弟子颜回病逝。两年之中，血脉后人和精神传人，先后离世。在儿子死的时候，孔子无钱为其装椁，孔子充满了悲伤和内疚。颜回死，孔子放声痛哭，认为这是上天在毁灭自己。可以说，晚年的孔子，一如既往地遭受打击。对于死，该是早有准备，也一定有着同时代的人不常有的情怀。

孔子晚年生了一场大病。这场病，几乎要了孔子的命。在这场病中，孔子谈到了对生命终点的态度。《论语》记载，孔子病得很重，子路虔诚地为孔子祈祷。孔子听说后问子路，是否有此事？子路老实回答，有。子路补充道，"祭书上说，为你向上下神明祈祷。"孔子回答，"若有这回事，我早就祷告过了。"

孔子说的"我早就祷告过了"，是什么意思？孔子是实话实说，常常因为病痛向上天祷告？还是委婉地拒绝了子路的好意，认为无需祷告？如果是实话实说，孔子便是怕死的。尽管活得不如意，但也不愿意到命的彼岸去。他像普通人一样，有病乱求医，临死抱佛脚，做起了祈祷来。如果是婉拒子路，孔子面对彼岸的态度将是决绝的。在医学尚不发达的时代，求神和今天的医院手术一样，是求生的最后手段。孔子不愿意子路替自己祷告，意义等于病人放弃治疗。

《论语》的历代注家，在阐明孔子这句话的背后含义时，都毫不怀疑地投票给了后一种解释。理由是，孔子是圣人，既然是圣人就不会贪生怕死，就不可能贪恋红尘。孔子对待死亡是毫不畏惧、视死如归的。

像很多有关孔子的问题一样，孔子究竟是怎样想的，无法求一个确证。即便是为孔子准备后事的子路，也不一定就能读懂孔子此时的心意。不过，任何人的行为都或多或少地带有性格主导下的习惯性。从习惯上来推测一个人的思想，正确的概率往往会大一些。

中国人中，死亡给人印象最深刻的，不是孔子，而是屈原。屈原有浓厚的理想情结。在遇到不如意时，屈原宁愿用死来表达气节，也不愿向现实妥协。用屈原自己的话来说，"宁溘死以流亡兮，余不忍为此态也。鸷鸟之不群兮，自前世而固然。"（《离骚》）宁可马上死去魂魄离散，媚俗取巧我坚决不干。雄鹰不与那些燕雀同群，自古以来就是这样。所以，屈原最终用投江来表达对楚国的爱和对理想的坚守。

而孔子的性格和屈原不同。孔子对小人、对理想的态度，则相对具有灵活性。对于小人，孔子说，"人洁己以近，与其洁也，不保其往。"只要改正错误就是好同志，不要老抓住别人辫子不放。孔子老年评价自己"七十而从心所欲，不逾矩"，好事坏事心里都能盛得下。所以，面对理想，面对挫折，面对亲人的离世，孔子伤心归伤心，但应该不至于万念俱灰、一味求死。

当然，孔子也不是一个怕死的人。孔子信天命。天让我来，我便来。天让我走，我便走。天不让我走，再多的恶人，也不能把我怎样。孔子厄于陈蔡，被桓魋追杀时候的表现，就很好地证明了孔子的勇敢。

　　既不极端，也不留恋，这就是孔子的为人。面对命运，一个人如果只知道强硬，则容易折断。一个人如果只知道温软，则容易泯灭自我。在柔韧和刚硬之间，如何找到和谐和平衡，才最能考验一个人对人生的驾驭能力。孔子数次赞美"中庸"的伟大，赞赏为生命找到一个合适的尺寸。所以，我想，病榻上的孔子，应该也是听天由命的。不拒绝子路的祷告，也不赞成子路在死神面前刻意为自己做无谓的挽留。

　　不知是子路的祷告，还是孔子的命不该亡，孔子的病奇迹般地好了。孔子这时才知道，子路已为孔子安排好了后事。子路让门人做家臣，为孔子成立了治丧委员会。孔子严肃地批评了子路。孔子说，"这个仲由，就爱做这种面子工程。我已经不是大夫了，何必还为我治丧呢？骗谁呢？骗天吗？"从鬼门关里走出来，还如此清醒自己的位置。看得出，随着岁月的洗炼，"礼"的内核是如何深入到了孔子的骨髓。

　　孔子对于后事，要求很简单，"我与其死在家臣手中，我还不如死在你们这些学生手中。"死在子路等弟子手中，是孔子的心愿。然而，事情的发展出乎人的意料。孔子虽然没有死在"家臣"手中，但是，子路也未能送孔子走完人生最后一程。孔子七十二岁的时候，卫国发生了动乱。子路在动乱中，杀身成仁，被人砍成了肉酱。这是继孔鲤和颜回死后，孔子在三年之中，送走的第三位和自己朝夕相处的后辈人。

在诸多弟子中，如果说颜回是孔子的知音，那么子路则是孔子的心腹。子路在时，孔子对于身后事，还会有一种安全感。就像孔子自己说的，死在学生的手中，比死在家臣手中，感觉更踏实。然而，子路死后，孔子几乎失去了最后的感情依托。他对死亡的态度会不会发生变化？还会表现出生病时的淡定吗？这些都成了疑问。

《论语》没有记载孔子是如何辞世的。《史记·孔子世家》填补了这段空白。子贡来看望孔子。孔子正拄着拐杖在门外散步。孔子说，端木赐你为什么来得这么晚啊。说着话便唱起歌来，"泰山崩塌了！梁柱折断了！哲人枯萎了！"随着歌声眼泪也流了下来。他对子贡说，"天下无道已经很多年了，没有一个人尊重我的主张。夏朝人死了，灵柩是停在东边的台阶上。周朝人死了，灵柩停在西边的台阶上。殷朝人死了，灵柩停在两根柱子中间。昨天晚上我梦见，自己坐在两根柱子的中间享受祭奠。我是殷朝人的后代，我的时间不多了。"七天后，孔子就死了。

司马迁记载的孔子死亡，十分感人。孔子远没有《论语》所记的那么理性，这里的孔子是一个感情中人。他会唱歌，会流泪，会临终做梦。他周身上下充满了温度。不过，有人怀疑，这个故事，不太真实。孔子向来谦抑，怎么会把自己的死，等同于泰山崩、梁木坏呢？孔子说过，"圣人与仁人，我怎么敢当。我不过是为之不厌、诲人不倦而已。"为什么在临死的时候，突然自负起来，称自己是"哲人"呢？已然逼近的死亡，或许已经改变了孔子的性情？

泰山坏乎哲人萎

　　没有恐惧，没有抱怨，只有无限的留恋。在这个曾经给过他无限苦楚、无限失落的世界，到了一个作别的时刻。一条闯过风浪的客轮，历经雷暴之后，船头终于抵到了海港的岸堤。一枚熟透的橄榄，在一个谧静的时刻，悄然落到了承载它的大地。一个伤痕累累的哲人，趟过岁月的密集湍流，背影终于消失在了时光的深殿。

尽管《史记》的记载有可疑之处，我个人倒很愿意相信，孔子就是以这样一种惋惜的心态告别了人生。没有恐惧，没有抱怨，只有无限的留恋。在这个曾经给过他无限苦楚、无限失落的世界，到了一个作别的时刻。一条闯过风浪的客轮，历经雷暴之后，船头终于抵达了海港的岸堤。一枚熟透的橄榄，在一个谧静的时刻，悄然落到了承载它的大地。一个伤痕累累的哲人，淌过岁月的密集湍流，背影终于消失在了时光的深殿。

死亡是走向一个未知的世界，也因此有了无限的谜团。这些谜团伴随了孔子的一生。生的时候如此，死的时候，也是如此。我们在解读这段历史时，面临着孔子曾经有过的遗憾，"文献不足故也"。然而，这也是孔子的魅力。他本来就是中国人的一个梦，模糊、亲切、不可全知。

据《史记》记载，孔子死在农历四月。这是一个温暖的月份。春天将要远去，夏天还未到来。孔子若在这样的时节，离开人世，当不寒冷。孔子一辈子为现实挫败，为政治折磨，临近终点，终于享受到了春天的温暖。喜欢孔子的人，看到孔夫子有这样的结局，也多了一份慰藉。让人觉得，上天并没有抛弃这位老人。孔子把最后一口气吐到他天天呼吸的空气中去，上天用无限绽放的春光来迎接孩子的回归。

四月，我去过一趟曲阜。那时的孔林，开满了蓝色的小花，满眼满眼都是。暖洋洋的阳光，透过楷树，照在成片成片的墓地上。静穆、安详，时间宛若停止了流动。静静地走在这里，死亡似乎也有了一种浪漫的气息。

生不用　死哀之：鲁哀公的悼词

　　徐志摩因飞机失事而亡故。去世后，郁达夫写了一篇纪念文章。文章说，"悲哀的最大表示，是自然的目瞪口呆，呆若木鸡的那一种样子。其次是扶棺的一哭。至于哀挽诗词的工与不工，那却是次而又次的问题了。"（《志摩在记忆里》）

　　这种悲哀的分类，具体到孔子集团成员的离世上，也大体成立，只是有点不尽准确。比如，卫国之乱，子路被砍成肉酱，孔子目瞪口呆，几近昏厥；颜回去世，孔子扶棺一哭，为自己失去继承人而对上天产生质疑。我相信，这些举动，都是悲哀的最大表示。

　　人的离世，哀挽诗词，也很重要。孔子去世，悼词就引起了不小的争议，这就不是次之又次的问题了。

　　悼词，或者说挽联，春秋没有出现。那时书面的悼念，叫做诔（lěi）文。孔子死的时候，一段诔文是这样写的："旻天不吊，不慭（yìn）遗一老，屏余一人以在位。茕茕余在疚。呜呼哀哉！尼父，毋自律。"

尼父母自律

悲哀的最大表示，是自然的目瞪口呆，呆若木鸡的那一种样子。其次是扶棺的一哭。至于哀挽诗词的工与不工，那却是次而又次的问题了。

——郁达夫：《志摩在记忆里》

这段诔文的作者是鲁哀公。哀公叹息道,老天爷不慈悲,连这个老人也不给我留下,把我一个人丢在这个位子上,孤单单地痛苦着。太让人伤心了!仲尼老人,今后你就不必再为难自己了!

哀公的这段话,很真诚。孔子死后,哀公没有抽象地说,孔子是一个伟大的封建主义战士。哀公也没讲孔子毕生为周朝伟大复兴而奋斗的屁话。哀公的悼词很个人,反倒显得很有人情味。哀公称七旬的孔子为"尼父",将孔子的遭遇,比成"为难自己"。看得出,哀公很同情孔子的遭遇。作为君主,哀公至少是理解孔子的。

哲学家说,死亡是每个人都逃不过的盛宴,或早或迟。寿到期颐的老人和只活了三天的婴儿,实质上并没有区别。然而,死是一样的,生者却会把死者的坟墓修得不同。基于种种考虑,活着的人总要赋予死者不同的意义。这些意义,尽管和死者已无关系,但生者却很在意。

正是因为这个缘故,哀公的追悼,子贡就挑出了大毛病。在子贡眼中,这个毛病不是悼词写得不好,而是写得太好。子贡说,活着的时候不能用人家,等到死了又来说好话,这不合礼仪。而且哀公自称"余一人"(我一个人),不合鲁国国君的诸侯名分。只有周天子有资格自称"余一人",鲁君在称谓上明显僭越了诸侯身份。

子贡属于孔门十哲言语科的高材生。言语科的学生,似乎都有一个特点,就是敢于质疑权威。孔子言语科共有两位弟子,一个是子贡,一个是宰我。宰我怀疑过孔子,为父母守丧为何要长达三年？追问史书中的三皇五帝寿命为何能超过三百岁？子贡也是如此。人人都说纣王无道。子贡第一个提出，这是因为墙倒众人推，人们把所有坏事都算在了他的头上，历史上的纣未必如此。

子贡反对人云亦云。这次批评哀公悼词写得太好，对哀公是否公平呢？说实在话，在鲁国历代国君中，哀公是对孔子影响较大且相对靠谱的一位。孔子一生经历过襄公、昭公、定公和哀公四位鲁君。孔子生于襄公二十二年，到襄公去世，孔子不过是一个十来岁的孩子。在《论语》中，襄公也没有出现，和孔子最没有交集。昭公出现一次，就是娶同姓吴孟子为妻，涉嫌破坏春秋礼法。定公向孔子请教如何"一言兴邦"，属于爱幻想、爱锦囊、爱一夜暴富的领导。哀公出现过五次，频次最高，且表现最出息。哀公不仅向退休后的孔子问过政，甚至还屈尊向孔子弟子求教。有若和宰我，都曾明确地接受过哀公的询问。

哀公虽然表现出对孔门的礼贤下士，但从本质上也是不能接受孔子。这一点，子贡说到了要害上。《论语·宪问》记载，齐国发生政变，大夫陈成子杀了齐简公。这是一个重要的国际事件。国际舆论一致谴责陈成子，破坏齐国宪政秩序。孔子当时已垂垂老矣，听到消息后，愤怒地找到了鲁哀公，要求兴兵讨伐陈成子。鲁哀公的态度是，你去问三家吧，这事我管不了。孔子退出后，说了一句话，因为我当过官，有这种事，不能不来报告，国君却告诉我，要我问三家！

孔子和鲁哀公，在《论语》和其他儒家资料里，有过很多对话。我认为，上面的一段最值得玩味。孔子知道，在鲁国政坛上，掌握实权的是三家，但不愿承认这些人的统治权。所以，孔子找到了名义元首鲁哀公诉苦。鲁哀公本可以装一下，这事我考虑考虑，研究之后再告诉你。但鲁哀公坦诚得出人意料。鲁哀公直接告诉孔子，这事你去问三家，没给孔子任何机会诉苦。总之，哀公很真诚，孔子很受伤。

孔子素来不喜欢战争。在卫国时，卫灵公请教军事，孔子二话没说，第二天离开了卫国。为何在老年时执意要求哀公对齐国发动讨伐呢？

这事有深刻的时代背景。齐鲁相邻，鲁国相对弱小，长期受到齐国欺负。而陈成子杀掉齐君，齐国内乱，给鲁国打击齐国制造了一个绝好机会。鲁若出兵，一则师出有名，二则容易得到国际支持，三是，齐国臣民未必反对这样的军事干预，所以鲁国获胜的机会很大。最重要的是，鲁君如果拍板要打，在对三家的斗争上也会取得先机。因为三家如不打，会丧失信誉；如果要打，哀公可借出兵之名削弱其兵权。

不料，哀公最终将球踢给了三家。对于孔子，哀公确实如子贡所言，生时不能用孔子的意见，死后对孔子表示哀悼，这是非礼的行为。对于哀公而言，这一举动最终也踢飞了自己的命运。

子贡在批评哀公的同时，下了一个很重的断言。子贡说，哀公不知礼，最终不会好死。历史证实了子贡的预言。《左传》记载，孔子死了十一年后，哀公二十七年，三家之首鲁国执政大夫季康子去世。哀公这时才意识到要反抗三桓。在一次游玩中，哀公突然无厘头地问三家中的孟武伯，你认为，我会得好死吗？问了三次，孟武伯都没回答。结果，哀公的试探不仅未成，反而打草惊蛇。不久，三家齐攻哀公，哀公败走他国，最后死在了旅途。

哀公之死，越发让人佩服子贡的眼力。一个人做事，哪怕一个再小的细节，都能反映一个人的修养、习惯，乃至命运质量。哀公致悼词，子贡看到了虚伪，攻打陈成子，哀公踢皮球，子贡看到了怯懦。如果只是一个常人，虚伪又怯懦，并不是特别大的罪过。但是，作为一个君主，他的政治结局可想而知，这些都没有逃脱子贡敏锐的眼睛。

子贡还预言过哀公父亲定公的死。鲁定公十五年，即孔子见南子那一年，邾隐公朝见鲁定公，子贡回鲁观礼。邾隐公向鲁定公赠玉，脸高高地仰着，姿势很傲慢。鲁定公弯腰接受赠与，态度很低卑。子贡说，这两个人中，恐怕有人会不死即亡。骄傲是丧乱的源泉，低卑是隐疾的滥觞。邾国是鲁国的附庸，在鲁定公和邾隐公之间，鲁定公是主君，恐怕会先死吧。果然，当年夏天，定公命赴黄泉。子贡不幸言中。

哀公吊孔，不合礼，子贡断言哀公不得好死。定公会见外君，不合礼，子贡断言定公必定先卒。如果演绎成小说，子贡一定是诸葛亮式的神人。前知五百年，后知五百年，先知先觉，掐一掐手指，就能知道别人的命运。

如果真是这样，子贡反倒平常了。一个社会的自由，最核心的

185

是言论自由。一个人的尊严，最本质的是独立人格。孔子死了，孔子集团解散，七十子组成的利益共同体消亡。子贡没有选择向政府献媚投诚。最高首长循例的一悼，子贡没有感激涕零，穿好燕尾服准备迎接恩赐。子贡断然地对最高领导人说不，指出领袖的不知礼，子贡这一点才真正让人敬仰。

孔子走了，他敢于反叛的精神还在。他的身后，至少有子贡这样的硬骨头。为了人间真理，为了胸中正义，子贡敢于蔑视权贵，敢于粪土王侯。弱小的个人在强大的权力面前，重新找到了信心和尊严。这是孔子和子贡留给中国人的最大财富。

这笔财富，传承到了《孟子》那里，彻底得到光大。孟子甚至公开抨击君主讲利不讲义，倡导民贵君轻。在孟子心中，"君之视臣如手足，则臣视君如腹心；君之视臣如犬马，则臣视君如国人；君之视臣如土芥，则臣视君如寇仇。"（《离娄章句下》）爱是相互的，一个不爱他人的国君和政府，怎能只凭借强权和专断，就要求别人无条件地爱自己呢？

在子贡面前，在孟子面前，君主不是用来学习和敬仰的楷模，而是用来批评和监督的对象。最高权力者的言行，永远要置于普通大众的评价体系之下。没有脱离监督的特权，没有脱离评价的个人。社会高度透明，权力得到驯服，处在了牢笼之中。这是孔子一辈子的政治理想，也是百姓的真正幸福所在。

子贡、孟子如是想，也是如是为。我想，孔子之死，或许这才是悲哀的最大表示。

你需要赞美：为师三辩

俗话说盖棺定论。人死了，关于他的评价似乎就可以确定下来。

对于孔子来说，情况却并非如此。孔子死后，一如在其生前，评价依然莫衷一是。孔子死了，有人对孔子表达同情和哀婉，但更多的却是非议。从《论语》来看，对孔子的非议，至少来自两方面——执政贵族和孔门后学。

《论语·子张篇》最后三章，完整地记录了这段历史。三章文字，都和子贡有关。

首先，有人认为子贡成就超过了孔子。这个人是叔孙武叔。他是鲁国三家大夫之一。他在朝堂上当着鲁国所有大夫的面，对孔子发表评论。《论语》的原文是，"叔孙武叔语大夫于朝曰：'子贡贤于仲尼。'"

《论语》没有记载，叔孙武叔作出这样的评断，出于什么机缘。或许，子贡在孔子死后才能益发凸显。在叔孙武叔眼里，此时的子贡远较一辈子在事功上无甚建树的孔子强出许多。

　　鲁国大夫子服景伯把叔孙武叔的话，转告给了子贡。子服景伯是孔子的热心粉丝。在孔门出现叛徒公伯寮时，也是子服景伯挺身而出，要杀掉叛变者，最后被孔子拦下，才作罢。

　　子贡听了子服景伯的话以后，为孔子作了如下辩护。子贡说，拿房屋的围墙作比喻吧，我家围墙只有肩膀那么高，谁都可以探望到房屋的美好。夫子的围墙却高达数丈，如果找不到进去的门径，就看不到那宗庙的雄伟、房舍的多样。能找着大门的人或许不多吧，那么，武叔他老人家说这样的话，不也很自然吗？

　　言外之意，不是孔子不够牛，而是叔孙武叔的眼光太笨。

　　叔孙武叔的言论，或许是孔子死后，遭到的第一个公开怀疑。不过，单凭这一章，还不能肯定，孔子死后遇到了多大的形象危机。更不能说叔孙武叔是在有意非议孔子。至多是说，叔孙武叔在子贡和孔子之间，更偏爱作为弟子的子贡，而子贡不愿意接受这种拍错的马屁罢了。

　　《论语》接下来的一章，语意就明确多了。叔孙武叔公然地对孔子进行诋毁。《论语》没有交代叔孙武叔诋毁孔子的原话是什么。但可以肯定，话一定很尖刻和刺耳。不然，子贡也不会愤怒地作以下反驳。子贡说，不要这么做，仲尼是毁谤不了的。别人的贤能，好比山丘，还可以超越过去。仲尼简直是太阳和月亮，不可能超越。人们总是要自绝于日月，但对日月有什么损害呢？只是表示他不自量罢了。

子贡的这次申辩，不同于先前的一次。上次，子贡只是把孔子比作高墙大屋，是种寻常比喻。而这次，子贡将孔子比作日月，就有了宗教的意味。孔子在子贡心中，实在是一种信仰。他的光和热，普照在人间，让万物滋长。孔子推行的大道，是所有人心中不可缺少的养分。离开了面包，人可能觉得肚子饿；离开了孔子，世间则将只有沉沉的黑暗。

叔孙武叔对孔子的轻视和诋毁，一次比一次严重；子贡对孔子的赞扬，也一次比一次升级。由此我们也可以看出，鲁国政坛对孔子的整体态度。

鲁国主要由三桓把持。三桓中，孟孙家最尊重孔子。孟孙家族两个子嗣还曾拜孔子为师。季孙最能重用孔子。季桓子当政，孔子出仕为中都宰、大司寇。季桓子的儿子季康子当政，所用的人几乎都出自孔门。

叔孙则不然。中国人历来有为死者讳的传统。孔子去世，孔子的悲剧形象，引起了很多人同情。连鲁哀公在悼念孔子时，都情不自禁地表示，仲尼父，以后你不必再为难自己了。叔孙武叔的存在，则让我们看到，至少在鲁国政坛，对孔子、对孔子事业，确实存在一些贵族，很不以为然。他们利用一切可能的机会，发动对孔子的攻击。孔子生前如此，死后也未能幸免。

政治家从来都不是真理的最好品鉴师，这不难理解。让人想不到的是，孔子集团内部，在孔子死后，也响起了对孔子的质疑声。《论语》的编者敏锐而忠实地记载下了如下信息。陈子禽对子贡说，您对仲尼是客气罢，是谦让罢。难道他真比你强吗？

　　陈子禽，也叫陈亢。一般认为，他是子贡的弟子。《论语》中，除了上面这次，他还出现过两次，全是表达对孔子的质疑。一是怀疑孔子的人品。陈子禽问子贡，孔子到一邦必定得到这个国家的政治信息，这是孔子主动求人家告诉他，还是别人主动告诉他的呢？二是质疑孔子的师德。陈子禽怀疑孔子对儿子伯鱼有意搞优待，专门教授儿子一些专门学问，而对学生有所保留。

　　颜回和子路去世后，子贡是孔子晚年最倚重的弟子。子贡也对得起孔子的信任。孔子死后，所有弟子都按父丧标准，为孔子守丧三年，分别离去。只有子贡，在孔子的墓边，结庐六年，表达对孔子的哀思。

　　陈子禽抬高子贡，贬损老师，子贡同样没有沉默。子贡说，有修养的人，说一句话就可以表现他的有知或者无知。所以，说话不可不谨慎。孔子他老人家是不可以赶上的，犹如青天不可以用阶梯爬上去。他老人家如果得国为诸侯，或者得到采邑成为卿大夫，百姓必定深切拥戴，如大旱迎接甘霖。他老人家，生得光荣，死得可惜，怎么样能够赶得上呢？这是子贡为孔子作的第三次辩护。

　　子贡是孔子言语科的十哲之一。有人说，子贡的这三次辩护，或者三次赞美，把古今能够对人的赞美说尽了。这些话，颜回说不出，曾参说不出，只有子贡说得出，说得好。

190

子贡庐于冢上

　　最廉价的道德最容易受到称颂。稍高一点的道德也能引致人们的惊叹。但对于那种最上乘的伟德，人们却是最缺乏识别力的。

——培根：《人生论》

在子贡眼中，孔子不仅是宫墙、日月，简直就是高不可攀的上天。但子贡也指出了孔子一生的遗憾，就是孔子没能够得国为诸侯，或者得到采邑为卿大夫。孔子缺的只是机会，孔子一生也在寻找这样的机会，可是社会没有给予，这是社会的无知和无情。这一点，是子贡在前两次辩护中，没有提到的。

子贡深刻地理解孔子的遭遇。孔子生前，子贡就问孔子，"这里有一块美玉，是把它放在柜子里呢？还是把它卖掉呢？"孔子回答，"当然是卖掉啊，我是等着卖掉啊。"可是直到死亡来临的一刻，孔子都没有能等来知心的买主。

而子贡在孔子死后，买主不断，在大国外交中，左右逢源，应付自如。也许正是因为这个原因，贵族甚至孔子门人都认为子贡胜过老师。而子贡一再严正声明，孔子不可超越。他真心地将自己置于孔子之下。不管自己有多么强大的事功，在孔子为匡扶乱世所作的努力面前，都不值一提。

有这样一个弟子，孔子是幸福的。这让人不禁想起了《新约》里的圣约翰，他在旷野上大声呼喊，预告主的即将来临。约翰的传道取得了巨大的成功。《路加福音》记载，"百姓正在期待着，彼此心里揣度约翰也许就是基督。"而约翰说，"我是用水给你们施洗。但有一位能力比我更强的到来，我给他解鞋带也不配。他要用圣神和火给你们施洗。"这和子贡的话，是何其的相似。不同的是，子贡辩护是在孔子死后，约翰释疑是在耶稣到来之前。

世界上任何新宗教的创立，都离不开传教的使徒。为了宣传教义，很多信徒宁愿付出青春甚至生命。正是因为这种奉献，今天人们才会有机会享受到信仰的荣恩。而对儒家来说，子贡正是这个拥有莫大护教功勋的人。如果没有子贡，很难想象，孔子会被人刻画成什么样子。

培根说，"最廉价的道德最容易受到称颂。稍高一点的道德也能引致人们的惊叹。但对于那种最上乘的伟德，人们却是最缺乏识别力的。"（《人生论》）

世界就是这样，拥有慧眼的人总是少数。如同文物鉴定，认定物品为假，很容易做到。但断定为真，则需要十足的眼力。同样的真理摆在面前，最先肯定它价值的人，往往才真正具有真知灼见。圣人来到人间，率先举起双手欢迎的，往往是心灵最质朴、感觉最敏锐的人。子贡就是这样的人。

人间的事情，人走茶凉，是常态。雪中送炭，属难能。一片诋毁中，谁有勇气说出哪怕一句赞誉呢？子贡却做到了。后孔子时代，子贡就像一位独行的英雄。在庸人遍布的朝野，他意见独立，人格独立，时刻守护着孔子。有他在，鲁哀公的悼词，出了毛病。叔孙的诋毁，自取其辱。门人的质疑，烟消云散。

孔子常常批评子贡爱说话。可是，面对世间的不公，面对世界的昏暗，也许最不可或缺的，就是只向真理低头的自由表达。

下篇　那些人　那些事儿

你是我的尺度：孔鲤

《论语》中有一句话，可以看作孔子的自传。

孔子说，"吾十有五而志于学，三十而立，四十而不惑，五十而知天命，六十而耳顺，七十而从心所欲，不逾矩。"

这段话，从青葱少年到垂垂老者，全部涵盖在内。不过，简略了些。孔子十五岁之后，三十而立之前，只有一个重要的生命节点，没有铺陈，就是孔子当上了父亲。

孔子十九岁，娶宋国亓官氏为妻。一年后，亓官氏生下一男婴。孔家上下对这个男婴的到来，很是期待。孔家以前人丁不旺。孔子的父亲叔梁纥娶施氏为妻后，生了九个女儿，无子。娶妾生下长子孟皮，残疾。后来娶妻颜氏，生下孔子。孔子又生子，在接续孔家香火上显然具有重要意义。

孔家添丁，国君送了一条鲤鱼来庆贺。为表纪念，孔子为儿子取名鲤，取字伯鱼。也许认识孔鲤，能够让我们从一个亲人的角度，来重新审视孔子。

孔鲤和父亲不同。孔子十五岁起有志于学。少年时，孔鲤却没有多少学问上的兴趣。这点在《论语》上表现得很清楚。一天，孔子背着手，昂首立于庭院之中。孔鲤刚从街上回来，看见父亲，低头小跑进入后院。孔子说，站住，《诗经》背了吗？孔鲤答，没有。孔子说，不懂《诗经》，怎么与人交流？于是，孔鲤每天摇头晃脑，背诵"关关雎鸠，在河之洲"。

孔子要求儿子学诗，并非随意为之。今天，《诗经》是一部纯粹的文学作品。春秋时期，《诗经》却是一部国际法。两国使节谈判，主要比拼在《诗经》研究上的功力。谁引用《诗》得当，在外交斗争中就占理；谁引用不当，就会失分。孔子要求儿子背《诗》，满含着一个父亲对儿子事功上的期许。

对于少数天资秉异的人来说，学习是一种快乐。但对社会上大多数人来说，学习则是不得不完成的任务。孔子学堂有一大群才子。孔子经常表扬颜回好学，"不迁怒，不贰过""闻一知十"。子贡聪明伶俐，谈吐典雅得像"胡琏"这件精美的礼器。一般人断案，须见原被告两方，而子路听一方之词就能断定是非。孔鲤整天跟他们在一起，我想，学习压力肯定是很大的。

或许正是这个缘故，孔子经常鼓励儿子。《孔子家语》记载，孔子对孔鲤说，鲤啊，我听说，一个人可以终日从事而不倦怠的事情，不就是学习吗？君子不可以不学习，容貌不可以不修饰。从远处看，一个人的光彩，主要在于服饰。从近处看，一个人的光芒，主要在于学习。这段话，没有孔鲤的答词。我们不知道孔鲤听后，作何感想。想象得出，在父亲的关爱中，孔鲤还是很感温暖的。

美好，如同朝露，总显短暂。孔鲤也不例外。孔子五十五岁那年，开始了漫漫旅途。孔子周游列国，究竟有多少人随行，已无确考。但孔鲤确定没有随行，他选择了留守，选择了一种苦楚的生活。

孔子在家时，孔鲤虽不必凭借"我爸是孔子"而享有特权。但至少作为鲁国大司寇的家属，生活应该是优裕的。孔子不是世袭贵族，他离去后，自然不会再享受俸禄。孔子出国前，已经有很多门徒。孔子离鲁后，国内仍旧留下了很多弟子。不然，孔子在陈国时，也不会感慨家乡的青年狂简，不知回去之后如何调教之类的话来。那么，孔子走后，留守弟子如何安置，经济上如何负担，恐怕这都是孔鲤的责任。

父亲走后，孔鲤面临的另一项责任是应对舆论的质疑。人红是非多，似乎是人间的定律。孔子离鲁，出于自愿。但鲁国政坛会如何推测孔子的跳槽动机？孔子在卫国，见到了风流的南子，引发了不断的争议。子路是孔子的随行，都会心生误解。消息传回鲁国，孔鲤和孔家人又作何感想？孔鲤又怎样向鲁人解释以道德著称的父亲？

孔子走后，孔夫人亓官氏，日子也不好过。从孔夫人的姓氏推断，亓官氏应出生于一个礼仪之家。她的父亲或祖上或是掌管笄礼的官员。在这样的文化家族里长大，孔夫人对文化并不陌生。《诗经》里有一首诗歌《卷耳》，"采采卷耳，不盈顷筐。嗟我怀人，寘（zhì）彼周行"。意思是，采摘卷耳，不满一筐。思念着出门人，又把它放在了道旁。我想，孔夫人一定在劳作之余，唱过这首诗，来表达对长年在外的丈夫的思念。

孔子离开孔鲤母子，一别十四年。史书记载，第十二个年头，亓官氏去世了。她没能等到丈夫回家，就永远合上了孤独的眼睛。孔子夫妇这些年的天涯各一方，也给人留下了无尽的猜想。孔夫人是否会怨恨孔子不去不返？一个圣人，心中装着天下，是否还有空间装着爱人？伟大的男人后面，总有一个做出了伟大的牺牲的女人。"当君怀归日，是妾断肠时""日日思君不见君，空流长江水"。这些唐诗表达的人生之痛，孔夫人会有吗，孔子会感觉到愧疚吗？

亓官氏死了，孔子是否愧疚，我们不知道。我们只知道，儿子孔鲤总是止不住悲伤。直到孔子归来，孔鲤还时常因思母而落泪。《礼记》记载，有一次，孔子听见有人哭泣，便问，"谁在门前哭？"门人说："是孔鲤。"孔子问，"为何哭泣？"门人答，"为他故去的母亲感到伤悲。"孔子说，"鲤啊，哀伤也要有限度。"孔鲤听到后，抹了抹眼泪，不再哭了。

史书中，孔子有很多弟子性格很鲜活，子贡的善辩，子路的忠勇，颜回的快乐。但孔鲤则比较单一。他似乎总是活在父亲的阴影之中。孔鲤的精神生活，甚至包括对母亲的思念，都受到了父亲的控制。孔子是高大的，他的儿子则似乎永远是弱小的。给人一种印象，孔鲤总是怯生生地站在孔子的身边，聆听着圣训。孔鲤作为一个人，究竟有着怎样的内心世界？对于父亲的选择和事业，有着一种怎样的感受？我们都不知道。

父与子

　　我瘦削，羸弱，窄肩膀，你强壮、高大、宽肩膀。在更衣间里，我已觉得我很可怜了。不单单在你面前，在整个世界面前也是如此，因为你是我衡量万物的尺度。

——卡夫卡：《致父亲的信》

文献记载，孔鲤活着时成就并不突出。事业上，他没有走上从政的道路，像他的同门一样，在春秋舞台上大放异彩。学问上，虽然生活在圣人之家，但他并没有经典或者名言流传下来。而同为圣人之后，孔鲤的儿子子思，则写了《中庸》，后人尊称为述圣。孔鲤的成就，远不如父，也不如子。在辉煌的两端之间，孔鲤显得十分暗淡，他终其一生都没能从父亲的光芒里走出来。如同距离太阳最近的水星，终年淹没在太阳的光辉里，成为最难观测到的星球。

西汉时期，孔子的后裔开始因孔子而封侯。此后，孔子嫡系后裔直接袭封衍圣公。尽管宋徽宗时，孔鲤被追封泗水候。但孔子给后代留下的这些巨大荫泽，孔鲤活着的时候，一样都没有享受到。

孔子回鲁第二年，孔鲤就去世了。去世原因不详，但想必和贫寒的家境以及巨大的生活压力有关。孔鲤下葬时，随葬品和棺材都很简单，甚至一般人家下葬拥有的棺椁都不完备。这也成了孔子的一块心病。两年后，颜回去世。颜回的父亲颜路，请求孔子卖车给颜回买椁。孔子很动情地说，我的儿子没你的儿子有出息，这是事实。但将心比心，都是儿子。他死的时候，也没有椁。孔子拒绝了颜路的请求，孔子对儿子深深的愧疚，清晰可见。

阅读孔子的一生，人们往往对孔子无奈的奋斗历程，寄予了深切的同情。我们往往忽视了，在孔子身边，站立着一群更值得同情的人。孔子的儿子孔鲤、夫人亓官氏，他们因为孔子，因为孔子的事业，一辈子承担着不可言说的压力，一生都背负着生命的不可承受之重。孔子生前不如意，死后尚会有无数荣光。而孔鲤和孔夫人的付出和牺牲，则像一条溪流，注入了大海，不可回溯，分辨不清，悄然无声。

孔林墓葬群的核心，是孔子墓。经过历代的修缮，今天的孔子墓十分高大。墓碑上，黄色的大字"大成至圣文宣王之墓"，显得是那么的雍容华贵。孔子墓的旁边就是孔鲤墓，相对小很多。一如生前，孔鲤默默地陪衬在父亲的身边。人们来到孔林，都是来瞻仰孔子，表达对孔子的敬意。至于孔子墓旁的主人，作为点缀的孔鲤，人们大多不太在意。

奥地利文学家卡夫卡，曾写过一本《致父亲的信》。信中写道，"我瘦削，羸弱，窄肩膀，你强壮、高大、宽肩膀。在更衣间里，我已觉得我很可怜了。不单单在你面前，在整个世界面前也是如此，因为你是我衡量万物的尺度。"

孔子不像老卡夫卡那么强硬、专断。也没有证据显示，孔鲤像卡夫卡一样纤弱、敏感。不过，我相信，孔鲤若读这封长信，对卡夫卡表白的感情，应该也不会陌生。

春秋的浪漫爱情：公冶长

"关关雎鸠，在河之洲。窈窕淑女，君子好逑。"

这是《诗经》的开篇，咏唱了美丽的爱情。对这首诗，孔子评价道："乐而不淫，哀而不伤。"诗中之爱，快乐而不放荡。求爱未成，有些哀愁，有点忧伤，但并不因此寻死觅活、没法收场。

孔子自身的感情经历却并非如此甜美。孔子十九岁娶妻，今天来说属于早婚。但进入婚姻殿堂早，是否意味着幸福来得快？《论语》中，孔子言论数百条，谈理想，谈人生，谈权贵，谈弟子，但无一字谈及夫人。这是为什么呢？孔子与孔夫人究竟有着怎样的感情？

《礼记·檀弓上》记载了一段轶事。门人问孔子的孙子子思，以前您父亲孔鲤为"出母"守丧吗。子思肯定地回答，守。母亲被父亲休掉，称为出母。《礼记》的信息很明确，孔子曾将孔鲤的母亲亓官氏休了。孔子和妻子离婚，如果是真的话，原因为何，发生在何时，今天已经没人能说得清楚。

不过，清楚的是，孔子对女人是有成见的。孔子说过一句让今天所有女权主义者都痛恨的话，"唯女子与小人为难养也，近之不孙，远之则怨。"女人和小人一样难以侍候。走得太近，她会对你行为不敬。走得太远，她又会对你心生怨恨。天下的男人，对于女子，都喜欢"求之不得，寤寐思服"。更近或更远的距离，他立即就会发觉出她的"不逊"或"怨气"来。

孔子自己的婚姻难言成功。在男女问题上秉持女子难养论的孔子，又是如何看待儿女的婚姻呢？在为儿女选择配偶时，他是否会受自己婚姻阴影的影响呢？《论语》表明，孔子有一个女儿。孔子亲自为她安排了人生大事。

孔子二十岁有孔鲤，没过几年夫人便为他产下一女。古代的礼俗，男子二十而冠，女子十五而笄。也就是说，男子过了二十，女子过了十五，便该谈婚论嫁。孔子四十岁左右，他的女儿也到了"君子好逑"的年龄。孔子弟子中，有一个人就成了孔子的女婿。

对于这位被选中的人，《论语》记载，孔子说，"'可妻也。虽在缧绁之中，非其罪也'，以其子妻之。"缧绁，就是监狱。孔子说，这个人可以托付终身，虽现在身陷囹圄，但实属冤枉，就把自己的女儿许配给了他。

他就是公冶长，复姓公冶，字子长，鲁国人。关于公冶长，可信的资料很少。公冶长为什么会有牢狱之灾，《论语》没有给出解释。不过，民间传说，公冶长坐牢和他通鸟语有关。

据传，公冶长少小家贫，经常上山打柴，养活卧病在床的母亲。由于经常出入山林，与鸟兽为伴，久而久之，公冶长便学会了鸟语。小鸟们经常告诉公冶长哪里柴多，哪里的路好走，公冶长和它们成了很好的朋友。

一天，一只乌鸦飞到枝头，冲着公冶长大叫，"公冶长，公冶长，南山顶上有只獐，你吃肉来我吃肠。"公冶长便到了南山顶，果然看见一只死獐，趴在地上。他便将獐拿回家里，剥皮取肉，和母亲一起吃了。但酒足饭饱的公冶长，似乎忘了和乌鸦的约定，吃完獐便将肠子埋到了地里。

乌鸦十分生气，便想办法报复公冶长。一天，乌鸦便又在枝头大叫，"公冶长，公冶长，北山有只死绵羊，你吃肉来我吃肠。"公冶长便提着刀，跑到了北山，发现前面围满了人。公冶长大叫，都别动，是我打死的。但到近前才发现，大家围着的原来是一个死人。众人便将公冶长扭送到了官府。尽管百般辩解，公冶长最终还是被治罪下狱。

这个传说，很有想象力，但不被儒家学者认可。魏晋时期，何晏在为《论语》作注时，就表示"'旧说冶长解禽语，故系之缧绁'。以其不经，今不取也。"公冶长通鸟语，太荒诞，正经的《论语》注释，不敢采纳。其实，传说除了通鸟语不可信之外，其他倒很有参考价值。比如，公冶长十分孝敬母亲，对于朋友（乌鸦）似乎有一点不守信用，最终遭到了惩罚。

除了传说，在孔门弟子中，公冶长事迹并不多，出场率也不高。孔子嫁女于他，有哪些可以为人道的原因吗？显然，坐了一次不该坐的牢，不是主要原因。毕竟，遭受司法不公，可以赢得同情，却不足以赢得爱情。

东汉时期，王充对孔子嫁女的理由，最先表示了质疑。王充说，凡在孔子门下的，都有好的德行。如果学生中有很多人没有妻子，而公冶长特别好，所以只把女儿嫁给他，那么称赞他就应该列出他的好品行，而不该只说他"在缧绁之中"。社会上无辜受罚的人很多，如果一定因为他无辜被拘禁，孔子就把女儿嫁给他，那么孔子嫁女的标准就不是嫁给贤人，而是嫁给受冤枉的人（《论衡·问孔》）。

王充的话，很有道理。这或许是《论语》编者的疏忽。《论语》虽被人称为东方圣经，但主要是孔子日常言行的选择性摘录。孔子说话，也不是作学术论文，不一定句句严谨。孔子说公冶长"可妻"，虽没有明言公冶长得好，但其人一定还有其他可取之处。不必细究《论语》为何没有将这些可取之处一并写上。

公冶长能够成为孔家女婿，或许正与鸟有关。尽管公冶长解鸟音是种传说，但传说能够流传必然有一定的依据。现实中，公冶长即便不会说鸟语，也一定很爱鸟、常与鸟打交道。这和孔子的爱好不谋而合。《论语》记载，孔子也爱打鱼狩猎。孔子打鱼不用细网，不射正在巢里过夜的鸟，对鸟充满了喜爱。

我们做一个浪漫的猜测。孔小姐经常陪同父亲和公冶长访林问鸟，渐对公冶先生产生爱慕之心。《诗经·召南·野有死麕（jūn）》唱道，

公冶长身陷缧绁

　　爱情是纯粹的，也是自由的，没有任何物质的和现实的阻挡。公冶长即便身陷囹圄，即便行为怪诞，如"鸟语"般不被人理解。但爱情就是爱情。它萌动了，它破土而出了，它轰轰烈烈，冲破了牢笼，燃烧了桎梏。最后，它也赢得了尊重。

"野有死麕，白毛包之。有女怀春，吉士诱之。"意思是，田野里有一只死麕，用白茅草将它包裹起来。有一个少女动了情，多情的猎人俘获了她的芳心。西周的猎人可以用麕来为爱情做媒。东周的公冶长为何不可用鸟语、活麕来打动孔小姐的心呢？

当然，这个猜测若要成为现实，须有一个前提：公冶长未坐牢前，爱情已经发生。不然的话，公冶长在牢狱之中，是没有机会和孔小姐来往的。公冶长身陷囹圄后，孔子允诺了他们之间已经存在的感情。

另外，关于这段婚姻，孔子说，"可妻也，虽在缧绁之中，非其罪也"。这句话是向谁说的呢？显然不是公冶长，因为他此时尚在狱中。孔子显然也不会向学生说，自己看上了他们中间的一个。综合考量，孔子向包括女儿在内的家族说起这番话，最合情理。因为他们的远近关系最合适。

而孔子之所以说起这桩婚事，孔小姐主动提出，可能性很大。公冶长在狱中，自己不会好意思向孔家提亲，亲戚朋友更不愿张口拉这样的媒。但若无提示，孔子也不会突然想到女儿大了，立马拍板决定把她托付给一个不知何时出狱的鸟人。正像王充说的，孔门中，不乏德行才华都出众的人。所以，孔小姐在这桩婚姻上，想必积极地为自己谋过幸福。

爱和自由，是上帝赐给人类最美的礼物。一个社会如果缺衣少穿，食物匮乏，或许还可以维持下去。但是，一个社会如果缺少了爱和自由，则过不了多久就会分崩离析。物质的匮乏，不过是导致人们生活比较清苦罢了。但是爱和自由的缺乏，则将导致文明的灾难。没有爱，人与人之间，就像石头和石头，毫无温情。没有自由，就像飞鸟折断了翅膀，生命成了没有尽头的囚役。

中国人向来缺乏自由。其中，女性爱的自由更是高度稀缺。长期的极权主义，使得女性只能接受被安排的幸福。对于她们一辈子将要在一起生活的人，选择权却在父母手中。孔雀东南飞，焦仲卿尊母命出妻；陆游一曲《钗头凤》，东风恶，欢情薄，一杯愁绪，几年离索。错！错！错！他和唐婉的爱情悲剧，似乎也是由于我的爱情别人做主。

反观《论语》，公冶长和孔子女儿之间的婚姻，却有太多的爱情可以解读，有太多的自由可以想象。孔子和孔夫人的分离，让人看到了中国人婚姻的沉重。在孔小姐的婚事上，我宁愿多作快乐烂漫之想。

爱情是纯粹的，也是自由的，没有任何物质的和现实的阻挡。公冶长即便身陷囹圄，即便行为怪诞，如"鸟语"般不被人理解。但爱情就是爱情。它萌动了，它破土而出了，它轰轰烈烈，冲破了牢笼，燃烧了桎梏。最后，它也赢得了尊重。我相信，孔子将女儿嫁给这样的人，本身就是在向爱和自由表达敬意。

从考证学上看，或许，这只是一场爱情假想。连孔子女儿究竟叫什么名字，都没有人知道。这场爱情，也注定没人看得清。但是，在没有确凿证据推翻这个假设之前，我只愿闭上眼睛，想象一场爱情火焰，在春秋时代，熊熊燃烧。

低调寡言高富帅：南容

白圭之玷，尚可磨也；斯言之玷，不可为也。

这句诗出自《诗经·大雅·抑》。意思是，白圭上有污点还可以磨去，话有缺点，就不好除去了。

有一个年轻人非常喜欢这段话，每天都要吟诵几遍。从一个人的喜好，大致可以看出他的性格。孔子认为，对这首诗念念不忘，这个人一定谨言慎行、不乱说话。《中庸》说，"国有道，其言足以兴；国无道，其默足以容。"世道沦丧，管得住嘴是一种难得的修养。于是，孔子将兄长孟皮的女儿嫁给了他。

这个人就是孔子的弟子南宫括。南宫括，名括，字子容，《论语》称之为南容。其实"南宫"并不是南宫括的姓，本来指的是一栋建筑。南容久居在南宫，便以此为姓。我国姓氏中，有很多这样的例子，如关、桥、西门、东郭。这和日本人姓酒井、松下、渡边是一个道理。

南容是鲁国国君之后，地道的鲁国王室后裔。南容之父孟僖子是鲁国三家大夫之一，官拜鲁国大司空。应该说，作为贵族子弟的南容属于含着金汤匙出生的一代。这在孔子弟子中是少见的。孔子弟子多平民。颜回、子路、子贡家境都很一般。在家境上，数南容最突出。

南容求教于孔子门下，是父亲孟僖子的遗愿。春秋无义战，你征我讨，随处可见。在这种混乱的国际环境中，一个优秀外交家可抵三千兵士，十分受人重视。在这一点上，孟僖子却深感有心无力。他常随国君出访，由于不熟悉其他国家的礼制，遇到了不少尴尬。《左传》记载，孟僖子临死之时，把两个儿子叫到床前。两个儿子一个是孟懿子，一个就是南容。孟僖子叮嘱儿子要好好向一个人学习礼仪，这个人就是孔子。孟僖子说，孔子身上有圣贤气象，日后必将显达。

孟僖子死于鲁昭公二十四年。孔子时年三十五岁。在此之前，孔子只是季孙家的一个家臣，主要负责管理仓库和放牧牛羊。贫寒的家境和低卑的工作，没有磨灭孔子的理想。从十五岁起，孔子就对学问产生了浓厚的兴趣。孔子是一边当着保安，当着羊倌，一边修习着甚至贵族都不熟悉的礼仪。可以说，孔子是古今自学成才的典范。即便身处最底层，依靠学习上高度的自觉性，孔子将自己和其他人区分开来。

孔子的经历告诉我们，在艰难的环境下，你可以没有家境，没有机会，没有人脉，但你千万不能没有一颗强大的心脏。只有不向命运屈服，世界才会为你打开大门。当然，对于孔子来说，自学成才，获得执政大夫的青睐，也实属幸运。因为贫贱之人通过努力获得社会认可的通道当时尚未完全关闭。

　　孟僖子将后代交付给孔子，和一般人的考虑不同。孔子的很多弟子，向孔子学礼，目的大多很简单，就是学"干禄"。通过学习，取得进入仕途的钥匙。而南容出身名门，依靠世袭可以轻易进入权力中枢。南容没有做官的压力，学习对于他来说，更多的是提升人格修养，增加治国理政的才干。

　　无目的的学习，摆脱了功利的限制，最容易得到学习的乐趣。学习成了悠哉悠哉的可向往的事情。在这种悠哉悠哉中，南容也收获了自己的爱情。

　　南容进入孔子学堂后，尽管不像其他远道而来的弟子，整天需要寄住在孔子的家里。但同在曲阜，南容和孔子的侄女彼此也一定见过。彼此间惊鸿一瞥，南容的沉默寡言，孔子侄女的贤良淑德，或许给对方留下了深刻印象。

　　孔子将侄女嫁给南容，《论语》的措辞是，孔子"以其兄之子妻之"。中国古代实行的是一夫一妻多妾制。"妻之"，说明孔子侄女做了南容的正室，而非一般意义上的妾。孔子的哥哥孟皮乃是父亲叔梁纥的侧室所生。所以，孟皮的家庭和南容家至少在社会地位上差距悬殊。孔子侄女嫁给南容，这个故事，本身就是一个灰姑娘和王子的爱情素材。

　　在子女的婚事上，《论语》首先记载的是孔子嫁女。孔子把女儿嫁给了弟子公冶长。公冶长家庭贫寒，传说会鸟语，因对鸟不诚信，反被鸟陷害，摊上了官司。而南容，出身贵族，处处谨言慎行，做事圆融。所以，无论是在家世还是在品德上，孔子的女婿公冶长都不及侄女婿南容出色。

因此，很多人认为，孔子让优质男人南容娶了侄女，而将女儿嫁给了差等生公冶长，这是对兄长孟皮的有意补偿。因为哥哥从小患了小儿麻痹症，不能正常行走。孔二先生对孔大先生有说不出的爱怜。但仔细品味，这种观点看似有理，实则将孔子推向了不道德的境地。在孔子时代，尽管"父母之命、媒妁之言"在婚姻上十分重要，但毕竟爱情不是分赃，合适的才是最好的。如果孔子将女儿和侄女看作可以分配的果实，那么这样的孔子是令人厌恶的。

当然，在孔子心中，女婿和侄女婿，确实有差距。这一点孔子并不讳言。孔子评价公冶长，身在监狱，但不是他的罪过。这个评价说不上坏，但也说不上好，比较中性。而孔子对南容的评价则高得多。孔子认为，南容是个君子。这个评价，是南容向孔子请教了一个问题后，孔子亲口说的。

南容曾问孔子，后羿和奡，穷兵黩武，看似很强，终于落败。而大禹和后稷，重视农业，却都建立了不世功勋。大禹建立了夏朝，后稷的后人文王成立了西周。这中间究竟有什么规律呢？

南容是一个不大爱说话的人。他经常念叨，"斯言之玷，不可为也"，总是怕说错了话，无法挽回。南容向孔子提问，一定是想了很久，也憋了很久。出人意料的是，这个问题，孔子没有回答。

孔子为何保持沉默？一种解释是，南容的问中已包含了答案。

214

孔子赞同南容重农贱武的潜台词，所以无需作答。另一种解释是，南容提问有层深意。当时，孔子深处政治困境。南容借助大禹等人的例子，映射当时鲁国政坛。三桓虽府有甲兵，终是强弩之末，而有德者终会得天下。言下之意，孔子应效仿大禹和后稷，等待时机，效仿汤武革命。而这个问题，孔子没法回答。

南容退出房间后，孔子向左右说，"这人真是个君子。"

《论语》是一部师生问答集。其中，弟子提问涉及耕稼的只有两位。一位是南容，另一位是樊迟。樊迟问稼，孔子也没当面回答。樊迟走后，孔子说，樊迟真是个"小人"，背后把樊迟贬损了一顿。弟子同问有关耕种的问题，孔子骂樊迟，却夸南容，耐人寻味。

南容出身政治世家，熟悉政治环境和政治规则。他轻易不发言，单凭这一点来看，南容应是个有城府之人。在《论语》中，他只提了上面一个问题。虽然不能肯定，南容是在试探孔子，是否有心成为下一个文王。但是，南容提问中，反映出来的对政权更迭的思考，则是孔子弟子少有涉及的。比较合理的解释是，孔子没料到，南容出身贵族，却对国家体制的转型有了隐忧。所以，等到南容走出去了，孔子才说，这是一个君子。在孔子眼中，南容不同于春秋时代一般的贵族子弟。

《论语》中，孔子对南容还有一处称许。孔子说，南容"邦有道，不废；邦无道，免于刑戮"。天下有道，能找到用武之地；天

孔
二
先
生

南容问政于孔子

　　《诗经》说，"言念君子，温其如玉。在其板屋，乱我心曲。"我想念那君子，温和得真如美玉。他住在板木房，扰乱我的心曲。这样的君子，话不多，靠得住，家境好，又很有内涵。孔子找这样一个人当侄女婿应该是放心的。

下无道，至少不会惹祸上身。一个人能够做到这两点，一定是个善于控制命运的人。进可攻，退可守，将命运掌握在自己手中。这样的人是稀少的。更多的人则是，邦有道，找不到施展空间；邦无道，躲不掉政府迫害。

《论语》中，孔子对很多弟子作了评价。孔子评价子贡是"瑚琏之器"，很精美。如果将南容也比作一件器物。我想，最恰当的应该是玉。《诗经》说，"言念君子，温其如玉。在其板屋，乱我心曲。"我想念那君子，温和得真如美玉。他住在板木房，扰乱我的心曲。这样的君子，话不多，靠得住，家境好，又很有内涵。孔子找这样一个人当侄女婿应该是放心的。

其实，这样的男人即使在今天也是极品。

快乐宅男不愿做官：颜回

《论语》中，有一个人，你不想注意都不行。

他话很少。孔子与他聊天，一整天，他一言不发。孔夫子讲得口干舌燥、嗓子冒烟，他只是礼貌性地点头、微笑。孔子说，你咋那么"笨"呢。

他很受宠。孔子三天不夸他，心里就抓狂。整本《论语》中，所有学生加起来受的表扬，不如他的一半多。

他一辈子，没做过官，也没有过大的功业。可是，不仅儒家的人公认其为牛人，就连庄子，也经常请他客串寓言中的男一号。

他，就是颜回。

孔子匡地脱险后，颜回才赶上革命的队伍。孔子关切地问，"我以为你死了呢？"子路、子贡掏出纸巾，准备酝酿情绪，哭上一场。他却开口一句，"孔老师不死，我怎敢先走一步呢？"颜回的幽默，让孔子哭笑不得，也让困苦的周游之路充满了生活的乐趣。

颜回，总是这么出人意料，让人看不透。颜回，字子渊。他的父亲，颜路，也是孔子的学生。颜路比孔子小六岁，颜回比孔子小三十岁。和曾点、曾参父子一样，颜氏父子也是师出同门。

在曲阜，颜氏是一个大家族。孔子的母亲（颜征在）和颜路、颜回父子属于同姓宗族。孔子的祖先是宋国贵族，落难后，逃往鲁国。在曲阜，孔子的同姓亲戚并不多。颜姓子弟，在孔子眼里，属于母亲的亲人，情感上应该比较亲切。或许也是这个因缘，孔子讲学，学生中有很多颜家人。《史记》记载的孔子七十多个学生中，颜姓共有八人，占比十分之一强。

颜姓人口虽多，却大多是平头百姓。鲁国贵族，往远了说，都是一家人。他们姓姬，是周公的后代，比如执掌政权的三家，季孙、叔孙、孟孙。他们也称三桓。这些少数人是典型的官 N 代，或者说贵 N 代，一生吃穿不愁。鲁国甚至天下，都是他们的私产。

春秋时期，炫富还没有成为潮流。权贵言行上还都注意给穷人留点面子。举个例子，季文子，季孙家族的第二代掌门人。按理说，绝对是一个穷得只剩钱的主儿。《国语·鲁语上》却记载，他"无衣帛之妾，无食粟之马"。老婆不穿戴锦缎，马匹不吃值钱的粟子。很多人不解。他解释说，炫富我也想干，但看看我的国人，食粗衣恶的人，普遍存在，所以我不敢乱了简朴的规矩。

生活在这样的时代，尽管很穷，颜回并没有感到多大的社会压力。在曲阜的时候，孔子有一天很苦闷，就从住的地方阙里，信步来到了颜回家。孔子看到，颜回盘腿坐在草席上，吟诵《诗经》。他的身边除了一竹桶饭、一个盛满凉水的水缸外，什么都没有。孔子由衷地感慨，"贤哉，回也。一箪食，一瓢饮，在陋巷，人不堪其忧，回也不改其乐，贤哉，回也！"

颜回在陋巷

颜回的追求很简单，就是做个有几十亩地的地主，做个整天待在家里弹琴喝酒的宅男。这样的人，现代社会不多，春秋时代也是稀有动物。孔子怎能不喜欢呢？

"陋巷"，有人说，是颜回家所住街道的名称，在阙里的附近。也有人说，陋巷、陋巷，不过是一条简陋的巷子，表示穷人集聚之所罢了。不管怎么说，颜回住宿条件很差，是肯定的。过的日子很苦，也是肯定的。有没有人家的"窈窕淑女"，愿意嫁给这样的穷小子，是不能肯定的。

颜回却很快乐。这是大部分孔子弟子的优点。子路家也很穷，整天也乐呵呵的。颜回和子路的快乐，却不太一样。子路的快乐原则是，"愿车马衣轻裘，与朋友共，敝之而无憾"。有好东西，一定请大家一同分享。同乘一车，同乘一马，恨不得同穿一条裤子。用坏了也没关系，图的就是一个高兴。这种快乐，大大咧咧，匪气感十足。大碗喝酒，大块吃肉，只要和朋友在一起，再苦再累，心里都美得不行。颜回的快乐，外人却很难看得出来。

颜回更多的时候，喜欢一个人呆着，弹琴唱诗，辛勤地整理课堂笔记。颜回有一段感慨，描述了修炼孔子学问的状态。颜回说，我越瞻仰他，他越高；越钻研他，他越深。看见他刚才还在前面，不一会却又在后面。夫子善于教育我，诱导我，用文化来开阔我的胸襟，用礼仪来约束我的行为。我真是感到欲罢不能。品味这段话，我们似乎可以想象出，一位满身文艺细胞，却又时时注意到温文尔雅礼节的人。

十分执着，注意谦虚，又很臭美，一个闷骚型的才子形象呼之欲出。有这样一个好学生，孔子高兴得直拧大腿。有一次，孔子碰见了老颜，急忙拉进屋内，猛夸了一番。孔子说，有人用咱，一定能行；没人用咱，藏好才能。只有你和我可以做到。事不凑巧，这段师徒密谈被子路听见。子路很不服气，质问孔子道，"如果与敌国打仗，夫子您会带谁呢？"孔子安慰子路说，"你勇敢，我知道。不过凡事要讲求策略，这一点你要向你的师弟学习啊。"

众弟子中，孔子独爱颜回。在这一点上，子贡就比子路识时务。子贡承认，自己比不上颜回。有一次，孔子问子贡，"你认为，你和颜回比，谁更优秀？"子贡谦虚地说，"我哪里比得了颜哥，我闻一知二，他闻一知十。"孔子很满意，点头道，"是这样的。"不过为了安慰子贡，孔老师补充了一句，"我和你都赶不上他。"子贡极聪明，却乖乖地承认，自己不如颜回。可见，颜回的智商，确实出乎一般人的想象。

子路、子贡和颜回，是孔子弟子中最著名的三个。子路最年长，也最可爱，质朴而好义，军事才能突出，曾任季孙家的家宰。子贡口才出众，在外交和经商上，成绩斐然。

只有颜回，终生没有担任过任何行政职务。《韩诗外传》记载，孔子曾问颜回，家里穷地位低，为何不出仕呢？颜回说，我家有郭外之田五十亩，足以供我和父亲喝粥了；另外，还有郭内之田四十亩，足够种植丝麻，纺线织布，供一家人穿衣了。我每天鼓琴弹瑟自娱自乐，从夫子您那里学习到的，我就感到很充实快乐了，我不愿意出仕。看得出，颜回的追求很简单，就是做个有几十亩地的地主，做个整天待在家里弹琴喝酒的宅男。这样的人，现代社会不多，春秋时代也是稀有动物。孔子怎能不喜欢呢？

孔子曾经让漆雕开出仕，漆雕开表示学艺还不精，不敢趟官场的浑水。孔子很高兴。这事明白地记载在信实的《论语》中。而仅凭《韩诗外传》，还不能肯定孔子是否劝过颜回出仕。毕竟，西汉韩婴写的这本书，充满了太多的想象和寓言。但可以确定的是，颜回确实是一个谜一样的人。

一个人，活在世上，很难摆脱欲望的影响。这种欲望，可以是金钱，可以是名誉，可以是权位，也可以是女人。孔子的弟子，欲望各不同。子路爱名，三天不挨夸，就想上房揭瓦。子贡追求财货，买贱卖贵，家累千金。冉有享受权力，坚定地和执政者站在一起，推行孔子不赞成的政策，逼得孔子最后威胁要"鸣鼓而攻之"。

唯独，对于颜回，欲望原则似乎有所失灵。他不爱钱，"一箪食、一瓢饮"，有口饭吃就行了；他也不爱名，用他自己的话讲，他的修炼目标是，"不夸耀自己的长处，不表白自己的功劳"；一个一个才能远不如他的人，纷纷当上了地区长官。没有书籍记载，颜回从过政，但看不出颜回有多着急，颜回至少没"官瘾"。

孔子很少谈女人，也看不起女人。他说，"唯女子与小人为难养也。"颜回是不是有女人方面的欲望？可能有。毕竟，连孔子都说，"吾未见好德如好色者也。"也可能没有，孔子夸颜回，"三月不违仁。"不违仁，不敢肯定就是不近女色，但至少应不迷恋女色。

在一个社会上，什么样的人最自由。有人认为，有钱的最自由，金钱可以买到高车大马，实现人的诸多愿望。有人认为，有权最自由，权力可以用奖赏让别人对自己俯首帖耳，用惩罚让别人对自己毕恭毕敬。

其实，不管是金钱还是权力，都是难以驯服的野兽。历史上，因财富而丧命的，绝对比因财而获救的人多。人死了，不能将金钱带进坟墓，但钱可以将人送上西天。权力更是如此。对于权力来说，所有的享有者，都是暂时的过客。抛家弃子只是为了争夺一把椅子。多少年过去，椅子还在，而椅子上的人不知换了多少拨。每个人都想爬到他人之上，没想到最后成了一把椅子的牺牲品。每个人都想让金钱和权力为自己服务，最后却成了金钱和权力脚下一生一世的奴隶。

我们的传统文化，分三支：儒、道、释。道家、佛家，出世色彩浓厚，儒家世俗意味较强。但它们从终极上无不想告诉我们，看轻身外之物，专注自己的内心，驾驭自己的欲望，让自己真正成为一个自由的人。

在儒家中，无限接近这个目标的，就是颜回。我们关心的外在的条件，他似乎都不具备。但就是在这种简单到无法再简单的物质条件中，他没有被生活的忧愁困扰，也没有为所谓的"成功"披星戴月地拼搏。他简简单单，他就是他。似乎在看书、听课、弹琴、唱歌之外，你找不到他还有什么特别的爱好。然而，就是这种简

224

单，让孔子无限欣赏，让庄子念念不忘。

孔子说，"古之学者为己，今之学者为人。"古代的人，相对单纯，学习都是为了增进自己。现代的人，越来越复杂，学习多半都是为了取悦他人。

哪一种学习，更值得人向往？也许读懂了颜回，我们便找到了答案。

母在一子单　母去三子寒：闵子骞

世界上没有永远的敌人，也没有永远的朋友。"二战"时，丘吉尔说过这句话。不过，对于两千五百年前的鲁国政治，也适用。

孔子一辈子反对权臣专政。孔子说，"天下有道，则政不在大夫。"但是，孔子也曾和鲁国当权的大夫，有过蜜月期。

春秋是一个礼法失去约束力的时代。在这个时代里，人人都会感觉到实实在在的威胁、真真切切的时代颠倒。天子受制于诸侯，诸侯受大夫的摆布，大夫则受到家臣永无休止的折腾。

以鲁国为例，家臣阳虎作乱，鲁国上卿季桓子差点丧命。公山叛乱，依靠大司寇孔子的果断，三家大夫勉强逃过不测。"岁寒然后知松柏之后凋也"，孔子一贯批评三家，但关键时刻，却对三家施以援手。于是，孔子成了三家当权贵族最信赖的"战友"。

季桓子决定赠与孔子一个大礼包：在孔子的弟子中，挑选一位任私人封地费地的一把手。

孔子学堂是一个丰富的人才库。内政、外交、军事科的优等生，成群结队、质优价廉。孔子周游列国归来后，曾为这些毕业生写过一封就业推荐信。他说，德行科首推颜渊、闵子骞、冉耕、冉

226

雍四人，语言科以宰我、子贡为优秀，政事科以冉有、子路为突出，文学方面则数子游、子夏。后人认定，这十人为孔门十哲，相当于今天的行业十强标兵。

季孙要选一位当费的长官，却犯起了难。在季孙看来，能力马马虎虎就行，以前的费就因为长官能力太强管不住。所以，这次选人，季孙开出的首要条件是德，不是才。品德必须过硬，要对自己死忠。孔子德行科的弟子首先进入了季孙视线，而其中一人尤得季孙喜欢，他就是闵子骞。

闵子骞以孝著称。《二十四孝》中，闵子骞曾以"芦衣顺母"的典故感动了中国。据说，闵子骞母亲去世后，父亲给他娶了一后母，生下两个弟弟。像所有的文学作品一样，后母对待闵子骞和亲生儿子，天上地下，差别不是一般的大。

天寒地冻，霜满四野。两个弟弟都穿上了厚厚的棉衣。而闵子骞的"棉衣"却只充塞了薄薄的芦花花絮。一次，父亲和他一起赶车进城。寒风像刀子一样抽在人脸上。驾车的闵子骞手指冻僵，不听使唤，缰绳滑落，父子俩险些翻下山崖。父亲很生气，扬手一鞭抽到闵子骞身上。不料，闵子骞的"棉衣"露出了破绽，芦花四处溅开。

父亲大惊，问这是什么缘故。闵子骞才说出了实情。父亲知道后，抱着儿子痛哭。闵父发誓，要休掉那个贱人。闵子骞却扑通一声跪下来。他哀求道，你就饶了娘吧。他动情地说，"母在一子单，母去三子寒。"如果不休后母，只有自己感觉孤单。如果休掉了后母，

孔二先生

闵子骞芦衣顺母

　　对家人无限好，对父母孝敬到极点，甚至可以宽容他们对
自己的虐待和伤害。不太把权力放在眼里，对达官贵人敬而远
之。对政府的举措，哪怕是一点的过失，都要进行苛刻审查。
这似乎就是闵子骞给人留下的总体印象。

两个弟弟，也将和自己一样，成为无人怜爱的孩子。父亲默然，涕泪横流。后母知道这件事后，大为感动。史书记载，从此，后母爱他胜过爱亲生儿子。

对于闵子骞，孔子由衷感慨，"闵子骞真是孝顺啊，别人没法不同意他父母兄弟对他的评价。"或许，"芦花顺母"发生后，全家对闵子骞的赞誉，已经达到了让人感觉有些虚伪的程度。孔子知道真相后认为，对于闵子骞来说，这不是溢美之词啊，闵子骞确实有常人难以企及的孝顺。孔子弟子中，以孝著称的很多，向孔子请教何为"孝"的也不在少数。而孔子明确称"孝"的，却只有闵子骞一人。

《论语》有一个惯例。包括颜回在内，孔子和弟子对话，一般只直接称他们的名，不称字。如孔子说，"回（颜回）也三月不违仁""赐（子贡）不受命""野哉由（子路）"。只有闵子骞是例外。闵子骞，名损，字子骞。而在《论语》中，孔子的夸奖，不呼"闵损"，而称"闵子骞"。可见，闵子骞在孔门中获得了多么大的尊重。

在季桓子看来，请这样一个人来治理屡次闹事的费，再好不过。闵子骞的师弟有若说，一个人如果孝敬父母、友爱兄弟，则很少会冒犯自己的上级；不喜欢冒犯上级而喜欢造反作乱的，则从来没有。一个人在家孝敬父母，转移到同事身上，便是尊敬领导、团结同事。季孙有理由相信，对刻薄的后母，闵子骞尚能以德报怨，而对自己的提拔和重用，又岂能以怨报德呢。

季孙的邀请，对闵子骞实也是难得的机会。对于孔子弟子来说，学习的一个很大目的，就是得到当权者的青睐，从而顺利出仕。孔子自己都感慨，跟随自己学习三年，不惦念着仕途的，很不好找。闵子骞出仕也符合人们的预期。中国古代讲究，"家有亲老，不择官而仕"。家里有老人需要照顾，而做官可以得到俸禄，所以，孝顺的人不会放弃养家的责任，而对出仕有所挑剔。

然而，让人想不到的是，闵子骞却坚决拒绝了季孙伸出的橄榄枝。《雍也篇》记载，季孙派人请闵子骞担任费宰。闵子骞告诉传信的人，好好替我辞谢吧。如果再来找我，我就跑到齐国的汶河上去，你们休想再看见我。

闵子骞并不是一个狂狷的人。《论语》记载，闵子骞服侍孔子的时候"訚訚（yín）如也"，就是很恭顺和乐的样子。那么，他为什么要拒绝季孙的邀请呢？《论语》和其他信实的史料，都没有说明原因。

只有《韩诗外传》记述过闵子骞内心世界复杂的转型。闵子骞刚见孔子的时候，脸上有疲惫的菜色，后来又呈现鄙夷的表情。子贡问，子骞兄，您刚来时和现在，为何会有如此不同的表情？闵子骞说，我来自贫寒的乡野，进入夫子之门。夫子内里教我孝道，外在教我先王之法。我很喜欢。出门看见达官贵人的羽盖和龙旗、华美的服饰。我又很喜欢。精神和物质的欲望，在心中如两条巨龙翻腾，终日厮杀，不能决出胜负，所以我很疲惫，脸上有菜色。后来，受夫子的教育越来越深，又和大家一块切磋学问，在内明了出仕和隐居的大义，再出门看见这些高头大马，就像看见了尘土一样。我很鄙视这些外在的浮华。所以，脸上表现出了鄙夷的表情。

闵子骞思想转变之剧烈，超过了孔子的要求。孔子赞赏人出仕，也赞赏人谋财求富。只不过孔子要求，追求这些不要违背道义。但闵子骞将财富和修养、权力和道德完全对立了起来。这种思想未免有点偏激。这或许也可以在一定程度上说明闵子骞为何如此看不起季孙，看不起季孙提供的工作。季孙不管你是多大的官，我就是不买你的账。把我逼急了，我惹不起你，却躲得起。实在不行，你就到齐国的汶河上替我收尸吧。

闵子骞不禁让人想起了中国远古著名的隐士许由和巢父。据晋人皇甫谧的《高士传》记载，尧要让位于许由，许由不肯，便逃走了。后来，尧又召许由为九州牧。许由不想听到这些，便跑到颍水上洗耳。这时碰到了正牵着牛来饮水的好友巢父。巢父问许由，你为何在此洗耳？许由回答，尧屡次三番找我出仕，这些邀请的话，污染到了我的耳朵。巢父说，你还是有沽名钓誉之心啊，不然谁能找到你呢？你在此洗耳恐怕已经污染了这里的溪水。于是，巢父牵着牛到上流饮水去了。

闵子骞的拒绝出仕，似乎受到了许由的影响。只不过，面对征召，许由是真逃到了河上，而闵子骞只是威胁要这么做。两相比较，闵子骞的表现更加可信和真实。和颜回一样，闵子骞对物质几乎没有要求，却对精神追求毫不松懈。他们对孔子弟子普遍热衷的出仕，兴趣寡淡。这种苦行僧式的修行，在颜闵看来，里面却有无限的乐趣。

闵子骞和颜回也有不同。《论语》中，颜回从没议论过政治，颜回似乎只关注内在的精神世界。而闵子骞则有过议政经历。《论语·先进》记载，季孙要建新的办公大楼，闵子骞说，何必要大动土木，老样子不是很好吗？孔子听说后，夸奖闵子骞说，"这个人平常不说话，一说话，总能说到点子上。"一个道德标兵，说出这样的话，极大地影响到了当时的主流舆论。而春秋时代的政府，很害怕这种舆论监督。季孙的政府新大楼，从此就真的不敢往下盖了。

对家人无限好，对父母孝敬到极点，甚至可以宽容他们对自己的虐待和伤害。不太把权力放在眼里，对达官贵人敬而远之。对政府的举措，哪怕是一点的过失，都要进行苛刻审查。这似乎就是闵子骞给人留下的总体印象。

细细想来，闵子骞的行为，和我们主流文化的倡导，并不一致。我们的文化强调，在政府代表的国和个人所居的家的排序中，国是第一位的。忠孝难两全的时候，忠往往要占上风。闵子骞不是如此，他的行为中，孝是核心。家是第一位的。政府在他心中，不具有优势。他拒绝出仕，拒绝为国服务，认为权力值得鄙夷。不仅闵子骞，孔子德行科的弟子，大多如此。这着实耐人寻味。

人的成长，伴随着许多无奈。比如工作后，和父母的分别，很多时候，成为常态。时常听到人抱怨，工作太忙，已有好多年，没有回过家。见父母一面，都成了无力实现的奢侈。离开了时间的相伴，空间上的共处，很多时候，"孝"究竟如何实现，没人能够说得清。

　　我们的生活充满了无穷无尽的工作，没完没了的应酬，永无停歇的向上人生路。苦恼、失望、无助、烦闷，纷至沓来，挥之不去。工作中，一个对工作的"忠"，一个对攀爬权力金字塔的"爱"，压得我们喘不过气来。

　　这是我们希望的生活吗？这不是我们希望的生活吗？

　　阅读闵子骞，阅读孔子德行科的弟子，我们也许找不到答案。但他们至少告诉我们，除了如此过日子，还有另外一种活着的可能。

石头有情义　野兽变温柔：子路

　　人生三十而立。三十岁，孔子开始设馆收徒。学费是一挂束脩，即孔子爱吃的干肉。孔子学堂打出广告，学费不贵，听的是孔子教诲。

　　孔子有很多学生。但《论语》记载最多、个性最鲜明的是子路。子路，姓仲，名由，字子路或季路。子路的特别，在孔子弟子中，从穿戴上就能分辨出来。《史记》记载，子路头上戴着公鸡"冠"，腰里悬着公猪皮宝剑。

　　孔子时代，士人大多戴冠佩剑出行。这一点，从晚于孔子不久的屈原身上，可以看得出来。屈原写过一首《涉江》，开头就说，"余幼好此奇服兮，年既老而不衰。带长铗之陆离兮，冠切云之崔嵬。"从小就喜欢奇丽的服装，年纪大了这点爱好也没有衰减。带着长长的陆离宝剑，高高的冠帽直冲云霄。子路滑稽的装束，和屈原确实有一拼。

　　不过，子路和屈原有一点不同。屈原出身贵族，而子路家境并不富有。这一点，历史记载得很清楚。元代郭居敬辑录古代 24 个孝子的故事，编成了一部《二十四孝》。书中记载，子路"家贫，常食藜藿之食，为亲负米百里之外。"小时候家境不好，常以野菜为食。但为了侍养双亲，常到百里之外的集镇，为亲买米。夕阳的村口，子路的父母常扶着拐杖朝远方张望。风尘仆仆的子路，往往来不及卸下米袋，赶紧搀着父母回屋。子路的这个典故，被称为"百里负米"。

在内孝敬父母的人，在外一般都比较尊敬师长。在孔子弟子中，子路也一直以忠孝而闻名。不过，由孝到忠，子路还有一段转变过程。在子路求学的初期，子路就对孔子充满了敌意。

《史记》记载，子路拜师的过程是这样的。子路曾经"陵暴孔子。孔子设礼稍诱子路。子路后儒服委质，因门人请为弟子"。这个故事可以这样翻译。子路以为孔子很文弱，就闯进孔子学堂，拔出宝剑，想单挑孔子。而孔子气定神闲，谈笑自若，处处显示出一个一流武士的风貌。子路拜服于孔子的气质。第二天，便拎着一束腊肉，穿着儒服，通过孔子的弟子，拜孔子为师。

子夏说，"君子有三变：望之俨然，即之也温，听其言也厉。"远远望着，庄严可畏；向他靠拢，温和可亲；听他的话，严厉不苟。子夏说的君子，身上有一种不怒自威的正气在，使粗鲁和野蛮相形见绌，不敢妄动。子路拜师，应该说，拜服的正是孔子的君子之气。

不过，子路来到孔子身边后，生猛的个性并没有泯灭。子路性格粗鄙，有点像张飞和李逵。他有什么话，绝不会藏着掖着。阅读儒家经典，你会发现，如果孔子弟子在一起谈话，第一个发言的，往往就是子路。最后一个发言的，往往是颜回。子路挑起话题，颜回总结收场。一个动，一个静。一个狂躁，一个沉稳，他们不同的性格特点，跃然纸上。

对孔子，子路也是有意见当面就会提出。《论语》中，敢于质疑孔子的，有宰我、子游、冉求，但最多的还是子路。孔子见南子，子路的不高兴立即写在脸上，孔子最后不得不对天发誓，向子路解释事情的缘由。孔子五十岁左右，在出仕问题上摇摆不定，想加入叛臣公山弗扰的队伍，子路第一个反对。子路让子羔担任费宰，孔子不同意，认为子羔太年少，尚未完成教育。子路直接批评孔子太迂腐。子路的这种质疑精神，在其他弟子身上，是少见的。

或许正是因为子路的这个特点，民间传说经常着力渲染他和孔子间的戏剧冲突。南北朝皇帝梁元帝萧绎的《金楼子》，记述了一则故事。孔子出门游山，让子路打水。子路在河边碰上一猛虎。天昏地暗的厮杀后，子路抓住虎尾，捉住老虎，把它抱在了怀中。打水回来，子路问孔子，"一个人怎样才能杀死老虎？"孔子说，"上士杀虎捉虎头，中士杀虎捉虎耳，下士杀虎捉虎尾。"子路出门去，越想越气，"先生既然知道老虎在水边，而让我去打水，是想让老虎吃我。"于是，他就找到一块大石头，怀揣着进来又问孔子，"上士杀人用什么？"孔子说，"用笔尖。"又问，"中士杀人用什么？"孔子说，"用语言。"又问，"下士杀人用什么？"孔子说，

子路百里负米

　　子路小时候家境不好，常以野菜为食。但为了侍养双亲，常到百里之外的集镇，为亲买米。夕阳的村口，子路的父母常拄着拐杖朝远方张望。风尘仆仆的子路，来不及卸下米袋，赶紧搀着父母回屋。子路的这个典故，被称为"百里负米"。

"用石头。"子路扔下石头拜倒在地，从此对孔子再无二心。

这种传说，真实性不重要，重要的是它反映出孔子教育的特点。你怀疑我没关系，我用我的智慧，用我的魅力，来感化你。即便是你想"杀"我，我也有办法让你折服。这就是孔子之所以为孔子的地方。在兵荒马乱的春秋时代，孔子能够积聚起那么多弟子，始终跟随在自己左右，不离不弃。应该说，孔子能做到这一点，绝非偶然。

孔子明白子路性子直，天性却十分淳朴。所以，在相处中，孔子不仅没有防范子路，反而给了子路最大的信任。孔子曾经当着所有人的面说，自己如果有一天离群索居，泛舟于海上，那么要带的唯一一人就是子路。孔子有很多学生，他们的日常管理工作，甚至部分技艺的传授，据可靠的推测，孔子都托付给了子路。甚至孔子师徒周游列国，最重要的安保工作就是子路负责。

在孔子弟子中，颜回是孔子的精神支撑，子贡是孔子的财力后盾，子路则是孔子行动上的坚决拥趸。子路的执行力超强。《论语》记载，"子路有闻，未之能行，唯恐有闻。"他听到一个事情，没有做的时候，只怕再听到新的交办的事情。另外，子路"无宿诺"。说到做到，从来不在兑现诺言上有所拖延，哪怕是搁了一夜没替人办，都很难睡得着觉。

子路的这个优点，孔子十分欣赏，并向当权的人极力推荐。鲁国执政大夫曾经问孔子，"子路可以从政吗？"孔子说，"子路果敢坚决，让他从政有何困难？"子路最后成为季孙的家宰。在鲁国政坛，季孙的家宰十分重要，甚至可以对政治决策发生影响。孔子担任鲁国大司寇时，具体执行堕三都重任的就是任季孙家宰的子路。在这场运动中，子路几乎一举改变了鲁国的政治格局。

一个人的优点，有时候也是一个人的缺点。子路果敢坚决的同时，有时又会显得冲动毛躁。孔子在这一点上设法矫正子路。子路曾问孔子，听说一件事之后，马上就去做吗？孔子回答，有父亲兄长在，为什么不同他们商量呢？做事不妨慢下来，三思而后行。

在抽象指导的同时，孔子也没有放过任何机会，在细节上教育子路。孔子的弟子，基本上都有擅长的乐器。子路喜欢鼓瑟。子路有一天来了兴致，就在孔子的卧室外，弹起瑟来。听一个人的音乐，能听出一个人的心声。孔子在音乐中，隐隐听出了北方边塞的杀伐之声。《论语》记载，孔子就对门人说，仲由的瑟声，为何在我孔丘的门前响起？门人听了孔子的评价，不再敬重子路。孔子急忙替子路打圆场说，仲由的瑟声，已经登堂，只是还未入室。

在孔子的栽培下，子路取得了很大的成功。孔子晚年曾到子路担任邑宰的蒲去考察。刚进入蒲的境地，孔子就说，子路真了不起，用恭敬来取得信任。进入城里，又说，子路了不起啊，忠信而宽大。进入官衙，又说，子路了不起啊，断案明察秋毫。子贡就问，夫子没有见到子路理政，却三次夸奖他了不起，这是为何呢？孔子说，我看见他的善政了。进入蒲地境内，田地都平整过了，杂草都清除了，沟渠都挖深了。这说明他以恭敬取得了百姓的信任，所以百姓种田很努力。进入城里，看到墙壁房屋都很坚固，树木生长茂盛，这说明他忠信而宽大，老百姓不会磨工偷懒。进入官衙的厅堂，厅堂清静闲适，下面办事的人都听从他的命令，这说明他判案很正义，所以政事有条不紊（《孔子家语·辩政》）。

《左传》的一段记载，更能证明子路的成功。鲁哀公十四年，也即颜回去世那一年，小邾国的大夫邾射逃到了鲁国。邾射带来了句绎城的人口账册，打算将小邾国的这座重要城池献给鲁国。但邾射怕鲁国人收了城池后，就出卖了自己。于是，邾射对鲁国执政季康子说，"如果让子路做担保人，我就不再要求和鲁国盟誓。"

邾射的话传到子路那里，子路却拒绝了。季康子就让冉求问子路，邾射不相信大国之间的盟誓，而相信您的担保，这是一个多大的荣誉。您为何不从呢？子路说，邾射背叛祖国，我却为他作担保，这是表彰错误，鼓励祸乱。子路的原则性赢得了所有人的尊重。

有一种流俗说法，好学生不是教出来的。好学生有天赋因素存在，教师只能起到点拨引导作用。学生的成功与否似乎是命中注定。

子路的经历，则说明这种说法是多么偏颇。子路不是典型意义上的好学生，他身上总有一种泯灭不掉的匪气。但孔子没有放弃作为教师的责任。他因材施教，反而让"坏孩子们"几乎成为最优秀的弟子。就像《尸子·劝学》所说："子路，卞之野人；子贡，卫之贾人；颜涿聚，盗也；颛孙师，驵（zǎng，买卖马匹的人）也。孔子教之，皆为显士。"

在一个朝气蓬勃的时代，不管你的出身如何，你的性别如何，你的信仰如何，每个人都有成功的机会。只要你肯努力，你肯上进，社会总会伸出宽容的手，在你需要的时候，拉你一把。在这样的时代，教育是宽缓的，充满了人性的温暖。它不仅承担着培养尖子生的任务，更承担着让人成为人，让不太好的人，成为好人的义务。就像孔子对待子路那样。

而在一个没落的时代，机会却没有那么多。没有投好胎，不行。没有好智力，不行。没有好运气，也不行。所以，每个人都不敢怠慢。就像上公交车，必须抢上去，占好位置。如果没赶上这趟，下趟车不知道何时才能到来。

因此，在这个时代，教育基本上服务于考试，教你如何比别人更快地登上车、抢到座儿。教育关心的是如何让强人变得更强。家庭条件、身体条件、智力条件都差的"三不好"学生，尽管在人数上处于大多数，却不是社会关注的焦点。幸亏子路没有生在这样的时代，否则，他的成功，不可想象。

孔林有两座石虎。与别处石虎不同的是，他们微昂着头，面带微笑。当地人说，这是因为它们被孔子的教育感动。在孔子面前，石头有情义，野兽也温柔。

让野兽学会微笑，不知道马戏团是否可以做到这一点。不过，我相信，至少现在的学校是无能为力的。

生存还是死亡：子羔

俗话说，孔子弟子三千，贤者七十二人。其实，这个说法并不准确。孔子弟子当中，有事迹流传下来的，不过二三十人而已。这二三十人当中，年龄跨度相当大。最大的秦商，只比孔子小六岁。而最小的公孙龙则小孔子五十多岁。

孔子对这些弟子，有一个大致的分类。《论语》记载，孔子感叹："先进于礼乐，野人也；后进于礼乐，君子也。"先学习礼乐的是未经雕琢的质朴之人，后来学习礼乐的是些文质彬彬的后起之秀。学者认为，"先进"指前期学生，"后进"指后收之徒。比如子路属前期，高柴便属于后期弟子之一。

高柴，字子羔，比孔子小三十岁。据《孔子家语·七十二弟子解》记载，子羔家族属齐国大族高氏的分支。很小的时候，子羔就来到鲁国，向孔子学习礼乐。据说，子羔个子很矮，身高不满六尺（以今天的单位折算，一米五左右），状貌甚恶。个子不高、长得又谦虚，子羔显然不符合高富帅的理想男人标准。

子羔在《论语》中只出现过两次，且都和子路有关。子羔的第

242

一次亮相，是因为鲁国政治麻烦的策源地"费"出现了问题。公山弗扰在费的叛乱，使费的主人，也就是鲁国执政季孙十分心烦。季孙（季桓子）决定为战乱后的费，寻找一位具有良好品德的当家人。季桓子起初准备聘请闵子骞出任费宰，却遭到了拒绝。在季孙家中担任家宰的子路，此时举荐了刚满二十岁的子羔。《论语》的记载是，"子路使子羔为费宰"（《论语·先进》）。

其貌不扬的子羔能够得到子路的推荐，成为费的候任市长，和自己的良好德行分不开。和闵子骞一样，子羔也是一位孝子。据《孔子家语·弟子行》的描述，子羔自从拜孔子为师后，进门出门从没违反过礼节。传说，他从不杀蛰伏刚醒的虫子，不折攀正在生长的草木，连走路都不会踩踏别人的影子。为亲人守丧的三年期间，从来没有笑过。显然，他是一个十分仁爱的人。

然而，子路举荐这样一个好人出仕，却遭到了孔子的反对。孔子说，子羔现在正是读书的年龄，等到学有所成再出仕也不迟。现在让他出仕，你这是害了人家孩子。子路辩解道："那里有一方百姓，有土地庄稼，大有施展的空间，难道只有读书才算学习？"孔子听了，腾就火了，指着子路说："我就讨厌你这种强词夺理的人。"（《论语·先进》）

先从政后学习，子路说的没错。这也是当时的普遍现象。在坚持世卿世禄的鲁国，一个人从政的依据，并不是他的学识品德，而是他的贵族出身。对于贵族来说，仕而优则学，是主要的。做官有闲暇，才需要去学习。只有贫穷的人，才需要学而优则仕。学习学到一定水平了，再带着满肚子学问去做官。

243

费地选宰事件后没几年，孔子结束了鲁国的政治生涯，开始了列国之旅。子羔和子路追随老师来到了卫国。卫国地处中原，民风淳朴。在这个被孔子称为"多君子"的国度，善良的子羔和率真的子路，很快谋得了官职。他们的任职时间都很长，孔子回鲁后，他们都还一直是卫国的公务员。子路担任卫国执政大夫孔悝的家邑宰，而子羔则成了当地主管刑狱的士师。

然而，卫国的出仕并没有为子路和子羔带来幸运。卫灵公去世后不久。鲁哀公十五年，卫国发生了动乱。海外流亡多年的卫国太子蒯聩，趁着夜色潜回到了首都。他劫持了子路的主人孔悝，强迫孔悝利用执政大臣的地位，帮助自己从亲生儿子手中夺回失去的王位。

孔悝家臣迅速将事态报告了正在家邑办公的子路，子路连夜赶回，迎面碰到了正往外逃难的子羔。子羔说，"城门已关，赶快跑吧，去也是送死。"子路不听。子路到了城门，遇到了公孙敢，公孙敢也劝子路，回去吧，勿做无谓牺牲。子路说：这是你公孙的做法，吃人俸禄，却逃避危难；我不是这样的人，拿人俸禄，必定要救人于患难。

公孙敢逃走后，子路利用守门人的疏忽，溜进了城。子路来到孔悝府，站在外面大骂太子蒯聩混蛋，竟然和儿子争帝位。太子见到子路在骂阵，就很害怕。他派贴身武士石乞、盂黡，出门迎战子路。两个人血气方刚，六十多岁的子路哪里是他们对手。一个不注意，子路的冠缨就被戈击断了。子路说："等等，君子死，冠不免。

子路赴难 子羔逃离

　　生存还是死亡，这是一个值得考虑的问题：是默默忍受命运的暴虐的毒箭，还是挺身反抗人世的无涯的苦难，通过斗争把它们扫清，这两种行为，哪一种更高贵？

　　　　　　　　　　　　　　——莎士比亚：《哈姆雷特》

245

死前，请允许我把冠上的缨扎好。"于是，他从容地摘下帽子，小心地把红缨系好。然后，倒地不起。太子手下一拥而上，将子路砍成了肉酱。

在孔子的诸多弟子中，子路的个性是最鲜活的。他果敢，真诚，做人仗义，极其讲究信用。如果有人要拍孔门的电影或电视剧，子路和子路的死，一定不会被省略。他活得是那么光明磊落，死又死得那么惨烈，那么有尊严。任何一个人了解了子路，了解了子路的死，一定会对这样一个不屈的战士肃然起敬。

和子路相比，子羔则渺小得多。大难来临，他逃走了。西汉刘向的《说苑》记载，子羔逃到城门时，城门已关闭。子羔一看，守门人是一残疾人，没有了双脚。他又细看了一番，心猛地一沉。这个人自己认识。几年前，这个人因为犯罪，子羔亲自判了他刖刑。子羔叹道，看来，我今天大限已至，这是报应啊。谁让我碰到他呢？守门人也认出了子羔。没料到，他没有报复子羔，甚至连为难都没有。他告诉子羔，城墙的某段有一缺口，你从那里可以翻过去。子羔说，君子不翻墙而走。守门人又说，城墙下有一个狗洞，你也可以从那里爬出去。子羔说，君子不走暗道。守门人最后将子羔藏在了一处密室。追兵赶到，没有发现子羔的踪影。子羔逃过一劫。

追兵走远后，子羔很困惑。他问守门人，你为何不趁机报仇，而要放走我？守门人说，您当初判我刑罚，事出不得已。您翻遍法令，想要赦免我，这个我是知道的。后来行刑时，您又满面愁容，于心不忍，我也是知道的。您不徇私舞弊，又充满仁爱之心，所以，我今天不忍心把你交给敌兵。

子路悲壮赴死，子羔传奇求生。明显可以看出，面对生死的重大抉择，子羔和子路，这对有着莫逆之交的师兄弟，做出了截然相反的决定。子路忠心事主，明知送死，也不回避。子羔正好相反。他先将自己从祸乱中解救出来，在乱世中保全了一条性命。

"是生存还是死亡"，这是哈姆雷特的经典之问。对这个问题，孔子没有回答。见到子羔逃难回来后，孔子说，"柴也来，由也死乎？"子羔活着回来了，子路恐怕已经死了吧？说着话，两行热泪，滚落下来。等到子羔讲述完了经过，孔子大呼，"上天为何要诅咒我？为何要诅咒我啊？"孔子命令家人，赶快倒掉所有肉酱。孔子说，以后你们谁都不可以再吃肉酱。看到肉酱，我就会想到惨死的子路。子路的死，深深地震动了孔子，也逼着人们，重新思考死亡的意义。

有一种哲学说，人生中唯一严肃的哲学命题，就是死亡。某种意义上讲，人生下来就被判了死刑，不过是何时执行而已。如何对待自己的生命？如何对待自己的死亡？只有明白了死的意义，才能真正明白生的价值。而子路和子羔的不同选择，给我们提供了不可多得的参照系。

我想，子路的死，显然是理想主义的。为了心中的道义，为了做人的信用，子路甘愿用死来捍卫"食人禄不避其难"的道德原则。尽管他的死，对于时局的发展，毫无意义。但他对道义的坚守，让人心生敬佩。

而子羔的求生，显然是现实主义的。既然上帝只给了我们一次
生的机会，我们就要慢慢玩。孔悝之难，是贵族之间的权斗。一个
人没必要交出宝贵的生命，来为权贵的你争我夺殉葬。

子路和子羔让我们想起了西方两位先哲的不同。因为被控腐化
青年，苏格拉底被法院判以死刑。弟子秘密策划帮苏格拉底越狱。
希腊官方知悉后，也有意纵容这个计划，免苏格拉底一死。不料，
苏格拉底拒绝了。苏格拉底说，判决作出后，就要遵守，这是法律
的权威，也是希腊民主制度的基石，动摇不得。苏格拉底最后坦然
接受了本可回避的死亡。

而亚里士多德被控犯罪后，做法截然不同。他接受了弟子们逃
跑的建议。他认为，没必要为一部恶法埋单。不正当的法律本身就
是无效的。亚里士多德坚决地选择了继续活下去。

这和子路和子羔的情形，多么相似。一个问题，两种答案。每
一个答案背后，都有无限强大的逻辑作支撑。死有死的意义，生有
生的理由。

或许，这就是生活本身的复杂。人生只有两端，上帝既设计了
生，也设计了死。生与死，我们哪一样，都无法参透。一支棱镜，
阳光照过来，分散出无数条光线。我们实在无能力分辨，哪一条是
上帝想要传递给你我的光芒？

生耶，死耶？是耶，非耶？面对考验，个人只能扪心自问，慢
慢回想。历史已过两千五百年，至今也没有一个清晰的论断。

人不知而不愠：宰予

　　我是一个懒惰的人。每当读罗马皇帝奥勒留的《沉思录》，我就汗颜。他说，"在天亮的时候，如果你懒得起床，要随时做如是想：'我要起来，去做一个人的工作。'"

　　而想到《论语》里的一个人，内疚似乎又可以舒缓一些。我发现，即便孔子的学生，也并非所有的人都那么勤奋。有一个不仅没有做到奥勒留要求的早起，甚至还在白天睡起了大觉。

　　这个人是宰予，"宰予昼寝"明白地记载在《论语》之上。故事如下：宰予不知道什么原因，白天睡大觉。孔子发现，气愤地骂道，"腐烂的木头没法雕刻，粪土的墙壁没法粉刷。宰我啊，宰我，让我怎么说你呢？"

　　骂完宰予，孔子似乎还不解气。接下来，孔子又讲了一番做人新发现："开始我对人的态度是，听他的语言，相信他的行为；如今我对人的态度是，听他的语言，观察他的行为。是宰予改变了我的看法。"

　　孔子常说，"躬自厚而薄责于人，则远怨。"公伯寮背叛，孔子也不过淡淡地说，"这是我的命。"孔子骂宰予，显然不是开玩笑。

宰予昼寝

　　孔子常说，"躬自厚而薄责于人，则远怨"。公伯寮背叛，孔子也不过淡淡地说，"这是我的命。"孔子骂宰予，显然不是开玩笑。昼寝一事，至多说明宰予学习不够勤奋，孔子为何发这么大的脾气？

昼寝一事，至多说明宰予学习不够勤奋，孔子为何发这么大的脾气？

对此事的背景，《论语》只有四个字，"宰予昼寝"。为何昼寝？昼寝真的就只是"白天睡大觉"？后人便费尽思量进行解释。有人说，昼寝不是睡觉，"寝"只是"打盹"的意思。也有人说，孔子骂宰予"朽木不可雕"，宰予当时在孔子学堂内胡乱刷墙涂鸦。更有人说，宰予是大白天在屋内造人，被孔子发现。

第一种说法，越解释越不通，白天打盹都被骂得如此狗血，那孔门对于学员来说真的就是炼狱了。粉墙之说，也不靠谱。宰予替孔子搞装修，恐怕只有现在当怕了房奴的人才能想得出来。至于室内造人，更是喜感十足。果真如此，偷笑的估计应该是孔子，而出离愤怒的则应该是宰予了。

真理有时越辩越糊涂。我们暂时放下争议，先看一看宰予究竟是一个什么样的人。

宰予，也名宰我。我们可以确定，他极聪明。当时人们没有工具测算智商指数，所谓聪明简略地分三等：生而知之、学而知之和困而不学。生而知之者最聪明，是圣人。学而知之者是贤人，常人则是困而不学。而宰我，则处在第一个和第二层次之间。孟子说，"宰我、子贡、有若，智足以知圣人。"就是说，他们三人的智商，接近孔子。而三人中，孟老夫子又以宰我排名靠前，超过一向被人视为聪颖过人的子贡。

其次，宰予口才过人。这一点孔子在一份成绩单中已经明确指出。孔门有四科，四科中孔子赞许了十人，也就是所谓的"孔门十哲"。《论语》的记载是，"德行：颜渊、闵子骞、冉伯牛、仲弓；言语：宰我、子贡；政事：冉有、季路；文学：子游、子夏。"其中的语言主要指外交。外交这一行，绝不像现在有些国家发言人所表现的，说空话、讲套话，对内欺骗，对外软弱。外交在古代讲究的是出使国外不辱君命，没有机敏的头脑是办不到的。而宰予和子贡公同列语言科，宰予居首。

宰予能跻身言语之首，在孔门，绝对也是一个有身份证的人。但是《论语》记载却有很多不可思议之处。和子贡相比，宰予只出现过寥寥几次，频率不仅远低于子贡，甚至比不上一心想着回家种地的樊迟。仅就几次记载而言，宰予也是负面形象居多。"宰予昼寝"之外，宰予还问了几个很傻、很天真的问题。

其中最著名的，是宰予质疑孔子的三年之丧。宰予认为，为父母守丧三年，不合适。三年不工作，社会如何运转？一年就够了。孔子问，你忍心这么做吗？宰予答，怎么不忍心？孔子说，那你就这么做吧。宰予走出学堂之后，孔子说，宰予真不仁义。人三岁才能脱离父母怀抱，三年之丧是天下的通则。宰予难道没有得到父母的三年爱护？宰予又领了一顿骂。

其实，宰予的疑问很有道理。事实证明，三年丧制，当时没几个国家坚持。《孟子》说得很明白。战国时，滕国国君就想推行这项礼法。结果，"父兄百官皆不欲"。大臣抗议道，鲁国号称礼仪之邦，从未实行过三年之丧，滕国以前也没实行过。为什么现在发神经，要搞这项制度呢？理由和宰予一样。可见，宰予很务实，也敢于坚持真理。

《论语》还摘录了一段宰予质疑孔子的言论。这次，宰予开炮攻击孔子的"仁"的迂腐。宰予问："有仁爱之心的人，如果告诉他井里掉下去一个人，他会不会下去救呢？"这个问题，不好回答。如果下去救，证明这人确实"仁爱"，但会显得太傻。不下去救，则"仁爱"就是虚伪的。孔子回答说，为什么要这样问呢？可以让这个人到井边去看看，却不可以陷害这个好人下井；君子可以被欺骗，不可以被愚弄。孔子回避了问题，又借机把宰予贬了一顿。

孔子并不是一个专制的教师，在孔子的教学中，并不存在今天中国教育中通常所谓的标准答案，孔子也从不企图让学生们默认一个前提：老师不可能犯错。他为何要屡屡压制富有怀疑精神的宰我呢？我推想，这或许和孔子的理念有关。孝和仁是孔子终生倡导的理念。而宰我却企图用去除"三年之丧"消解孝，用"井有人"消解仁。这些曲解，不管是有意还是无意，都让孔子认识到了问题的严重。如果长时间下去，宰予凭着出色的语言能力和在弟子中的地位，很可能将孔子集团带入歧途。因此，孔子一定要借本无足轻重的"昼寝"当头棒喝宰我。"宰予昼寝"这件事，可以看作对宰予长久以来不满的集中爆发。这种爆发在旁人听来似乎与勤奋有关，只有在宰予听来才别有一番滋味。

不过，宰予挨骂，至少说明孔子关注宰予。宰予能成为孔门十哲，说明宰予并不是孔门异端。既然如此，那么接下来的问题就

253

是，为什么单单是这些挨骂的场面，被《论语》编辑们牢牢地记了下来。宰予的优秀之处呢，外交方面的妙言嘉论呢，何以不见于记载？单凭这些挨骂形象，我们无法理解宰予何以同颜回等人比肩而立，同为十哲，且列于子贡之前。

《论语》没有给出答案。《孔子家语》和《史记》试图解答这个难题。这两本书都记载，宰予做官后，因参与齐国田常的叛乱，被夷了三族，孔子终生深以为耻。所以，对于宰予，《论语》编者刻意进行了负面处理。也有学者考证，孔子死后，宰予成了齐国著名政治人物，但和齐国的权臣田常不和。当时编纂《论语》时，鲁弱齐强，慑于齐国政治压力，齐鲁诸儒不敢载宰我之美词。

不管哪种情形是真的，宰予似乎都因为政治而被故意埋没了。所以，宰予这位语言科的优等生，只遗憾地留下了些许不尽如人意的记载。在《论语》中，尤其是和孔子的相处中，除了挨骂，还是挨骂。

宰我的经历使我们明白，一切发生过的，便永远成为过去。历史学家所记的，最多是雪泥鸿爪，有限而模糊。真相面前，历史的亲历者，都不一定能做到叙述的客观。后来的群众哪里有机会保持眼睛的雪亮呢？

哲学家说，任何事实，都是一种解释。我们总要借助别人的解释，来知道自己被风尘刻画出来的样子。这种解释，或许是准确的，或许是不准确的。绝大多数时候，不准确的可能性更大。这就

254

是世界的法则。

　　孔子说，"人不知而不愠，不亦君子乎？"为了消弭旁人的误解所可能造成的痛苦，我们要返回内心，力求心安。要活给自己看，不要活给别人看。过了内心这一关，世界便从此天朗气清，无处能够对我有碍。如何成为一个"人不知而不愠"的君子，考验着每个人的生活智慧。

　　宰予的例子，同样也告诉我们，如此优秀的宰予，在《论语》中，尚且如此让人看不清。我们为何要整天埋怨自己不被人赏识呢？

　　爱提问的宰予，带着一些委屈，又带着一点可爱，懒懒地沉睡在《论语》之中。宰予爱辩，却没为自己辩解，也未因此愁肠百结。永远对生活怀抱乐观态度，想学习，就学习，想睡觉，就睡觉。

　　似乎，宰予的遭遇，本身就满含了对我们生活的无限暗示。

最富有最是非：子贡

公元前 91 年，一位失意的文人制作了一份历代富人排行榜。上榜之人，既富且贵，甲于天下。其中一位，家富累钱千金，出国访问，所到之国皆以外国元首的规格接待。鸣炮二十一响，主干道戒严，交通管制，自然不在话下。

这份榜单就是司马迁所拟的《史记·货殖列传》，这位牛人就是孔子的弟子子贡。

子贡，复姓端木，名赐，字子贡。现在，过年贴对联，商家有写"财源广进"的，有写"生意兴隆"的。也有不少店铺爱在门脸上贴上"端木遗风"。"端木遗风"，指的就是子贡传下来的儒商传统。

孔子被圣化后，子贡也跟着有了不少传说。相传，子贡之母蓬氏天性贤良，怀胎十月，目不斜视，口无恶言。一日，蓬氏梦神赐以宝玉。不久，子贡诞生。所以，蓬氏按照梦中指引，为儿子取名为"赐"。

孔子很多弟子，家境都很穷，比如子路、颜回、闵子骞，子贡也不例外。但与颜囿不同，子贡小时候并不是一个典型的好孩子。在子贡故里，现在还流传着这样一个故事。子贡小时染上了偷窃的恶习。他翻墙进入当地富人家，屡屡得手。官府很恼火，撂下狠话，以后若遇盗贼，可当场砍头。子贡很害怕，起初有些收敛。但偷窃这种事，就像烟瘾，只要染上，就不好戒掉。

子贡很聪明。砍头令发布后，他改变了作案方式。他制作了一个木人头。在爬上地主家的墙头前，先将木人头伸进去试探。但还是遭到了不测。一次，他刚把木人头伸进去，就挨了一刀，木人头顿时滚落在地。子贡吓出一身冷汗，从此决定不再胡混。这个典故叫做刀砍木人头。

很多小时特别顽劣的孩子，长大后反倒十分出息。子贡就是这种人。子贡幡然悔悟后，决定拜正在卫国访问的孔子为师，研究历代政治得失。子贡比孔子小三十一岁，比颜回小一岁。在孔子学堂中，颜回整天沉默，连孔子都很少能猜透其心思。子贡不同。子贡爱说话，也会说话，尤其喜欢点评人物。《孔子家语》记载，子贡还专门评价了孔子的七十二门徒（《弟子行》）。孔子不喜欢多言之人，曾明确抨击子贡，天天对别人评头论足，端木赐就好吗，我就没这个工夫。

子贡是孔子亲认的孔门十哲，位列语言科。子贡的为人，孔子总体上还是认可的。孔子曾和子贡谈论贫富。子贡说，贫穷不巴结人，富有不欺负人，这样做人到位吗？孔子说，到位，但不如虽穷但过得快乐，富有但爱好学习。子贡说，这就是《诗经》中的

"如切如磋、如琢如磨"① 吗？孔子惊呼，端木赐真聪明啊，举一反三。我以后读《诗》，就找你来陪了。孔子一生最爱读的书就是《诗经》。而在《论语》中，孔子明确肯定读《诗》读得好的，只有两个，一个是子夏，一个是子贡，没有提颜回。

子贡的口才和能力，在关键时刻，帮了孔子大忙。孔子周游列国，遇到蛮民的围困，很多时候都就靠两样：子贡的说和子路的打。子路是警察，子贡是谈判专家。如果没有他俩，一百个孔子在取经路上，恐怕都被人放血吃肉了。

子贡凭三寸之舌，甚至救过鲁国。《史记》记载孔子弟子，篇幅上子贡最多，是颜回、冉耕、冉雍、冉求、子路、宰我的篇幅之和。司马迁详细记载了子贡纵横捭阖的外交家风采。齐国要讨伐鲁国，子贡代表鲁国出使，在齐、吴、越、晋各国走了一圈。最后，不仅化解了鲁国危机，还引起了国际格局的变化。太史公评价，"子贡一出，存鲁、乱齐、破吴、强晋而霸越。子贡一使，使势相破，十年之中，五国各有变。"这真给搞外交的人长脸。开句玩笑的话，大难临头，相比之下，鲁国外交部则太饭桶了。鲁外交部除了抗议就是愤慨，别无他法。鲁国人估计都很纳闷，这样的政府怎么还好意思拿纳税人的钱。子贡，一个在岗不在编的派遣制公务员，干的活儿胜过他们一个衙门。

---

① 切、磋、琢、磨，都是玉石的加工方法。切了要磋，琢了要磨，做东西要精益求精。

　　春秋时期，官二代没有控制国家的经济命脉，市场是自由的。子贡的外交才能，最终促进了他在经商上的成功。他根据市场变化，准确预测，买贱卖贵，身价很快突破了千金。这是一个让人嫉妒得抓狂的财富数字。但子贡非常大度，把钱拿出来，设立了孔子周游基金会。孔子一行周游列国，车马、随行、一切用度，没有子贡的支持是难以想象的。

　　子贡的富有，孔子颇有感慨。一日，孔老师对门人说，大家看颜回学习不错吧，国际大奖都拿好几个了，可还是穷得叮当响。而子贡边学习、边兼职，竟能如此成功，找谁说理呢？因为富有，因为成功，受到夫子的夸奖，子贡同学听了心里一定甚美。

　　但孔子死后，子贡却因富有遭到了非议。这是一场出访惹的祸。《韩诗外传》记载，一天，子贡带着车队，浩浩荡荡，直奔同学原宪家而去。原宪蜗居在廉租房内，蓬头垢面、破衣敝履，出门相迎。子贡说，宪兄，如今面黄肌瘦，如此凄惨，没有生病吧？不料，原宪回答说，我没病，不过是穷点。骑高头大马，为富不仁的，才有病吧。子贡脸红，饭没吃完，就走了。

　　孔子死后，众多弟子，像潜力股一样，慢慢地开始升值。贫穷的，人们赞美他气节不可夺。不得志的，人们赞美他不和权贵同流合污。唯一的例外是子贡。孔子生前那个典雅、聪明的子贡不见了。人们对子贡的非议和指责，如雪花一样飘来。这真让人想不到。

　　再举两个例子。庄周晚孔子一百多年。在《庄子·天地》中，

259

他写道，子贡旅途中，见一老者在井边用一个大水罐（瓮）打水，十分费力。子贡走上前去说，老人家，在今年鲁国世博会上，展出了一种新机械"槔"，不用费力，一天能浇地一百多畦呢？你何不试一试？老者瞪了一眼子贡说，都是一些假货吧。心里有假，怎能造出真东西来呢？我不是没听说过这玩意儿，而是鄙视做事上投机取巧。子贡好心落了一顿训，委屈可想而知。

还有一件事。鲁国有一条法律，鲁国人在外为奴者，谁若赎回，便可到国库报销赎金。子贡买回了一鲁国人，但放弃了补偿的权利。孔子知道后，责备子贡破坏了鲁国的一条好法律。孔子说，你放弃领钱，其他领钱的人就背上了道德压力。他们就会不再好意思去领取补偿。久而久之，财力一般、但有善心的人，便不会愿意破财赎人（《吕氏春秋·察微》）。这个故事中，孔圣人的远见自然让人钦佩，显然子贡又成了批评的对象。

孔子没有成为圣人之前，孔子和他的弟子，偶尔遭受非议可以理解。但儒家的《韩诗外传》、道家的《庄子》、杂家的《吕氏春秋》都把子贡作为反面教材，则是为什么呢？子贡为何会受到这种待遇？子贡得罪谁了呢？

三国时期的王肃写过一本《孔子家语》。王肃借孔子的口，猜测了一下子贡地位突然下降的原因。孔子说，"我死之后，子夏会一天比一天进步，而子贡会一天比一天退步。"曾子问，"夫子为何这么说？"孔子说，"子夏喜欢和贤能的人相处，子贡喜欢与不如自己的人相处。近朱则赤，近墨则黑啊。"

子贡拒领酬金

　　人间很多的攻击，起源于刻意的误解。为了给情绪找一个合适的出口，很多人莫名其妙地成了批判的靶子。至于批判的内容，是否真的就在子贡身上发生过，子贡是否会因此蒙受冤屈，谁又有时间替富人操这份闲心呢？

王肃的说法，不是没有道理。孔子死后，子夏去了西河，以教书为生。后来，儿子去世，哭瞎了眼睛，离群索居起来。子夏走的是教授路线，与书中的圣贤接触得比较多。而子贡在为孔子守丧六年后，依然发挥外交才华，从政经商，光彩照人。但无论是从政，还是经商，接触的人中，难保没有小人。甚至可以说，小人居主流。

但即便如此，子贡的形象就一定是负面的吗？孔子生前，子贡也从政也经商，但流传下来的为何就是好的形象呢？

我觉得，还是回到司马迁的榜单上。子贡太富有、太成功了，尽管子贡利用自己的影响，做了很多好事。甚至如果不是因为子贡富有，孔子未必能周游得下去，我们今天也未必能读得到《论语》。

但是，我们的文化，似乎总是对富人存有一种复杂的心态。孔子并不排斥富有。他曾经高喊，如果财富可以追求，当个执鞭的车夫，都是可以的。如果不合乎心中的理想，还是追求自己的爱好为好。

然而，孔子以后，大多数人缺乏这种胸怀和坦诚。尽管当官的、读书的，没有一个不在心底喜欢积聚财富。但他们在舆论上，都不约而同地选择了仇富。另外，由于社会体制的原因，权钱一体、不劳而获日益突出，更加深了人们对财富的酸葡萄心理。在大多数人看来，富有和不仁，一定是联系在一起的。只有贫穷才是一种美德。

262　　　为富肯定不仁，男人有钱一定会变坏。子贡小时候就曾很坏过。子贡变富了，当然应该经常编写故事讽刺提醒一下。这真是读旧书替古人落泪。我时常想，如果颜回后来不是穷死了，而是人死了钱却没花了，在儒家信徒的心中，是否还能一如既往地保持偶像地位？

人间很多的攻击，起源于刻意的误解。为了给情绪找一个合适的出口，很多人莫名其妙地成了批判的靶子。至于批判的内容，是否真的就在子贡身上发生过，子贡是否会因此蒙受冤屈，谁又有时间替富人操这份闲心呢？

历史一再地告诉我们，在乱哄哄的造神或者毁神运动中，正义从来没有成为过优先考虑的对象。

物质匮乏并不"可耻"：原宪

杜甫有些诗，一直让人感觉很温暖。比如，《客至》里写"花径不曾缘客扫，蓬门今始为君开"，就很喜悦。杜甫客居成都草堂，偶尔有朋友来，打开柴门，沿着开满鲜花的小径，迎接来客。《客至》可以说是古人好客的绝好写照，也是孔子"有朋自远方来，不亦乐乎"的现实注脚。

杜甫还写过一首《宾至》，也是客人来访。不过，这次却显现出了不耐烦。他说，"幽栖地僻经过少，老病人扶再拜难。"意思是，草堂远在郊区，地偏人稀，迎接贵客，一个老叟需要人搀扶开门，不能迎拜了。接下来，又说，"岂有文章惊海内，漫劳车马驻江干。"原来一个大人物慕名而来，警车开道，交通管制，谱摆得太大，吓到了诗人。

孔子弟子原宪，也体验过杜甫一样的尴尬。

原宪，字子思，比孔子小三十六岁。在《论语》里，原宪给人的总体印象是不贪财，有点文艺青年的小清高。在孔子担任鲁国大司寇时，原宪担任孔子家宰。家宰，主管大夫家的所有日常事务。

孔子给原宪开出一年九百斗小米的工资。这些粮食，足够一个人吃上好多年。原宪起初不肯接受。孔子说，"你自己吃不完，就周济给周围的穷人吧。"

除此之外，孔子生前，有关原宪的消息，我们知道得不多。孔子死后，诸多弟子的命运也发生了变化。司马迁说，"七十子之徒散游诸侯，大者为师傅卿相，小者友教士大夫，或隐而不见。"他们在各国诸侯之间寻觅机会。"大者"就是显达的人，如子贡，走上了仕途，出将入相，风光无限。而"小者"就是不甚显达的，也当了卿大夫家的上宾。还有一部分，成了隐士。原宪就属于这个群体。按照司马迁的记述，他走向了"草泽"，从此过着清风朗月的清闲生活。

一条是上庙堂，一条是走流沙。这是孔子死后弟子所选择的两条道路。这两种思路，在孔子本人那里，原来是统一的。孔子不排斥上庙堂，为了实现仁政的理想，只有上庙堂，才有机会，兼济天下。在国家黑暗透顶时，孔子也很愿意将自己隐藏起来，独善其身。孔子凭借自己对生活的强大阅读能力，自由地穿行在仕和隐之间，消弭了两种看似矛盾的人生选择。

但孔子死后，这两条道路的弟子，却并没有能够和平共处，他们之间发生了激烈的冲突。原宪会见客人时的尴尬，就是这种冲突的集中体现。这位客人不是旁人，正是原宪发迹了的同学子贡。

一般来说，同学一场散了之后，两类人很少会再见面。一类是混得太好的人，一类是自命清高的人。原因很简单，前者太忙，后者太傲。太忙的人没时间参加同学聚会，太傲的人没兴趣拉拢旧交。

　　子贡和原宪，却打破了这种人际交往的规律。他们俩见了面，还见得相当高调。《史记》记载，"子贡相卫，而结驷连骑，排藜藿入穷阎，过谢原宪。"子贡担任卫国宰相，坐着四匹马拉着的车子，随从如云，去探望原宪。子贡的排场，超过了杜甫《宾至》诗中的"车马驻江干"。

　　而隐居在"草泽"中的原宪，情况则恓惶得多。司马迁记载，原宪"摄敝衣冠见子贡"，穿着破衣，戴着破帽子，提着破鞋，来到子贡面前。和"大者"相逢，"隐者"的状况应该说是囧到了不行。

　　对原宪的窘境，西汉韩婴的《韩诗外传》描写得更传神。"环堵之室，茨以蒿莱，蓬户瓮牖，桷桑而无枢，上漏下湿，匡坐而弦歌"。低矮的草房，四周用蒿莱修饰，草屋的窗子用一口破缸堵着，门只有框，没有插栓。天下雨，屋内水流如注。这是典型的贫民窟。但原宪不以为然，依然弹琴唱歌，十分逍遥。

　　看到子贡的车队驾到，"原宪楮冠黎杖而应门，正冠则缨绝，振襟则肘见，纳履则踵决"。想整一整帽子，帽带断了，捋一捋衣服，胳膊肘露了出来。提一提鞋子，鞋后跟断了。这一段描写，很有画面感，将书生的落魄形容到了极致。

　　孔子弟子中，子贡最富有，也很善良。看到同学处于如此境地，子贡很伤心。《史记》的下文是，"子贡耻之，曰：'夫子岂病

子贡造访原宪

　　平心而论，子贡访原宪，本来是件面子上的事儿。对于访问者而言，高马大车，显示了自己的成功范儿；而对受访者来说，贵客盈门，也会觉得脸上有光。然而，对于原宪来说，面子上的事，由于对幸福的不同认知，一不小心却伤了里子。

乎？'"子贡为原宪的境地感到难堪。他说，宪弟，才几年不见，你有病吗？

最近，央视做了一个关于"幸福感"的调查。记者到火车站，问排队买票的，你幸福吗？问寒风中卖菜的，你幸福吗？这种方式受到了网友的极大吐槽。很多人认为，这样的提问，简单粗暴，无视对方的心理感受。媒体利用话语强权，直戳受访者内心，撕毁了人心灵深处最后一点沉默的尊严。

可以想象，子贡问原宪，"你有病吗？"其杀伤力，比提问"你幸福吗"更厉害千倍。原宪反应也很激烈。他回答道，我听说，无财的称为贫，学道而不能行的人被称为病。我原宪，只是贫，不是病。言外之意，原宪没病，有病的是子贡大人。

子贡在《论语》中，一直以娴于辞令而闻名。按理来说，子贡不应说出这样伤人自尊的话。《史记》记载的子贡访原宪，作为后世许多经典的子贡故事中的一段，很难逃脱人为编造的嫌疑。

当然，还有一种解释是，此时子贡确实没把原宪当外人。子贡比原宪大五岁。看到原宪的境地不好，直率的子贡有心拉一把师弟。这对于已经做到卫国宰相的子贡来说，不是什么难事。

不过，子贡这次选错了救济对象。原宪能够辞领孔子开出的九百斗米的报酬，这说明，原宪没有把钱财看得很重。原宪更不认为，物质的匮乏有什么"可耻"。即使住在"上漏下湿"的危房，原宪依然弦歌不绝。在简单的甚或是贫困的生活中，原宪活得依然很幸福。

这一点，原宪和颜回十分相似。孔子曾经如此评价颜回，他真是个贤人啊，每天蔬食淡饭，别人都忍受不了这种忧愁，但颜回依然不改快乐的天性。这个评语，对于原宪来说，也是合适的。他们都有一种特别的本领，从贫穷中寻找快乐，在平淡中体味纯真。

原宪和颜回，在性格上只有一点细微的差别。《论语》记载，颜回从来"不迁怒"，不会把对张的怒气发泄到李的身上。《史记·仲尼弟子列传》记载，孔子说，自从有了颜回，"门人益亲"。颜回人很好相处，他来到了孔门，师兄弟之间的感情明显增进了不少。而原宪则不然。子贡刚问完"你有病吗"，原宪立即反唇相讥。显然，原宪比颜回有棱角，也更敏感。

敏感的人，一般都有很强的羞耻心。在《论语》中，诸多弟子向孔子提问。只有原宪问到了什么是"耻"。孔子回答，国家有道，应该出来做官；国家无道，出来做官是可耻的。孔子认为，"耻"是一种精神状态，和当权者同流合污是耻辱。耻辱和贫穷无关。所以，子贡为原宪的境遇感到耻辱，这无疑伤到了原宪的自尊，让原宪感到愤怒。

平心而论，子贡访原宪，本来是件面子上的事儿。对于访问者而言，高马大车，显示了自己的成功范儿；而对受访者来说，贵客盈门，也会觉得脸上有光。然而，对于原宪来说，面子上的事，一不小心却伤了里子，这只是由于彼此对幸福的不同认知。

什么是幸福？世间从来没有一个答案。有人认为，幸福是物质的富足。有人认为，幸福是精神的丰盈。以自己的标准来衡量别人的幸福，是用千米衡量千克，到头来只能徒增烦恼，于人于己，都是一种伤害。所以，子贡后来也为自己的过失感到羞愧。《史记》记载，子贡郁闷地离开了原宪的住所，终身为说错话而感到羞愧。

子贡遭受挫败，让人明白一个道理：人生的路上，尊重别人的选择，是多么重要。彼此之间，不管关系有多么亲近，也要为对方留下一点的选择空间。朋友之间、父子之间、夫妇之间，越过了分寸，干涉到了别人的自由，很多时候亲密反倒成了痛苦。

而原宪的坚持让我不禁想起了孟子。孟子说，对于大人物，不要看他有多么煊赫的架势。车队、随从、交通管制、特权逆行，这些我得志的时候，不会干。他们沉迷的，我看不上；我欣赏的，他们学不来，我没有什么畏惧他们的（《孟子·尽心章句下》）。所谓的大人物有大人物的卑劣，所谓小人物有小人物的骄傲。这种对人生选择的自信，来源于对内心坚守的认可。

然而，两千五百年过去了，社会财富日渐丰盈，人的这份自信却越来越少。面对汹涌的财富、强大的权势，人们的选择越来越单一，越来越物质。欲望越来越肆无忌惮，灵魂越来越扭曲变形。原宪、孟子看不起的生活，越来越多的人趋之若鹜。"宁可坐在宝马车里哭，不愿坐在自行车后面笑"，是很多人的心里话。吃尽苦中苦，做到人上人，是很多人活着的动力源泉。

就像朱德庸说的，"我们碰上的，刚好是一个物质最丰硕而精神最贫瘠的时代，每个人长大之后，肩膀上都背负着庞大的未来，都在为一种不可预见的'幸福'拼斗着。"（《大家都有病》）这种不可预见的"幸福"，又往往具体量化为一座大房子、一辆大车子、一个大位子、一个大面子。

人生就是一场旅途，如何才是幸福？如何才是可耻？关于幸福，孔子没有明言。关于可耻，孔子却说，为了混口饭吃，而选择为混蛋的政权卖命，是可耻的。原宪说，学习了人间大道，一旦坐到了权力的椅子上，就放弃了道义的责任，是可耻的。

"耻"在繁体字里本来写作"恥"，意思是：入于耳，关乎心。文字简化之后，"耻"却成了"止于耳"，已经不见了"心"。什么是我们应该真正追求的幸福，什么是我们应该规避的"可耻"，至少从字面上看，真的有点说不清楚了。

乘肥马衣轻裘：公西华

公西华要出趟远门。目的地，齐国。

马车已经备好，公西华穿着妥当。临行前，公西华却又似乎心事重重。他踏上马车，又走了下来，一直走到送行的冉有面前，低声对冉有说，老兄，实不相瞒，家中有难言之隐相告。此番出行，路途遥远，不知何日才能归来，拜托替我照顾好老娘。

《论语》记载，冉有很快将公西华的困难，告诉了孔子。冉有向孔子请求，为公西华的母亲发放救济粮。冉有此时担任孔子家的总管，孔家上下的吃穿住用，孔子学堂的日常用度，皆由冉有负责。

孔子说，"与之釜。"一釜，大概相当于二百斤粮食。冉有请求多给一些，孔子说，"与之庾。"一庾十六斗，这些粮食可供一个人吃半年。冉有还是觉得不够，悄悄打开孔家的仓库，给了公西华"五秉"的小米。五秉，具体数量今天已经不详，但至少够一个人吃上几年。

公西华出使，为何要向孔子请求援助呢？按照我们的理解，出使为的是国事，既然家有困难，应向国家请求多发或早发俸禄才

272

是。朱熹说，这主要是因为，公西华的出使，办的不是公差，而是孔子的私事。

公西华，字子华，名赤，也叫公西赤。他很外向，喜欢与人打交道。《论语》记载，他曾和子路、曾皙、冉有侍坐在孔子身边。孔子说，你们谈一谈志向吧。公西华说，宗庙中的祭祀、诸侯间的会盟，披着玄端衣，戴着章甫帽，我愿成为一司仪。这个志向得到了孔子的认可。孔子曾评价公西华，有外国元首来访，公西华束着高高的腰带，立在高高的朝堂，可以负责接待。

善于交际，对礼仪有精确把握，公西华具备外交家的素质。披着玄端衣，戴着章甫帽，公西华绝对是仪表堂堂。既是帅哥，又有知识。孔子挑这样的人，到齐国走一趟。看得出，孔子选人，注重才貌双全。就像电视上的唱歌海选，形象和声音，都有加分。

公西华出使的时候，孔子正任鲁国大司寇。大司寇主管一国的刑狱，相当于现在的公检法司四长，外兼安全部部长。也正因为当时官居要职，孔子才有能力一次支付公西华那么多的工资。换作孔子出游列国时，路费都需要列国赞助，根本不可能支援他人出使。

孔子以私人身份派公西华出访，究竟要完成什么任务？公西华到齐国，要见何人呢？

孔子说，公西华这次出门，乘坐的是由肥马拉的车辆，穿的是又轻又暖的裘袍。"乘肥马"表明马车可以跑得很快。"衣轻裘"，表明时令应在冬季。冬天，天寒地冻，万物肃杀，本不是一个适合

孔二先生

司仪公西华

　　互通有无，搜集各国名流的信息，这就是春秋使者的职责，公西华也一样。使者搜集到的信息，也可以称为情报。很多时候，孔子需要依据情报，来做出人生抉择。

出门的季节。而在这种时候，赶着很快的马车出境，可见公西华所办之事是件急事。

春秋时期，急事的获知或者传播的速度却很慢。战国时，赵武灵王从匈奴那里学会了"胡服骑射"，中国人才学会了骑马。到了秦朝，才出现了邮驿——靠"骑马"来传信。而孔子时代，要想快速而准确地获知一件事，人们只能赶着车，亲自或者派人到现场打探。

《论语·宪问》记载了孔子与卫国大夫蘧伯玉信使的一段话。蘧伯玉派人探望孔子，孔子让他坐下，问道：蘧伯玉先生正在做何事？使者如实回答蘧先生正在忙于何事，然后使者再请教孔子的近期情况。使者回国后，又把孔子的情况，向主人汇报。互通有无，搜集各国名流的信息，这是春秋使者的职责，我想，也是公西华使齐的目的。

使者搜集到的信息，也可以称为情报。孔子屡次受益于这种情报。孔子在鲁国政治上失意后，到了卫国，寄居的地方就是蘧伯玉家。如果没有信使的往来，蘧伯玉不可能了解到了孔子的为人，孔子到卫国也就不可能迅速找到一位如此义气的朋友。

很多时候，孔子也需要依据情报来做出人生抉择。比如，孔子担任鲁国大司寇时，弟子公伯寮背叛孔子，在季孙面前诋毁孔子和子路，致使孔子政治改革功败垂成。而公伯寮背叛的内情，就是子服景伯率先向孔子透露的。子服景伯的情报让孔子深受震动。弟子的背叛，季孙的动摇，一切的细节，在子服景伯的描述下，显得那么清晰。这些细节的揭示，让孔子感到命运的无奈和政治的无情。最后，孔子遗憾但又果断地结束了鲁国的从政生涯。

孔子后半生几乎一直在漂泊，从一个国家到另一个国家。孟子说，孔子从来没有在一个国家停留超过三年。在变动不居中，孔子身上就像安装了一个雷达，总能够敏锐地感知到所在国家政治气候的变化。孔子根据这个变化，选择一个国家，离开一个国家。像跳棋一样，跳跃在春秋的棋盘上。

孔子如何能够成功做到这一点？我想，一个很重要的原因，就在于他的身边有子服景伯、公西华这样的情报工作者。他们或主动，或被动，负责为孔子搜集信息，让孔子在政治的陷阱中，永远不至于迷失。春秋是一个盛行杀戮的时代，孔子躲过了一次又一次的劫难，得以善终，并非偶然。

可见，孔子和学生之间，并不是单纯的教学关系。孔子的学生，在很多情况下，在孔子身边安身立命，服侍孔子。不管承认与否，孔子和他的弟子形成了一个实力强大的政治集团。孔子带着这个集团，游说于列国之间，也让各国的诸侯感受到了一股强大力量的存在。

孟子说，"以德行仁者王。"成为王的人，起初的封地不一定大。商汤开始才有七十里的封国，文王的封国只有方圆百里，最后他们却都成了天下的主人（《孟子·公孙丑上》）。孔子虽然没有一寸的封地，但如果孔子愿意效仿商汤、文王，开辟一个东周盛世，不是没有机会。因为孔子不仅具备了"以德行仁"的个人素质，而且拥有一个巨大的人才库。他们各有所长，忠心拥戴孔子。这些是当时诸侯都不具备的条件，也是诸侯不得不忌惮甚至防范孔子的地方。

　　明白这一点，也就能很好地理解为何孔子一生政治上不得志，这正和各国诸侯惧怕孔子有关。《史记》记载，在周游的最后一站——楚国，孔子几乎获得成功。孔子让子贡作为情报联络员，先行到了楚国。楚昭王听说孔子来投奔，准备拨给孔子七百里的封地。楚国令尹子西问昭王，"大王您派往各国去的使者有像子贡那种善于外交辞令的吗？"昭王说，"没有。"子西问，"您的宰相有像颜回那样德才俱全的吗？"昭王说，"没有。"子西问，"您的武将有像子路那样威武勇猛的吗？"昭王说，"没有。"子西说，"您主管具体事务的官员有像宰我那么能干的吗？"昭王说，"没有。"子西说，"楚国的祖先当初受封时，爵位为子爵，封地方圆五十里。现在，孔子被人称为圣人，您要是用了他，您的后代在楚国还会有立足之地吗？当初文王、商汤不都是凭借狭小的地盘最后统一了天下吗？今天您封给孔子七百里的地方，再有那么多能干的弟子追随，这绝不是楚国的好事。"昭王于是打消了给予孔子封地的念头。

　　别人不给，就自己去抢。历史上，利用阴谋，利用情报，取得统治的数不胜数。孔子显然又不是这样的人。他选择了渐变，选择了说服。他藏起本可使用的暴力，而在理念上掀起风暴。他往来奔走，在人的心灵上做工。用仁约束人的内在，用礼约束人的外在，让人和野兽区别开来。这是孔子另辟蹊径的地方，也是孔子之所以为孔子的地方。

在事业上孔子失败了，但中国人的心灵，却从此很难再跳出他划好的疆界。古代，孔子被称为素王。素王就是代王者立法，行王者之道，却无王者之位的人。历代产生了很多真正的王。在位时，言出法随，一言九鼎，但死后被迅速遗忘，泯然于岁月的风尘之中。唯有孔子，不断地被人记起，不断地被人品味。

我常想，如果孔子愿意称王，并实现了愿望。他略带失败的苦味，是否还能在人的心里长久留存？他宣扬的仁义礼智信，是否还能如此剧烈地撞击人的灵魂？我们的国家又将是什么一种局面？对孔子来说，这会是真正的成功吗？对中国人来说，这会是真正的幸福吗？这些假设，历史没法验证。

什么是成功？什么是失败？这些问题，我们每个人却需要认真地思量。

四海之内皆兄弟：司马牛

　　《红楼梦》第四十五回，有一段劝慰之辞，甚是感人。林黛玉旧疾又犯，咳嗽不止，躺在床上暗自伤心。宝钗来探望。两人闲聊中，黛玉自感无父无母，更无兄弟，寄人篱下，不觉间感伤起自己的身世来。宝钗劝慰道："我虽有个哥哥（薛蟠），你也是知道的；只有个母亲，比你略强些。咱们也算同病相怜。你也是个明白人，何必做'司马牛之叹'。"

　　司马牛之叹，是个成语，表示对孑然一身、孤立无援的感叹。

　　这个典故源于《论语·颜渊》。司马牛和子夏相聚，司马牛忧伤地说："人皆有兄弟，我独无。"

　　司马牛，字伯牛，孔子弟子。司马牛的"无兄弟"之忧，有一个背景。司马牛的兄长——宋国司马桓魋，阴谋推翻宋公统治。宋公听到了风声，决定先剥夺司马桓魋的军权，然后再除掉他。桓魋见事情败露，就逃到了曹国。

　　司马牛也注定是个纠结的人。依据公义，司马牛应当和桓魋划清界限，坚定地站在宋公一边讨伐叛国者。而依据私德，司马牛不可能不念及手足之情，对兄长的命运牵肠挂肚。

世间安得两全法，不负如来不负卿，这是六世达赖仓央嘉措的烦恼。从来正直多易折，自古忠孝两难全，这是司马牛的焦虑。孔子敏锐地觉察到了这位宋国弟子心理的变化。有一次，司马牛向孔子请教何为君子，孔子答道："君子不忧不惧。"（《论语·颜渊》）

在汉语里，君子是个含义很丰富的词语。它不同于英语里的"gentleman"或者"good people"。孔子在多种场合论述过君子，比如"君子喻于义""君子和而不同""君子耻其言过其行"。君子的含义，每次都不一样。对司马牛，孔子说，君子不忧愁不恐惧。显然，这是一个针对性很强的答案。

司马牛没有想到，孔子心中的君子，是这么简单。他追问，"难道这样就是君子了吗？"孔子肯定地说，"牛啊牛，你自己又没做亏心事，何必这么惆怅呢？"孔子没有回应司马牛的质疑，而是安慰司马牛不要再生活在恐惧之中。从这段谈话，我们看到孔子教学的灵活，以及孔子在做人上的和蔼可亲。

《论语》中处处都有这种和蔼。比如，子贡是言语科的高材生，但有点虚荣，爱炫耀。孔子就告诫他，"君子不器。"君子应该不只有一面。言语好，修养好，才是真的好。子路好义，但有很强的物质欲望，孔子就告诉子路，即便是很偏远的地方，很恶劣的环境，但"君子居之，何陋之有？"

读《论语》，就像和长者聊天，家长里短，让人感觉很舒服。孔子在哪里，就把这种温暖的感觉带到哪里。我们读诸子百家的书，唯有孔子做到了这一点。也正因为如此，《论语》也最易让人产生错觉。似乎孔子时代，总是春花秋月、夏云暑雨，总是温情脉脉，阳光和煦。

其实，春秋时代，冬雷秋寒更为常见。类似司马桓魋作乱的例子，几乎每个国家都在发生。在鲁国，三桓就曾不只一次和鲁公发生战斗。而三桓家臣，也都仿效三桓模式，复制了一场场宫廷政变。贵族如此，百姓朝不保夕，惶恐终日，自然也就可想而知。

如果仔细品味，春秋时代的这种恐怖政治，在《论语》中，还是能嗅到一种淡淡的留存。《论语》记载过三桓首领季康子和孔子之间的一段对话。季康子向孔子请教如何为政，季康子说，"如果杀掉坏人，亲近好人，怎么样？"孔子回答："为什么要用杀戮的办法？你如果想做好人，平民自然会跟着好起来。君子的道德像风，平民的道德像草，草随风倒。"

政治家让别人服从自己，不外乎两种手段。一种是仁德，仁德产生感激，让别人心悦诚服。一种是惩罚，惩罚产生恐惧，逼迫臣民不敢不服。在季康子的心中，后者显然是最好的治理手段。杀一儆百，让权力最大限度地发挥威慑的作用，百姓自然俯首帖耳，唯命是从。季康子的这段话，清楚地表明当权贵族对于杀戮的崇拜和迷信。

当权者崇拜暴力，臣民的恐惧是在所难免的。如果再被定性成"坏人"，这种恐惧感便又会增强一千倍。司马牛就是一个最好的例子。

司马牛之叹

　　忆昔当年未悟时，一声号角一声悲。如今枕上无闲梦，大小梅花一样香。

　　　　　　　　　　　　——（唐）孚上座：《偈语》

《左传·哀公十四年》记载，司马牛频繁地更换避难地。从宋国出走后，司马牛逃到了齐国，齐国给了司马牛一处封地。然而出逃的桓魋紧跟着也到了齐，成为齐的次卿。司马牛立即辞还了封地，避难到了吴国。吴国人嫌恶司马牛，司马牛又回到了祖国宋国。司马牛与兄长不共居一国，其实就是为了躲避嫌疑。他害怕其他国家的人将他和他的兄长看成一类人，从而给自己招来杀身之祸。

在孔子的诸多弟子中，司马牛的这种恐惧经历是独特的。司马牛不像颜回，由于出身贫贱，对于凶险的环境保持着一种天然免疫力。司马牛出身高等贵族，生活优裕。相对来说，这种环境不利于坚强性格的养成。一场风霜，对于野草，或许不算考验。但对于温室里的作物，便可能造成毁灭性的打击。兄长作乱，司马牛惶惶不可终日，不能自拔。

当然一个人内心是否强大，不仅要看一个人的家境，其实更重要的是看一个人在环境中磨炼的性格。孔子弟子中，司马牛与南容家境相似。一个是宋国最高军事长官的弟弟，一个是鲁孟孙家族的后人。但他们性格却存在天壤之别。《论语》记载，南容"一日三复白圭"，谨言慎行，稳重低调。而《史记·仲尼弟子列传》记载，司马牛"多言而躁"，爱说话又比较急躁。这种性格比较容易招惹是非。

所以，同处贵族斗争的漩涡，孔子对南容一万个放心，认为南容"在国家政治好的时候，不会被埋没；在国家政治不好的时候，不会有杀身之祸"。孔子还把侄女许配给了南容。而对于司马牛，

孔二先生

孔子一再劝诫他，仁的境界是多做而少言，把自己的口管好，提高修养，减少祸害的发生。孔子的话，可谓处事箴言。一个人躁动的内心，只要超出了理智的管控，迟早有一天灾祸会找上门来。

世界只要一天存在灾祸，恐惧就一天不会消失。面对大海，我们会恐惧；面对深崖，我们会恐惧；面对明天，我们也会恐惧。因为，大海、深崖、明天，都有一种未知的神秘存在，不是我们的知识能够把握。面对这种未知，我们需要找到同类，互相慰藉，一同走过"如履薄冰、如临深渊"的境地。

忧愁的司马牛，找到了子夏，来舒缓内心的压力。子夏说，"古语说，死生之命，富贵在天。君子总能虔敬而无过失，与人恭敬而有礼节。如此行事，四海之内，皆兄弟也。一个君子为何要忧愁自己没有兄弟呢？"生死都不是我们能够控制的。忧虑恐慌没有意义，不如顺其自然，放松内心，慢慢体味主宰一切的天道，内心顺应天命，生命自然会远离恐慌和无助。

死生之命，富贵在天，今天已经成为名言。这种对天命的皈依，正是中国人信仰的特点。每个人靠悟性，去寻找、去接近这个不可言说的"天"。如果你明白了，顿悟了，世界从此天朗气清，自然不同。"忆昔当年未悟时，一声号角一声悲。如今枕上无闲梦，大小梅花一样香。"杭州灵隐寺悬挂的"悟"的一字禅，似乎就是这种转变的最好写照。

在和子夏对谈后，司马牛内心是否实现了转变，我们不得而知。我们知道的只是，司马牛结局并不好。在颠沛流离的避难生活中，司马牛最终死在了鲁国的郭门之外。这位宋国的贵族，因为兄长的叛乱，一生背着道德和心灵的十字架，行走在异国的路途。最终，凄凉地倒在了城门之外，完成了最后一口呼吸。关于他的后事，《左传·哀公十四年》说，"阮氏葬诸丘舆。"没有家人在身边，一个姓阮的鲁国人把他埋在了一处名叫丘舆的地方。

阮氏是不是司马牛的朋友？没有人知道。然而面对这样一位儒者，许是陌生人也动了恻隐之心。在生命走到终点的时刻，司马牛还是感受到了四海之内"兄弟"的绵绵温情。

握住你的手：冉耕

孔子的弟子中，好命的人不多。

颜回，一辈子粗茶淡饭，最后死于营养不良，年仅四十来岁。

子路，为人正直，对孔子最死忠，在卫国之乱中，被人砍成了肉酱。

子夏中年丧子，哭瞎了眼睛。宰予在齐国被夷了三族，司马牛一辈子东躲西藏，凄凉地死在郭门之外。

每个人都像一出苦情戏。前半部，吃尽了人间的苦。后半部，受够了命运的罪。这些人中，有一个格外令人同情。

他是冉耕。

冉耕，字伯牛。他的生卒年不详。一般认为，他比孔子小七岁，和颜回的父亲颜无繇、子路同属于孔子的早期学生。

冉耕是孔门十哲之一，地位类似于耶稣的十二门徒。他以德行著称，十哲中排行第三，仅次于颜回和闵子骞。不过，《论语》中，关于冉耕，除了"十哲"排行榜提到他之外，只有一处记载：

"伯牛有疾。子问之，自牖执其手，曰：'亡之命矣乎！斯人也

而有斯疾也！斯人也而有斯疾也！'"（《论语·雍也》）

冉耕得了很重的病，奄奄一息。孔子从窗户中将手伸进去，握住他的手。动情地说，"没办法，真是命啊。这样的好人，竟然得了这样一种病！这样的好人，竟然得了这样一种病！"从孔子的感叹中，可以看出，冉耕是一个品德高尚的好人。让人好奇的是，好人冉耕得了什么病呢？

汉儒考证，冉耕得的是"疠"，就是麻风病。古书上说，得了这种病，"鼻柱坏而色败，皮肤伤溃。"（《黄帝内经》）发展到最后，人的肌肉萎缩，四肢残疾，面目惊恐。另外，它还具有一定的传染性。

冉耕时期，麻风病是不治之症。甚至到了唐代，人们对麻风病似乎也没什么好的医治办法。初唐四杰之一的卢照邻也是麻风病人，生病期间，卢写下了很多感人的诗赋。这些文字，也许有助于帮助我们想象病中的冉耕。

"余羸卧不起，行已十年，宛转匡床，婆娑小室。未攀偃蹇桂，一臂连踡；不学邯郸步，两足匍匐。寸步千里，咫尺山河。"这是卢照邻《释疾文》的序，写自己十年卧床期间，举步维艰，处境凄凉，过着非人的生活。卢照邻向孙思邈求救，药王也无能为力。伤心的卢，整天以泪洗面，最后忍受不了折磨，投颍水自杀。

其实，绝症固然可怕，更可怕的是，周围对病人的排斥和隔绝。惊恐的症状，害怕传染的心理，麻风病人很多时候只能离群索居。卢照邻还写过一首《病梨树赋》。他说，"余独卧病兹邑，阒（qù）寂无人，伏枕十旬，闭门三月。庭无众木，惟有病梨一树，围才数握，高仅盈丈。"没有人来，孤零零一个人，只有眼前的一个病怏怏的秋梨树，是个伴。冉耕很多时候，可能和卢照邻一样，趴在枕头上，等待人前来，哪怕看一眼自己就走，也比这种绝望般的死寂好。

电影《最爱》中，赵得意问他爹，"艳红多长时间没来看我了，我都一笔一笔地给她记着呢。"艳红是得意的媳妇。得意患了热病（艾滋）之后，只好和其他病人搬到了山上，自我隔离起来。他的妻子不再和他往来。周围的村民，看见这群人，扭头就跑。在村民眼中，他们就是瘟疫的化身。

麻风病人在西方也一直受到歧视。麻风病被认为是不洁净的象征，是上帝对人的惩罚。麻风病人不准入教会，一旦闯进，会被牧师倒拖出去。政府对待他们的方式，就是大力建造麻风病院或者麻风岛。他们不得不和社会隔绝，他们拖着病残的躯体，靠近人群已属不易，冲出制度的包围，更是难之又难。

福柯敏锐地观察到了这种现象，在《疯癫与文明》里，他写道，"在勃鲁盖尔（Bruesnel）的画上，在卡尔瓦里，人群围在基督身边，而麻风病人与他仍保持着一定距离，但永远是在爬向卡尔瓦里。"可以说，麻风病人肉体上承受无尽的苦痛，在精神上还要忍受歧视的煎熬。

所以，麻风病人祈求得到宽慰的愿望，如医治自己的病痛的欲望一样强烈。他们穷其一生，都在苦寻自己的救主。《路加福音》记载，"有一回，耶稣在一个城里，有人满身长了大麻风，看见他，就俯伏在地，求他说：'主若肯，必能叫我洁净了。'耶稣伸手摸他说，'我肯，你洁净了吧！'大麻风立刻就离了他的身。"

可惜的是，孔子不是救世主，只是一凡人。《论语》中，达巷党人评价孔子，"博学而无所成名"。就是说，孔子学识渊博，是个通才，但没有专长。对于医术，孔子也有所掌握。直接的例证是，季康子给孔子送药，孔子说，"丘未达，不敢尝"。未了解药性，孔子不轻易吃别人的馈药。但对于麻风病，孙思邈都束手无策，孔子更是爱莫能助了。

孔子的哥哥孟皮，从小患小儿麻痹症，落下了残疾。孔子对因病致残的人，有一种切身的同情。孔子看望冉耕，心情应亦是如此。他隔着窗户，握着冉耕的手。冉耕的手，已十分瘦弱。孔子哀叹冉耕的命苦，悲愤为何好人没有好命。不知道，冉耕听了孔子的话，心里是什么滋味。不过，老师能冒着被传染的风险来看他，想必已是很大的慰藉。对于病人来说，温暖的问候和治病的汤药一样，同是大旱中的甘霖。

其实，如果不是因为疾病，在孔子弟子中，冉耕是极有前途的一位。文献记载，孔子升任司空、大司寇后，中都宰由冉耕接任。冉耕政绩显著，深得民望。后来，孔子离鲁，开始了周游。随行弟子中，没有看见冉耕的名字。冉耕很可能留在了鲁国，继续担任政

伯牛有疾

　　有了观众,悲剧才是悲剧。没有观众,悲剧不过是一种无法逃避的生活。我猜想,对于冉耕来说,长年的病痛,或许已经使他失去了诉说的欲望?长年的隔绝,已经使他失去了和人联络的希求?他的沉默,是否已经完成了对人世沧桑最有力的讲述?

治职务。冉耕染疾，应该就在这个期间。冉耕此时年龄应该在四十左右，人生渐趋高潮。只不过，高潮刚至，命运之神又将他打到了谷底。

孔子周游十四年，才回到鲁国。孔子探望冉耕，冉耕的麻风之疾，可能已有很长时间。残酷的疾病，已令冉耕面容枯槁，形体如柴。卢照邻在《释疾文》说，"明镜羞窥兮向十年。"怕看到自己的脸，卢照邻已经十年没有用过镜子。冉耕也怕别人见到自己，包括孔子。孔子看望冉耕没有进门，而只是隔着窗户和他握手。这可能正是出于冉耕的意愿。他不愿意，让在国外四处碰壁的夫子回来看到的冉耕，竟是如此一副模样。

冉耕时代，表达私人感情，除了民谣，并无多少艺术途径。屈原之前，个人写诗还不流行。孔子说，"述而不作，窃比我于老彭。"孔子不喜欢创作，只在意重述。孔子还说，"人不知而不愠，不亦君子乎？"人不知道，不介意，才是君子的境界。人生不被理解，心声无法透露，内心的坚毅就化为永恒的沉默。这是孔子一贯的做人之道和主张。孔子也时常劝慰弟子如此做人。

孔子也确实教育出了一批忠心践行自己思想的人。孟子评价，"子夏、子游、子张皆有圣人之一体，冉牛、闵子、颜渊则具体而微。"子夏、子游、子张在大体上接近孔子，只有冉耕、闵子骞、颜回，可以在具体细节上做到和孔子很像。冉耕排在闵颜之前，是否指冉耕最像孔子，不好肯定。但至少说明冉耕无限接近孔子的为人。为人低调，不事张扬，把痛苦留在内心，人不知而不愠。

我想，冉耕和孔子，如果不是那么一致，将是什么样子。"文章憎命达"，悲惨命运往往催生优秀的诗人。卢照邻如此，同样是投水自尽的屈原更是如此。悲惨命运，满腹才华，冉耕如不像老师那样恪守"述而不作"，是否会先于屈原成为中国第一个专业诗人？常年与世隔离、不为人知，如果不是严格践行"述而不作"的师训，冉耕是否会留下一些洞穿生命本质的病中真言？

然而冉耕什么都没有说。即便《论语》中出现他的地方，他也没有台词。他的存在，本身就是一个巨大的沉默。我们只能靠简略的文字，想象其为人。冉耕如何熬过了岁月的苦难？孔子来到了窗口，伸过手来，他的内心又曾掀起怎样的波涛，没人能够说得清楚。

在交通不便的山区，我们经常碰到，一户人家，孤零零地处在山顶。方圆几十公里，寥无人烟。那里生活的人，如何与人交流，如何忍受寂寞，如何战胜无处诉说的痛苦，我一直百思不得其解。后来，当地人告诉我，这都是习惯。一个长年生活在都市的人，到了这样静的地方，不到三个月就会发疯。但是，对于那里的人来说，山水无言，却是最好的陪伴。

对于悲剧主角而言，或许也是如此。有了观众，悲剧才是悲剧。没有观众，悲剧不过是一种无法逃避的生活。

我猜想，对于冉耕来说，长年的病痛，或许已经使他失去了诉说的欲望？长年的隔绝，已经使他失去了和人联络的希求？他的沉默，是否已经完成了对人世沧桑最有力的讲述？

只不过，有一天，宁静被打破。孔子来了，和他的手紧紧相握。这只越过窗户伸进来的手，洋溢着久违的温暖。对冉耕来说，或许这已胜过一切表达。

农夫的梦想：樊迟

《诗经》里有一首诗，名为《伐檀》。诗的开头唱道，坎坎伐檀，寘（zhì）之河之干兮。河水清且涟猗。不稼不穑，胡取禾三百廛（chán）兮。

坎坎砍檀树啊，放在河的岸啊。河水清清且微波连啊。不播种不收割，怎么取禾三百束啊。

在一个伐檀取禾的农业国度里，播种和收割是头等大事。农业决定着一个国家的命运。

但在农业国度里，农民的地位并不高。那些"不稼不穑"的"君子"，才受人尊敬。孔子弟子中，有一个立志要当躬耕稼穑的农人，就被孔子骂了一顿。

这个人是樊迟，也名樊须。《论语》记载，樊迟请教如何插秧种田，孔子说，我不懂，这事我不如老农。樊迟又问，如何种花养草，孔子说，这事我不如花匠。等到樊迟出去，孔子对身边的人说，樊迟真是个小人。身居上位的人，如果懂礼好义，身居下位的人自然竞相仿效，哪用得着种什么庄稼？

孔子的弟子中，问政问礼的很多，问种植庄稼的只有这么一例。孔子的学生，想出仕当官的很多，想当农民的只有这么一个。农民成为官吏，是鲤鱼跃龙门。孔门优等生想当农民，则是人往低处走，脑袋被门夹过。

樊迟为何有如此奇葩的追求呢？欲解答这个问题，须先弄清楚樊迟是一个什么样的人。樊迟在《论语》中一共出场六次。六次中，樊迟为孔子驾车一次，陪伴孔子在舞雩台下闲逛一次，占到了总出场数的三分之一。

看得出，在学园中，樊迟担任着孔子近侍一样的工作。他经常陪伴孔子左右，是个可以和孔子经常聊天的人。另外，樊迟至少通晓六艺（礼、乐、射、御、书、数）之中的"御"，是一位可以靠驾车技术吃饭的人。

春秋时期，人们远距离旅行必须依靠马车。道路不平坦，远行必然翻山过桥，颠簸苦累不言而喻。驾车这项技术并非人人都能掌握。另外，在并不太平的春秋时期，驾车人必须身体素质好，能在危急时刻挺身而出，为车内人保驾护航。所以，在《论语》中，担任驾车重任的一般是威猛的子路。

据《孔子家语·七十二弟子解》载，子路比孔子小九岁，樊迟却比孔子小四十六岁。《史记·仲尼弟子列传》记载，樊迟比孔子小三十六岁。不管哪种记载为实，都表明樊迟比子路小得多，他们之间至少差了一辈儿。孔子老的时候，子路也老了，也许此时子路将为老师驾车的重任交给樊迟。

孔
二
先
生

樊迟请学稼

　　在孔子的诸多弟子中，像樊迟一样有追求的人，是少数
的。别人是快跑，樊迟是慢跑。别人追求的是理想，樊迟想过
的是生活。

在勇力谋略方面，樊迟也确实和子路有几分相似。他们都有着出色的军事才能和勇冠三军的胆略。据《左传·哀公十一年》记载，齐国侵鲁，季孙家的首辅大臣、孔子弟子冉有，举荐年纪轻轻的樊迟任季孙左军指挥。季孙说，樊迟二十出头，刚过弱冠之年，不宜担大任。冉有却力挺樊迟。冉有说，别看他年纪小，但执行命令，冲锋陷阵，少有敌手。

樊迟随军。鲁军和齐军在鲁国边境相遇。齐国兵士呼啦啦攻过来，鲁国士兵不敢越过壕沟迎战。鲁军处于劣势。历史把机遇给了樊迟。樊迟对统帅冉有说，"不是士兵身体不行，而是不相信将军。请击鼓三次，率先越过壕沟。"冉有听从建议，身先士卒越沟而战，鲁国大军跟随。冉有大军攻入齐师，取得胜利。

危急时刻，热血上涌，视死如归并不难。审时度势，冷静思考，将机会变成胜利，这才是难得的人才。战场上，樊迟看到了鲁国士兵的心理顾虑，及时向主帅出谋献计，从而有力地扭转了战局。应该说，樊迟有勇有谋，是孔门军事科的优秀代表。

樊迟并不只一面。英武逼人的樊迟，不仅会驾车和打仗，其实也很"文秀"。比如在《论语》中，樊迟前后三次问到了什么是仁。仁是孔子学问的核心，颜回问过，冉雍问过，子贡、子张也问过。但都只问过一次。樊迟问了三回，且《论语》都有记载。频率如此之高，绝无仅有。

樊迟问仁中，有一段十分有趣。《论语》载，樊迟问仁，孔子说，"仁就是爱人。"樊迟又问什么是智慧，孔子说，理解他人

297

就是智慧。樊迟不明白孔子说的意思，孔子说，"举直错诸枉，能使枉者直。"孔子这句话，像是个禅语，樊迟更不懂了。樊迟不好意思再让老师解释。樊迟就请教子夏。他问，老师说的话太抽象了，请您给我解释一下，什么是"举直错诸枉，能使枉者直"？

子夏给他举了一个例子，"舜治理中国，在众人中挑选了皋陶，不仁的人就离开了。商汤治理国家，在众人中挑选了伊尹，不仁的人就离开了。"子夏用具体的例子，明白地解释了孔子说的"选拔正直的人在不仁的人之上，不仁的人自动就会离开"这句话的含义。从《论语》的这段记述可以看出，樊迟学习勤奋，但天赋似乎并不高，至少不如子夏。

仁是孔子学问的一个重要概念。对这个问题，孔子的回答，每次都不同。孔子告诉樊迟，仁是爱人。但在另外两次樊迟问仁的场合，孔子又说，有仁德的人，总是要先做艰难的播种，然后才享受快乐的收获。另外，要注意提高自己的修养，修正自己的缺点，不要总是盯住别人的不足。仁者不能因为一时的愤怒，而忘记自身的宝贵，以及连累羞辱父母。

孔子回答问题，从不漫谈抽象概念。不同的人问仁，孔子会给出不同的答案。即使是同一个人问仁，孔老师也会根据环境作出不同的回答。这也就是人们常说的因材施教。

根据孔子教学上的这个惯例和特点，人们推测，樊迟应该是这样的一个人：勇敢并对学问怀有兴趣，个性质朴，但心胸狭隘。他老盯住别人的错误不放，过多地看到别人身上的缺点，而不是优点。他为人过于考虑所得。对丰收过于期待，而对播种重视不够。他对人严苛，对自己宽容。易因一时小事发义愤，而不思虑行为的后果，经常累及自己的家人。

这些评论，是从孔子回答樊迟的问题中推导而来，是不是成立，我们无法验证。除了问仁和驾车外，《论语》并没有传递出樊迟为人的具体信息。但舆论就是这样，它善于发现缝隙，树立一个靶子，然后展开猛烈的攻击。至于这个缝隙是否真的存在，靶子树立得是否正确，反倒不是人们关心的话题。

正是因为这个缘故，《左传》中智勇的樊迟，在《论语》中向孔子问庄稼，一般被认为具有负面意义。在这个问中，樊迟想到的不是整个国家和民族的前途，只是个人的喜乐，只是一亩三分地微薄的所得。这种农夫、山泉、有点田的价值观，孔子并不鼓励。孔子想培养的是一群改变社会的人。他们不满足于现状，要给社会加入理想，加入催化剂，让这个社会朝着大同社会，朝着阳光政治，华丽丽地奔去。

孔子评价樊迟，真是个小人。孔子时代，小人并没有贬义色彩。身份低，眼光短，境界低，是小人的典型特征，也是普通人的典型特征。小人不指涉道德低劣。而孔子希望弟子成为君子。君子有很高的社会地位，胸怀宽广，是抱负远大的好青年。孔子弟子中，南容和樊迟都问过农事。但南容的角度是，心怀农业，也能称王。而樊迟直接请教种田技术。所以，在孔子看来，南容是形而上的君子，樊迟自然是形而下的小人。

春秋时期，职业大多是固定的。从继承的角度讲，君子的后代，世代都是君子；小人的后代，世代都是小人。这由血统而非心愿决定。但转念细想，孔子骂樊迟，樊迟是委屈的。孔子骂樊迟，其实也是鼓励樊迟，不要接受命运的安排，努力走一条所谓的向上人生路。

仔细品味，樊迟的理想有点接近道家。老子眼里，理想的社会是，人们"甘其食，美其服，安其居，乐其俗。邻国相望，鸡犬之声相闻，民至老死不相往来"。这种理想，鼓励人要少累多娱，安居乐业。不要为了虚无的追求，将整个人生弄得像一场无休止的比赛。人生短暂，何必自寻劳累，而放弃近在咫尺的闲适？

在孔子的诸多弟子中，有樊迟一样追求的人，是少数的。别人是快跑的兔子，樊迟是慢爬的蜗牛。别人追求的是理想，樊迟想过的是生活。樊迟一遍一遍地问孔子，什么是仁，其实也是在一遍一遍地问，什么是真正的人？士农工商，哪一种职业最接近人的本质？是农民满身的肌肉，还是读书人满脑的才情？汗滴禾下土的劳作，坐断板凳腿的沉思，哪一种生活，更值得向往？

现今时代，职业选择是人们最重要的自由之一。科学家、文学家、公务员、工人、农民、商人，这些职业就像市场上的商品一样，供人们自由挑选。同时，这些职业也秉持着自己的标准，筛选着应聘者。整个社会，高度分工，本无所谓贵贱。你中有我，我中有你，互相依靠，谁也离不开谁。

　　经历过战争，往往对人生有一种不同的体味。见过死亡，往往对生存的理解有别于常人。少年时期经过战争的洗礼，樊迟在职业选择上，所呈现的先知先觉，确实有一丝后现代的意味。

人人都是双子座：漆雕开

孔子一生的活动大致可以归为两类，一为从政，一为教学。少时为季氏家家臣，管理仓库、放牧牛羊。后来，为中都宰，执掌一方水土。一直到鲁国的大司寇，处理帝国的司法。乃至周游列国，干谒诸侯，这些都是孔子的从政生活。从政间隙，孔子设馆收徒，用学问点燃弟子心灵的烛炬。孔子成为孔夫子，这是他的教学生活。

受孔子影响，弟子们大多愿意出仕。《论语·为政》记载，"子张学干禄。子曰：言寡尤，行寡悔，禄在其中矣。"子张向老师请教如何才能求到禄位，孔子告诉他少说错话，少做错事，官位自然会来。官场上，话说得多的，混不过话说得少的；话说得少的，混不过话说得对的，这的确是职场箴言。

应该说，孔门弟子中，相当多的人追随孔子，就是为了"学干禄"。这种状况，孔子很感慨，他说，"三年学，不至于谷，不易得也。""谷"便是"禄"。朱熹解释说，"为学之久，而不求禄，如此之人，不易得也。"单纯而无目的地学习，不求禄位，这样的人，难得见到。

其实，孔子所处的时代，没有科举，也没有公务员考试。人们可选择的生活方式并不多。农民的儿子世代为农民，贵族的儿子世代为贵族。对于平民来说，"禄"在多数情况下可望不可及。奔驰车跑的是高速，拖拉机耕的是农田，各有各的命，井水犯不了河水。农家子弟通过学习，得到官位，是很时尚的想法，因为这很不靠谱。

孔子收徒讲学后，这种状况大为改观。孔子收徒不问人的出身门第，只看来者是否为可塑之才。只要交一束干肉以上的学费，都可以成为孔子弟子。因此，孔子的门下既有贵族出身的南容、司马牛，也有像颜回、原宪、樊迟等出身贫贱的苦孩子。

这些出身较低的弟子学会了贵族礼仪，就具备了管理政府的专门知识。之后，他们等待的只是时机，施展自己的才华。子夏说："学而优则仕"。朱熹解释，"仕与学，理同而事异"。出仕是学习的具体实践，学习是出仕的理论准备。两样事情，道理一致，孔子在学习和出仕间架起了一座桥梁。

不过，要想走过这座桥，只有"学优"和理想还是不够的。要冲破"世卿世禄"的用人原则，有两样不可或缺，一是社会环境的需要，一是伯乐的积极推荐。

孔子时代，恰好提供了这种需要。《史记》记载，孔子时期的国际形势是，晋楚两强争霸，小国家在它们中间周旋哪一个也得罪不起。这个时候，纵横捭阖、翻手为云、覆手为雨的外交家，就十分受人欢迎。各个国家为了争夺土地人口，都加强了战备。军事人才也出现了缺口。外交和武备，都需要政府财力为后盾。经济人才从而成了抢手货。

孔子积极地向政府推荐他的弟子。《论语·雍也》记载，季康子问孔子，"子路可以从政吗？"孔子说："子路果断，从政有何难？"季康子问，"子贡可以从政吗？"孔子说，"子贡旷达，从政有何难？"季康子又问，"冉求可以从政吗？"孔子说，"冉求有才华，从政有何难？"

相传，孔子有三千弟子，七十二贤人。其实，名列《左传》，有机会改变春秋历史的，不超过十个。其中，就包括军事才能突出的子路、外交才能优异的子贡、理财能力强大的冉求。子路、冉求都担任过季孙的家臣。子贡曾出使异国，数次解救了鲁国和孔子的危难。他们的成功，正好符合了当时国际形势的需要。外交、军事、田赋，一个都不少。

这些人的脱颖而出、成功出仕，使平民子弟"求禄"的梦想之光终于照进了现实。一股新鲜血液，注入了已经腐朽的社会肌体，使春秋这株枯树重新焕发了生机。从这个意义上讲，他们的"学而优则仕"，打破了贵族对政治的垄断，革故鼎新，具有第一个吃螃蟹式的时代意义。

然而，在孔子的弟子中，也并非所有的人，都汲汲于仕途。漆雕开就是一个例子。据《论语·公冶长》记述，孔子让漆雕开出仕。漆雕开说，我还没有掌握出仕的道理，我还是先修行好，再等

304

待机会吧。孔子听了很高兴。关于漆雕开，《论语》只此一处记载。

　　这个典故，《孔子家语》记载得更详细。《孔子家语》说，漆雕开，字子若，比孔子小十一岁。漆雕开学习尚书很长时间，却不愿意出外谋个一官半职。孔子说："你出仕的年龄到了，再不出仕，时机就过去了。"漆雕开放下手中的《尚书》说道，"对做官，我还没有自信。"孔子笑了，笑得很开心。

　　孔子弟子分前后两期。前期弟子如子路、冉求、子贡，对做官都很有兴趣。后期弟子，则多埋头钻研学问。漆雕开比孔子小十一岁，属早期弟子之一。然而，漆雕开对于出仕兴趣并不大，在早期弟子中是个例外。

　　孔子喜欢弟子做官，为何又赞赏漆雕开的推辞呢？这还要返回"学而优则仕"的理解上。孔子时代，"优"的意义并不指优秀，而是指有余力。古人并没有多少书可以读。一个爱读书的人，用不了多长时间，就可以把所有的书籍背诵下来。再有余力去实践书上的道理，就是"学而优则仕"。

　　同样，古代人做官也没有多少事可管，无非是收税和断案。勤奋的官员，很快就可以处理完所有公案。此时，静下心来读书，便是"仕而优则学"。反之，如果没有闲暇，没有余力，就该专注于本职。所以，漆雕开谦逊地认为，自己在"学"上还没有"优"到可以去做官，得到了孔子的赞美。孔子赞赏漆雕开的坦诚，"优"就是"优"，不"优"就是不"优"。凡事要顺其自然，相信水到渠成。

然而，任何事情的发展，总爱朝着极端一路狂奔。世界上本来有条路，走的人多了，也便分辨不清了路。历史发展着、发展着，"学而优则仕"就变了味。大学里，学问做得好的，去当院长、当校长、当市长。这些人，美其名曰学者型官员。"仕而优则学"，也成了时髦。官当到一定级别，一定要戴顶博士帽，弄个大学教授来当当。似乎，不如此，无以显示成功。

　　漆雕开说，我对做官还没有信心。漆雕开把有限的生命、丰沛的精力，全部献给了《尚书》的研究。《韩非子》记载，孔子死后，儒家分裂为八个支派。漆雕开创立的漆雕氏之儒，名列其中。孔子弟子中，传下著作的，不过两三人，漆雕开就是其中之一。他写有《漆雕子》十三篇。人性本善还是本恶，圣贤争论不已，莫衷一是。东汉王充认为，漆雕开持"性有善有恶"的观点，即有的人性善，有的人性恶，人的不同由先天基因决定。这是很新颖的学术观点。

　　坚守本职，没有闲暇就心无旁骛，这是漆雕开成功的原因。孔子说，"不在其位，不谋其政。"曾子说，"君子思不出位。"本职工作，永远是我们自信的源泉。这是一个框架，也是一个舞台。它给了你自由，也给了你拘束。按照它的规矩，你能够应付自如，就是成功的。你不需要再在这个框架和舞台外，另觅他途，证明自己。

　　世界本来就应该是这样。农民在丰收中找到自信，工人在产品中找到自信，商人在买卖中找到自信，士兵在胜利中找到自信，公务员在为人民服务中找到自信。各守其位，各得其所，人人简简单单，家家安居乐业。

漆雕开不乐仕

　　我们需要应付的太多，我们的时间太少。我们想得到的太
多，我们可以把握的太少。我们每天都在索求外在，而忘记了
内心真正的所需。从某种意义上讲，大家都是双子座。向左
看，向右看，对生活充满了好奇。看似日子过得很快乐，其实
内心深埋着恐惧和忧愁。

然而，这个社会太纷繁复杂。一个研究先秦史的人，可能因为英语不过关而评不上教授。一个教师，可能因为在核心期刊上发表不了论文，而失去讲课的资格。一个法官，可能因为不懂政治，而失去了审判的权力。

我们每天都要面临无数把钢尺的丈量。我们每天都在撕裂自己，迎合不同的、本可以规避的要求。静下心来，问一问自己，人把自己弄得这么累，究竟为何？有多少忙，可以提升生命质量，有多少职务关乎生命本质？追求到的，将要追求的，一件件一桩桩，摆在面前，又有多少可以实在地增强你我心灵的自信？

我们需要应付的太多，我们的时间太少。我们想得到的太多，我们可以把握的太少。我们每天都在索求外在，而忘记了内心真正的所需。从某种意义上讲，大家都是双子座。向左看，向右看，对生活充满了好奇。看似日子过得很快乐，其实内心深埋着恐惧和忧愁。

朱德庸说，这个社会大家都有病。如何医治？没人知道。如果漆雕开尚在，也不一定能开出对症的药方。

此生如何消受：曾点

孟子说，人生有三乐，当皇帝不在其中。

一是父母俱存，兄弟无故；二是仰不愧于天，俯不怍（zuò）于地；三是得天下英才而教育之（《孟子·尽心上》）。

这三乐，概括一下就是，家庭幸福、心理健康、是个教授。

孔子没把教书看得这么高。在游说诸侯碰壁后，孔子说，"归与，归与，吾党之小子狂简，斐然成章，不知所以裁之。"既然不受帝王待见，回家吧，回家吧，那里有帮小子等我回去讲课呢。显然，做人类灵魂的工程师，只是孔子无奈时的退路。

孔子的学生，也经常憧憬自己的人生。樊迟说，我想当个农民，每天种菜浇花。我想有一所大房子，面朝大海，春暖花开。孔子回答，梦想有多远，你就给我滚多远，真是没出息的小人。

孔子还专门开过一次理想恳谈会。会上，子路拍着胸脯保证，一个国家，被大国包围，战火不断、人民贫困。我三年之内，可使其和平崛起。孔子轻蔑地一笑，你就吹吧，做人不要太有才。

冉求表示，我的理想是，当个县长，三年内让百姓基本实现小康。公西华说，我不敢和两位师兄比，我就想当个活动执行者，普及一点礼乐知识。孔子点评：做人不要那么装，你们想当多大的官，你们自己心里清楚。

他人谈理想，有一个人，在旁边埋头鼓瑟。孔子说，你也讲讲吧。铿的一声，瑟声停了下来。他把乐器往旁边一推，只慢悠悠地说了一句。孔子欣然点头，你的话才说到了我的心坎里。

这个人是曾点。曾点在同学中，不太出名。他的儿子曾参，却是大名人，人称曾子。父子俩师出同门，在气质上却迥然不同。曾参整天念叨着要"一日三省吾身"，谨小慎微，活得战战兢兢。曾点为人却很狂狷。《礼记·檀弓下》记载，鲁国上卿季武子去世，别人都装出很悲伤的样子，唯独曾点"倚其门而歌"。敢在总理的追悼会上放歌，狂到这种程度，孔子的弟子里估计都找不出第二个。

曾点是这样谈志向的。阳春三月，新衣服刚刚做成，五六个小伙子，六七个小孩，我带着他们，在沂水洗澡，在舞雩台吹风，唱着小歌回家。

曾点吐露的志向更像是一幅抽象的山水画。他究竟想表达什么，孔子在曾点的志向中又听出了什么，弄清楚这个很重要。孔子一辈子在奔走，一辈子在呼喊，屡败屡战，究竟为何？听懂曾点的话，也许就找到了打开孔子心灵的钥匙。

朱熹说，曾点讲了一句禅语，里面"天理流行，随处充满，无

曾点言志

　　这个理想终极的呈现正是曾点的志向。每个人都能唱着小歌，幸福地回家。不担心苛捐杂税，不担心官员欺民，不担心饿死街头。每天洗洗澡，吹吹风，弹弹琴，自由自在。

少欠阙""直与天地万物同流"(《四书集注》)。什么是朱熹说的天理流行，什么是与万物同流，太抽象，和没说一样。只是可确定一点，朱子佩服曾点，确实直如"滔滔江水，连绵不绝"。

听懂曾点之志，须先确定谈话的时间。公西华谈志向时，说自己只愿当个活动司仪低调得有点过分，相当有城府。可见，公西华此时绝非一个十多岁的孩子。而公西华比孔子至少小三十岁。孔子召开这次理想会，最可能发生在孔子周游回鲁之后。那时，孔子已六十多岁，公西华也已年过三十。这时的孔子，为何在子路、冉求、公西华和曾点的志向中，独自喜欢曾点，便容易理解。

子路的志向，是典型的治国平天下类型。孔子很喜欢，至少五十五岁离鲁之前很喜欢。孔子说，"如果有人用我，一年就差不多了，三年可有大政绩。""如果有人用我，我将让周文王、武王之道在东方复兴。"口气不比子路小。然而，在外面兜了一圈，发现市场定位错误，揣着的宝贝没卖出去。孔子笑子路，也带着自嘲。自己醒了，子路还在装睡。

孔子对冉求和公西华的志向持保留意见，和子路一个道理。从鲁国去卫国的路上，孔子告诉冉求，国家要富强，必走三步。一是"繁育人口"，二是"富足百姓"，三是"教育大众"。除此之外，都是邪路。只有实现了子路的"强兵"，才能使人口众多。而"富足百姓"和"教育大众"，冉求、公西华则一人只说对了一个。

这几个弟子，在精神上和老师高度保持了一致，只是没有跟对节奏。如果说，孔子师徒在追求理想的道路上，是在摸着石头过河。那么，这次理想恳谈会只是说明，孔子过河之后，而子路、冉求和公西华仍在后面摸石头。

孔子回鲁，政治热情消减，有时想逃避现实政治。孔子甚至想到过要去朝鲜，朝鲜虽偏远，但不失为一仁国（孔子时至少是）。在那里，中原诸国的罪恶，可以眼不见、心不烦。《论语》记载，"孔子想到朝鲜（九夷）去。有人就来解劝：'那里太粗陋了，怎么办？'子曰：'君子居之，何陋之有？'"孔子还说，"大道不行，坐着木筏到海上漂流。跟随我的，恐怕只有子路吧？"随波逐流，自我放逐，这是孔子晚年十分喜欢的事情。

在生命的后期，孔子转而热心地开始学习《周易》。他曾经很遗憾地说，"加我数年，五十以学《易》，可以无大过矣。"自己浪费了太多的光阴在无谓的事情上，早应该研究《周易》，至少五十岁就应该开始。垂垂老矣的孔子，凭借自己独有的韧性，企图将生命从"自强不息"的过往，转向"厚德载物"的未来。

所以，只有曾点"唱着歌回家"的志向，契合了孔子这个阶段的心境。曾点没有透露出对政治的渴望。阳春三月，清风拂面，放下所有的心理负担。上帝的归上帝，恺撒的归恺撒。一个人只需要专注内心的恬静和澄明。放下负担，只为内心，看似简单，实则最难。

哲学家将快乐分为动态的快乐和静态的快乐。动态快乐就是追求没有得到的东西。比如，当顶级大臣，有政治实验室，建立心中的理想国。历史并没有给孔子这样的机会。静态的快乐在于建立一种平衡的心态。珍惜眼前的，放下过往的。快乐向内取，不向外求。枯萎的随它去枯萎，繁荣的任它去繁荣。曾点唱着小歌回家，属于此类。

无论是动态的快乐，还是静态的快乐，都是欲望得到了满足。不同的人，有不同的秉性，有不同的环境，欲望的侧重点也不同，这无所谓好坏。曾点是乐天派，没有太多仕进心。孟子说，曾点"嗜羊枣"（《孟子·尽心下》）。曾点很喜欢吃一种叫"羊枣"的果子。他和孔子绝大多数的早期弟子不同。曾点不是一个事业型的男人，而是一个生活型的帅哥。

孔子也很会生活。整个《论语·乡党篇》讲的都是孔子的生活细节。吃饭穿衣，对品质的要求一点都不放松。孔子喜欢曾点的话，喜欢唱着小歌，喜欢这种无所事事的放松。这一半出于境遇的改变，一半也是天性如此。只不过在孔子的一生中，尤其是在前半生中，这样的时刻不太多而已。长期的奔波，无尽的漂流，孔子似乎只能是一脸严肃，每说一句话都是经典，每一句话都有微言大义。

孔子生命前后期追求的不同，也不是绝对的。临近生命结束的那几年，孔子似乎已认识到这个问题。他曾分别找子贡和曾子谈话。这个时候，子路死了，颜回死了，儿子伯鱼也撒手人寰。子贡和曾子是最可信赖的人。孔子向他们交代后事，讲了一句很重要的话。他说，"吾道一以贯之"。不要误解我，我一生的追求，前后都是一贯的。

如何一贯呢，孔子没说，各人有自己的体会。

春秋是一个不平等的社会。贵族的生活，朱门酒肉。民众的生活，野有饿殍。就像《左传》里所写，"庶民罢（疲）弊，而宫室滋侈。道馑（饿死的人）相望，而女富溢尤。民闻公命，如逃寇仇。"（《昭公三年》）所以，孔子绝大多数时间一直在呐喊。他呼吁国家政改，让人口多起来，百姓富起来，每个人得到应有的教育。这是对贫富不均社会的平衡，也是对病入膏肓社会的救治，也是孔子一生的政治理想。

这个理想终极的呈现正是曾点的志向。每个人都能唱着小歌，幸福地回家。不担心苛捐杂税，不担心官员欺民，不担心饿死街头。每天洗洗澡，吹吹风，弹弹琴，自由自在。作为一个小民，也可以批评政府，也可以活得很有尊严。曾点活得很自在，子路们天天追求的治国平天下，才有意义。否者，所谓的治国平天下也就只剩下削尖脑袋觅封侯的庸俗。

这样理解，是否是孔子的"一以贯之"，不知道。不过，至少打动了我的内心。

政治就像挤地铁：冉雍

一个国家，什么样的人最有资格当老大？

在民主时代，答案在于选民手中的选票。在非民主国家，这似乎是个哲学问题。柏拉图说，理想的情况是，让王成为哲学家，或者让哲学家成为王。

孔子和柏拉图有几分默契。孔子是用脚投票，离鲁到卫，过蔡去楚，马不停蹄。孔子执著地追求，让王成为哲学家。

然而，王没有给孔子机会。孔子发现，王当不了哲学家，或者说王对当哲学家根本没兴趣。卫灵公觉得，还是和情人南子在一起比较轻松，弥子瑕说话比孔子更动听，孔子在王眼里只是浮云。

那么，孔子是否想过哲学家成王呢？孔子当王，条件不是没有。孔子的个人素质自不必说。他手下弟子，《史记》说有三千之多。这个说法虽有点夸大，但打个对折，也有上千人。这些人推翻一个当时人口只有几万的诸侯，难度应该不比推翻卡扎菲大多少。

孔子崇拜的人中，也不乏"哲学家成王"的例子。孔子一辈子是商汤、文王、武王的忠实粉丝，这些人正是革命家的鼻祖。在老板专权腐败时，他们也想过提醒，尽力规劝。此路不通之后，他们取而代之，自己成了老板。

孔子对王位是怎么想的？孔子欣赏音乐时，流露了一点看法。他说，尧让位于舜，舜作的《韶》乐尽善尽美；推翻商纣的武王，他作的《武》乐，尽美，但未尽善。言外之意，孔子更欣赏政权和平过渡，不太欣赏武力夺权。

政权和平过渡的最佳形式，就是禅让。孔子十分欣赏这种没有流血的让权。孔子在《论语》中多次赞叹"让天下"的"泰伯"。在孔子看来，"泰伯真是伟人，三次让天下，老百姓真不知道如何歌颂他。"孔子没有发出过"王侯将相、宁有种乎？"的呐喊。他只是曾天真地幻想，在他生活的时代，如果真的还有"让天下"这种美事儿，他的弟子中，还真有一个人可以担当此任。

这个人是冉雍。

冉雍字仲弓，和冉耕、冉求同属一个宗族。在孔子有名姓的弟子中，颜姓弟子最多，共八位。其次数冉姓弟子，共五位。不过，颜姓弟子虽多，杰出率却不及冉家。除颜回父子外，颜姓其他人鲜有事迹可述。而所谓的孔门十哲中，冉家就占了三个。

冉雍属十哲德行科。德行科弟子大都有一个特点，话很少，爱思考。这和言语科的弟子正好相反。如果走进孔子学堂，你可以听见子贡的大嗓门，听见宰我在和人辩论，你绝对听不见颜回有多大响声。冉雍也不例外。

这和孔子的爱好有关，孔子比较喜欢安静的弟子。比如，有人跟孔子说，"冉雍这个人什么都好，就是口才有所欠缺。"孔子回答，"会说话有什么用。整天找人抬杠，一副很二的样子，极其讨厌。我不知道冉雍是不是一切都好，但不爱说话，没什么大不了的。"

这个不爱说话的冉雍，政治潜力却极大。孔子在《论语》第六卷的开篇评价冉雍说，"雍也可使南面。""南面"的字面意思是坐北朝南。按照中国人的座位习惯，一群人中，这样坐的人身份最显贵。就像在主席台上，谁是老大，谁才能坐在最中间。在孔子眼中，冉雍有能力坐在最尊贵的首席。

《论语》的早期注家大都认为，孔子所说的南面就是"天子"。刘向《说苑·修文篇》："当孔子之时，上无明天子也，故言'雍也可使南面'。南面者，天子也。"春秋时，周天子已无天下之权，冉雍有能力充任这个职缺。就像舜代尧，禹代舜一样，冉雍也可以顶替周天子。这样更换领导人，不以血统论英雄，谁有能力谁就上，颇有点现代选举制的味道。

孔子赞叹舜作的音乐，尽善尽美。在孔子眼中，舜是天子楷模，同时也是孝子典范。舜的出身不好。他的父亲瞽叟是公认的恶人。这个老头整天所想的，就是和他的小儿子"象"一起整死舜。舜逃过了种种劫难，却对父亲弟弟没有丝毫怨恨。每次死里逃生之后，他都笑容如花，好像世界上什么都没有发生过。

雍也可使南面

　　政治就像挤地铁。车外的人叫喊，往里挤一挤，里面还有空。刚挤进的则回应，挤死了，谁他妈还在推。一道简单的门，成了一条明显的变心线。站在车门外，等着车里人调整位置，伸出手来，把自己拉上去。这只是哲学家的幻想，从来不是政治家的考虑。

　　冉雍和舜有几分相像。冉雍的家庭出身也不好，传说他"生于不肖之父"（《孔子家语》）。为此，冉雍很自卑。《论语·雍也》记载了一段孔子对他的规劝。孔子说，耕牛虽贱，他的儿子却通身骍红、双角周正，这样的牛犊，就是主人不想用它献祭，山川也不会答应吧。这些话，听上去有点像江湖暗号。孔子实则是在说，冉雍不要气馁，尽管你爸不是李刚，但我看好你。

　　孔子之所以看好冉雍，和冉雍的实际政绩有关。孔子在鲁国时，子路是季氏宰。孔子离鲁，子路二话没说，一拍脑袋，把工作辞了。从此，跟着孔子浪迹天涯。于是，冉雍接替子路担任季氏宰。季氏是鲁国的权臣，也是鲁国的实际当家人。而季氏宰又全权处理季氏事务。所以，能当好季氏宰，就能胜任鲁国的任何工作。季氏宰和鲁国君，干的事没多大差别。

　　在孔子弟子中，担任过季氏宰的，不只冉雍一人。子路、冉雍、冉求，都做过季氏宰。但子路过于果敢，过于刚猛。孔子说，这个大个子将来不得好死。后来，子路在战乱中被人砍成肉酱，孔子的话不幸言中。冉求继冉雍之后当上季氏宰，但政治立场不坚定。他拼命为季氏聚敛财富，最后孔子愤怒地指挥弟子"鸣鼓而攻之"。

　　三人中，表现最好的是冉雍。他苦孩子出身，他不太爱说话，他道德没的说，他办事很靠谱。他不像子路莽撞，也不像冉求善变。在孔子看来，这样的人应该最有出息。他期许冉雍"南面"，就是这个道理。

《中庸》说，"大德必得其位，必得其禄，必得其名，必得其寿。"儒家大多中了理想的毒。他们总是想念着尧舜禹的时代。尧不把帝位传给儿子，而传给了死了都要孝的舜，舜没把帝位传给儿子，而是传给了拼命治水的禹。只要有大德，一切都会水到渠成。

然而，历史并没有照顾孔子的想象。冉雍，在政治上，远远没有达到孔子期许的高度。历史记载，冉雍的政治生涯，止于季氏宰。历史上，他也没有作出多么显赫的事功。他和孔子一样，在权力的路上，只是个落寞的失败者。

相反，历史却反复让我们看到，很多混蛋的王子，只是因为血统，却轻易取得了成功。国君的儿子，生来就是国君。权贵的儿子，生来就是权贵。理想只是理想，现实才是政治。在权力分配上，从来没有按劳分配，更多的是按爹分配。

哲学家和王，才德和权位，似乎总是这么纠结。上帝给了一个人演技，却把舞台给了另一个人。孔子说，"君子疾没世而名不称。"君子痛恨，到死了名誉和才能都不相称。其实，生活中从来不缺这样的君子，他们有德如舜、有才如禹，最后落寞一生，名望和才德相差何啻参商。荀子把这种人生落差，归结到是否得势上。"圣人之得势者，舜禹是也。圣人不得势者，仲尼、子弓（冉雍）是也。"得势的，一遇风云便化龙。不得势的，虎落平阳被犬欺。

那么，人怎样才能得到这个宝贵的"势"呢？还是孟子看得比较明白。他说，"匹夫而有天下，德必若舜禹，而又有天子荐之者，故仲尼不有天下。"一句话，资源的最终分配，还是靠最高领袖的意志。你必须进入天子的视野，得到天子的欢心，然后才能接到天子的恩赐。在专制政体下，哲学家靠让贤而成王，就像买彩票中大奖，只有理论上的可能。现实中，投得越多，亏得越大。

其实，政治就像挤地铁。车外的人叫喊，往里挤一挤，里面还有空。刚挤进的则回应，挤死了，谁他妈还在推。一道简单的门，成了一条明显的变心线。站在车门外，等着车里人调整位置，伸出手来，把自己拉上去。这只是哲学家的幻想，从来不是政治家的考虑。

《论语》第一章，"学而时习之，不亦乐乎？"有满腹的"学"，能得到施展的机会去"时习"，更多时候，这只是一厢情愿。《论语》最后一章很清醒，"不知命，无以为君子也"。不懂得命，没法成为君子。卡车拉货，宝马载人，很多时候这都是前生注定。

其实，《论语》五百章，细细品味，都似乎在清楚地告诉读书人，只管修行，莫问前程。

真理非因老师而存在：子游

一个人有理想不难，坚持理想很难。坚持一会儿不难，一辈子不改变，则绝少有人能做到。

蒙田说，"从古史中，很难找出十来个人，他们一生的行为是有恒专一的。"

我们用这个标准检验一下孔子。

孔子喜欢礼乐。孔子离鲁前，因为坚持礼乐理想，和子路有过争执。子路让年轻的子羔担任费宰，孔子说，你这是害了人家孩子，小孩子正是学习礼乐的时候。子路说，有百姓，有社稷，为什么要先进行礼乐学习呢？孔子愤怒地骂道，我就讨厌你这种死鸭子嘴硬的人。

然而，孔子也有过厌烦礼乐的时候。一个弟子就发现了孔子的这种不一致。这个弟子，就是子游。

子游，姓言名偃，比孔子小四十五岁。孔子在国外四处碰壁后，无奈回到鲁国，这年孔子六十八岁。此后，子游进入了孔子学堂。在师从孔子期间，子游表现十分突出。在孔门十哲中，子游列文学科首位，是典型的春秋好青年。

子羔年纪轻轻当上费宰，孔子很担心。子游从政时更年轻，不满二十八岁就当上了武城宰。他发现孔子的不一致，正是任武城宰的时候。

子游很喜欢音乐。武城的人，受这位领导影响，近朱者赤，都很文艺。《论语》记载，孔子到了武城，听到弦歌之声，莞尔而笑，说道："割鸡焉用牛刀？"孔子看到这么多的人，聚在一起跳舞唱歌，心里很烦。跳舞唱歌不扰民吗？

子游马上回应："以前我听夫子讲，'君子学习了礼乐之道就会爱人，小人学会了礼乐之道就容易服从命令'。为何夫子如此评说武城人对音乐的热爱呢？"

孔子对音乐为何会出尔反尔呢？先看一下孔子对音乐的态度。孔子本人是个音乐发烧友。一次，一个叫悲孺的人想见孔子，孔子不想见，就推脱说自己有病。悲孺刚走，孔子取瑟而弹，并故意让悲孺听见。孔子通过音乐表达不想见悲孺的理由。可见，在孔子心中，音乐是无声的语言，是高级社交工具。

古时候的教育，家里有私塾，乡里有庠序。到了孔子时，这些机构已不太重视音乐了。子游到了武城之后，"弦歌之声"重新又兴盛了起来。按照《论语》注家的解释，"弦歌"指的是武城人咏唱着诗经，用琴瑟伴奏。应该说，唱诗鼓瑟在武城已十分普遍，在学堂、在乡间，都有人爱好。那时的武城就像音乐之都维也纳，每晚都有听不完的音乐会。

孔子批评子游"割鸡焉用牛刀"，历来有两种解释。一种认为，"弦歌"是王道教育，子游在武城这个弹丸小城实行，有点小题大做。另一种认为，孔子感叹子游竟然有实行王道的心胸，而只是当一个武城宰，实在是大材小用。按照前一种说法，孔子是在给子游泼凉水；而按照后一种解释，孔子是在为子游鸣不平。

从子游的反应来看，前说比较符合实际情况。孔子是笑着说这些话的。"莞尔而笑"，笑的程度比微笑大一些。当时，孔子的身边除了子游外，还有同门的一些弟子。孔子如果是在人前夸子游，子游应该谦虚或者沉默才对。子游却用孔子的一番道理来反驳孔子，孔子认输，只得告诉随行的弟子，我刚才是玩笑话，不要当真。

可见，孔子主张人要爱音乐。但武城人真的这样做的时候，孔子又有点小失落。人类智者多有这种倾向。世界上绝大多数宗教，从不祈求人聪明，而是要保持一点愚昧、一点混沌。这是通往幸福的必然路途。夏娃知晓了分辨善恶的知识，也意味着人类堕落的开始。孔子说，"民可使由之，不可使知之"，也是这个道理。幸运的是，孔子的这个纠结没能逃过子游的眼睛。

武城是鲁国的一座小城，离曲阜并不远。孔子回到祖国后，并无实际职务。所以，他有时间四处散漫行走，考察风土风情、四季更换。这一时期，孔子除了到过武城外，还去过子路治下的蒲邑。

孔
二
先
生

武城子游驳孔子

　　孔子追求的仁义标准，有时自己也未必做得到。这时候，
就会有人提出疑问，提出质疑。子游、子路、宰我、子贡，都
曾挑出过孔子的毛病。弟子的舆论监督，是孔子集团没有出现
专制的原因之一。

在蒲邑，孔子和子路也发生了争论。《孔子家语·致思篇》记载，子路领导百姓修筑水利工程。看到百姓很辛苦，子路拿出自己的粮食，分给百姓吃。每人领到"一箪食""一壶浆"。孔子在访问蒲邑的过程中，听说了这件事，就派子贡前去，制止子路这么做。子路很不爽，认为孔子禁止向大家发粮，就是禁止自己行善。在子路看来，老师说的和做的有矛盾。

这次，孔子没有说自己是在开玩笑。孔子很严肃地告诉子路，如果你认为百姓在饥饿下做工，就应该告诉君主，开仓救济。而你私下向他们送粮，是在彰显你的美德，而突出国君的过失。这样的行为，如果不及时停止，你迟早会因你的愚蠢而获罪。

孔子的话，听来很有道理。孔子考虑得似乎比较长远、周详。但是，细细想来，也不是没有纰漏。当时，交通不便，通信闭塞。孔子主张的办事程序，时间成本很高。子路发现民众挨饿，先报告、请示，等待国君研究决定放粮，国库的粮食再运到施工现场。这些都办完，估计民众的尸体，早就被饿狗吃了。所以，子路应该追问孔子，挨饿的百姓是否等得起？老师的想法，是不是只是听起来很美，实行起来并不是那么回事。

然而，在《孔子家语》里，子路没有再对孔子进行质疑。大部分的儒家经典中，孔子的话就是真理。孔子永远是以一个答案拥有者的身份出现的。这反倒不如《论语》真诚。在《论语》中，孔子弟子诘难老师的例子很多。子游的"弦歌"之辩不过是其中之一。其他如陈司败讽刺孔子不知礼、子路质疑孔子从政上的饥不择食，都印证了孔子在某些情况下出错的可能性。

孔二先生

孔子有时思想也会开个小差。孔子追求的仁义标准，有时自己也未必做得到。这时候，就会有人提出质疑。子游、子路、宰我、子贡，都曾挑出过孔子的毛病。弟子的舆论监督，是孔子集团没有出现专制的原因之一。

我爱我师，我更爱真理。老师因为真理而存在，真理并非因为老师而存在。对于做学问来说，认识到这一点，是难能可贵的。王充在《论衡》里，感慨孔子弟子大多缺少子游的敏锐和勇敢。他说，孔子笑话子游弦歌不绝，子游引孔子的话，驳倒孔子。今天看《论语》之言，有很多话像极了孔子嘲笑子游的弦歌之词。而孔子弟子不能如子游一般问难，所以孔子的话语，多成了无解的难题。王充的遗憾，道出了圣化背景下研究孔子的尴尬。这种尴尬转化到政治层面，就是每个人都知道皇帝没穿衣服，但就是没人敢于明言。

正因为如此，我很喜欢真实的孔子。孔子的学说之所以不是宗教，就是因为他说的话，允许人质疑。如果质疑得有理，孔子一个七十多岁的人，甚至可以向子游一个二十多岁的小辈儿认错。面对自己的错误，孔子说，"这是我孔丘的幸运，有过错，就有人指出来。"

蒙田说，"任何人仔细探索自己，看到自己身上，甚至自己对事物的判断上，都有变幻不定、互不一致的地方。我也说不出自己身上哪一点是纯正的、完整的、坚定的，我对自己也无法自圆其说。我的逻辑的普遍信条是各不相同。"（蒙田《蒙田随笔》）

328

孔子身上也有蒙田一样的坦诚。颜回是孔子最欣赏的弟子，然而孔子对颜回也有不满。孔子说，"回也非助我者也，于吾言无所不悦。"孔子说的任何话，颜回都高兴地记在笔记上，回家一遍一遍地复习，没有任何怀疑。这是孔子对心爱弟子的最大遗憾。

佛说，我不是佛，我所说的，都是错的。

如果天下读书人都是颜回，对于孔子，无疑是痛苦的。没有了辩难，没有人指出错误，孔子享受的只能是百年孤独。

《论语》中，孔子说，我不想说话了。子贡问，夫子不说话，弟子怎么记述？孔子答，天说话了吗？不还是春秋流转，万物滋长，草木丰沛？

《论语》里，孔子有很多这种沉默的冲动。

流水不动，很快就会变质；房门不开，很快就会生锈。失去了质疑，孔子变得不想继续言说。

流水不动了，房门不开了，孔子不说话了，抢掠、杀戮、专制、独裁，也便不远了。所以，有时候合上《论语》，我会感到无尽的害怕。

丑小鸭的蜕变：澹台灭明

人们常说，看一个人的为人，最好是观察他身边有哪些朋友。对于处在权位上的人来说，就是看他提拔什么样的人。

孔子告诉弟子，做官最重要的有三点：带好头，不计较，用好人。其中，"好人"最难找。

仕途上，孔子是失意的。但孔子的不少弟子却因为孔子的举荐，成功走上了绚烂的仕途。孔子的弟子从政后，也十分注重选拔人才。最典型的是子游，他从政期间，发现了一个不错的人。最后，这个人又成了孔子的弟子。

《论语》记载，"子游为武城宰。"孔子问："你发现人才了吗？"子游说："有一个人，走路从来不走小路，不是因为公事，从来没有到过我的办公室。"

不走捷径、不托人情，这就是澹台灭明。

澹台灭明，澹（tán）台是姓，灭明是名，字子羽。《史记》记载，他比孔子小三十九岁，《孔子家语》说比孔子小四十九岁。总之，比孔子小很多。

人世间似乎有一条规律，权总爱找钱，钱也总该找权。官商勾结，各自实现利益的最大化。武城是澹台灭明的家乡。在这里，澹台灭明想托人情、找门路，是有条件的。《左传》记载了澹台灭明的家世。"王犯尝为之（武城）宰，澹台子羽之父好焉"（《哀公八年》）。王犯曾经是武城的太守，澹台灭明的父亲和他关系很好。父亲和太守过从甚密，澹台灭明家在武城至少也是有身份的人。

澹台灭明没有利用人脉，办一些只有靠关系才能办到的事情。子游在武城当公务员很省心。于是，子游把这个让人省心的澹台灭明引荐给孔子，做了孔子的弟子，一起来研究礼乐制度。

孔子何时亲眼见到子游举荐的这个弟子，不好断言。不过，子游做武城宰时，已是孔子生命的末年。孔子生前到过澹台的家乡武城，听到过子游的"弦歌之声"。子游向孔子推荐澹台灭明，应该就在此后不久。

孔子一辈子都在收徒。孔子的弟子中，最年长的数秦商、颜无繇、冉耕和子路。他们比孔子均小不过十岁。而最小的，则是子游、子夏、子张等人，小孔子将近五十个春秋。到收了澹台灭明，孔子的生命也即将走到终点。

澹台灭明是孔子的关门弟子。不过，招收这个弟子，据说孔子犯了"以貌取人"的毛病。《史记》载，灭明状貌甚恶，想投奔孔子。孔子认为，如此面貌必定无才。受业之后……澹台灭明在诸侯间深有名望。孔子听说后，说道："吾以言取人，错过了宰予；以貌取人，错过了子羽。"灭明因为长得丑，孔先生差一点没收，后

331

来灭明发愤图强，孔先生才发觉自己看走了眼。

关于这段收徒史，王肃也有描述，不过与司马迁相反。王肃说，子羽"有君子之姿。孔子尝以容貌望其才，其才不充孔子之望"（《孔子家语》）。灭明长得太帅了，惊住了孔夫子，夫子以为必有异能，结果发现，帅不能当饭吃。

哪种说法靠谱呢？研究孔子及其弟子，《论语》最信实。子游一向目光敏锐，从走路和办事等细节看人，凸显的是澹台的才德。所以，司马迁说灭明长得丑，较符合《论语》的语境。

美貌是上帝赐予人的一件美丽面具，它能给人良好的第一印象。心理学的研究表明，人们从心底倾向于认可面容姣好的人心地也比较善良。电影之中，男主角高大英俊，女主角腰细腿长，就是迎合了人们的这种潜意识。而"状貌甚恶"则更容易和电影中的反派联系在一起。长得不好的人，天生面临着更大的生存压力。心性不豁达者，不一定禁得起造物主开的这个玩笑。

所以，我很想八卦地知道，灭明的长相，是否影响到了他的自尊心。他没事不到子游的办公室，除了品德高洁之外，是否还会因为自卑？孔子糊涂时会"以貌取人"，澹台不轻易去拜见子游，是因为他担心受到相貌歧视吗？

这是合理怀疑。孔子的学生中，冉耕传说患上了麻风的"恶疾"。孔子去看望他，他不忍老师看到自己的惨状，没让孔子进屋。师徒二人隔着窗户握手，相对无言，恍若隔世。所以，灭明如因"恶

澹台灭明拜师

子游透过一张并不美丽的脸，看到了一颗美丽的心。他竭力向孔子推荐，让需要教育的人，受到了最合适的教育。于是，丑小鸭完成了蜕变，成了名扬诸侯的白天鹅。

貌"而不愿见人，这也是可能的。不过，若真如此，产生的效果，将与冉耕相反。一个大男人，因为丑而不敢出门，无论如何将为《论语》平添几分喜感。

澹台灭明有的是故事，推翻了我的恶意揣测。孔子死后，弟子分散离去。《史记》记载，"混得好的当了王侯的师傅卿相，混得一般的当了士大夫的教师或朋友，也有的人隐而不见。子路居卫，子张居陈，澹台子羽居楚，子夏居西河，子贡终于齐"（《儒林列传》）。

这些人，除澹台灭明到了楚国外，其他人的活动都限于传统意义的中国。卫、陈、西河和齐，都是正宗的华夏地域，唯独楚国当时还是夷狄所居之地。孔子说，"夷狄之有君，不如诸夏之无。"国家文化落后，即便有君主，也不如华夏无君。拿现在的话来说，孔子一干弟子毕业后，去的都是北上广一线城市，只有澹台灭明甘心扎根边疆楚国。

澹台到楚国后，空前成功。司马迁说，"从弟子三百人"（《仲尼弟子列传》）。当时教育尚不普及，全天下尤其是处在夷狄的楚国，读书人总数并不多。三百人绝对是一个了不起的数字。可以说，孔子死后，若说北方数子夏最有势力，南方则数澹台灭明。一个北宗，一个南宗。北宗守护原有地盘，南宗则向外拓展。澹台灭明光大儒家学说，类似于保罗将基督教传到了外邦。这是莫大之功。

澹台灭明能有这样的成就，应该不至于内向到不敢见人。敢在几百弟子面前开讲座，有关他自卑的疑惑，也就不攻自破了。他"行不由径"，他"委身适荆蛮"，看得出，他倒有一种无所畏惧的神秘侠气。

澹台灭明的神秘之处还有很多。他对那些有事没事常到子游办公室的人是怎么看的？孔夫子起初"以貌取人"，他是怎样想的？他在楚国究竟讲了什么，如此受人欢迎？我们都想弄个明白。

然而，关于澹台灭明，我们知道的只有这些。以上所举的几件事，就是澹台灭明留下来的所有历史。他的经历、他的思想、他的为人，即便是一流的历史学家知道的，也不比你我多多少。

这就是那个时代，这就是《论语》。很多人物出场，只是一句话。对于孔子，司马迁说，"余读孔氏书，想念其为人"（《史记·孔子世家》）。而对于澹台灭明，我们想念其为人的时候，却连本书都找不到。

这就是时间的残酷，它将一个活生生的人，过滤成历史上干巴巴的几句话。不过，你我也不要觉得遗憾。今天人们有了电脑，有了微博，人们可以上电视，也可以发论文。任何人物、任何思想，从理论意义上来说，都可以流传。但用时间的秤量过之后，又会留下来多少呢？千百年后，甚或几十年后，真正能够被人记住的又有几个呢？

而澹台灭明的几件事，历越了千载，依然为人所知。读过《论语》，每个人都会知道，他很坚强、很正派、很爱学习，一直在坚持自己的理想。所有这一切，都源于子游的善于发现。子游透过一张并不美丽的脸，看到了一颗美丽的心。他竭力向孔子推荐，让需要教育的人，受到了最合适的教育。于是，丑小鸭完成了蜕变，成了名扬诸侯的白天鹅。

因此，读澹台灭明，我越发觉得子游可敬。他在武城做了两件事，一是推行礼乐，让武城弦歌不绝，成为音乐之都；二是发现人才，光大了师门，让孔子的学说流传到了荒蛮之地。

而在这两件事上，年老的孔子似乎都犯了些糊涂。对于音乐，孔子说，割鸡焉用牛刀？对于选人，孔子险些以貌取人。

《论语》不是小说：有子

法国心理学家勒庞曾写过一本《乌合之众》。这本小册子，论述群众心理十分到位。他断言，"只要有一些生物聚集在一起，不管是动物还是人，都会本能地让自己处在一个头领的统治之下。"

对于孔子集团来说，孔子死后，众人会选择哪个弟子当这个头领呢？

一般认为，孔子最重要的弟子有三个——子路、子贡和颜回。子路小孔子九岁，是孔子出行的保镖兼司机。颜回最得孔子喜爱，是孔子思想上的知音。他们两位均先于孔子去世。

颜回死后，子贡是孔子晚年最贴心的人。《史记》记载，孔子临死的时候，想到的就是子贡。子贡来看望孔子，孔子说，端木赐你来得为何这么晚啊。我已经等你好久了。孔子去世后，众弟子为师守丧三年。唯独子贡，花开花落，留在孔子墓旁六年不愿离去。今天，孔子墓的西侧还能看到子贡当年为守丧而搭建的房舍。

孔子走后，按理说，继承人应该是子贡。然而，这个预期并没有成为现实。《孟子·滕文公上》记载，"昔者孔子没，三年之外，门人治任将归，入揖于子贡，相向而哭，皆失声，然后归。子贡反，筑室于场，独居三年，然后归。他日子夏、子张、子游以为有若似圣人，欲以所事孔子事之。"

故事的发展，出乎人们的意料。为何子夏等人拥立之前名不见经传的有若作为孔子的接班人？子贡为何没有参与孔门的这场立嫡活动呢？

先说有若。有若，字子有。《史记》载，他比孔子小四十三岁，略长于曾参。而《孔子家语》载，他比孔子小三十六岁，略小于子贡。

有若在《论语》中出现了四次，位置却十分突出。《论语》开卷语是孔子的"学而时习之"。孔子之后，第二个出场的就是有若，顺序排在孔子所有弟子之前。另外，《论语》全书，统称有若为有子。后人据此推断，有若在孔子卒后，地位超过众弟子。这和孟子的记载"子夏等人师事有若"是相符的。

在众弟子中，有若也确有卓尔不群之处。孟子说，"宰我、子贡、有若智足以知圣人"（《孟子·公孙丑上》）。宰我、子贡位列孔门十哲言语科，聪明不言而喻。孟子将有若和宰我、子贡并列，认为他们的智力可以和圣人孔子相媲美，可见有若十分聪慧。

有若还是一个勇士。《左传·哀公八年》记载，吴国将伐鲁，军队行进到曾子的家乡武城。鲁国大夫微虎召集了七百人，准备夜晚对吴发动偷袭。经过选拔，从七百人中又挑出三百人组建了一支敢死队。有若便是这三百死士之一。

如果孔门论智，颜回、宰我、子贡，可登堂入室。如果论勇，子路、冉有、樊迟，可不分伯仲。但若论智勇双全，只有有若具有独特的优势。孔子死后，他被几位同门推上师位。这些同门，全部分量十足。子夏、子张位列孔门十哲，子游闻见不俗，他们服膺有若，也足见有若的能力。

历史没有记载，子贡对有若成为孔子接班人有何意见。但反对的声音确实存在，这个人就是曾子。《论语》中，第二章出现了有子，而曾子出现在第四章，中间隔了一段孔子的话。除有子外，曾子也是《论语》全篇称"子"的一位孔子弟子。

曾子为何不认同有子取代孔子成为孔门代表呢？《孟子》的记载是，子夏等人找到了曾子，力图获得曾子对有子地位的认可。曾子没有攻击有子。曾子打了一个比方。他说，经过长江的洗涤、汉水的冲刷、秋阳的暴晒，一件物品的光亮程度，其他物品是没法赶上的。言外之意，不是有子不好，是老师实在太强，孔子实在无可取代。所以，曾子不认同有子坐上夫子的师座。

子贡也曾经表达过对孔子由衷的赞美。孔子死后，各种质疑甚至污蔑，以不同的形式呈现了出来。鲁国大夫叔孙武叔，孔门中的陈子禽都认为子贡成就超过了孔子。子贡没有接受这种赞誉，而是不惜一切代价为老师辩护。子贡说，在我眼中，孔子是高不可攀的宫墙，是光照大地的日月，是无论如何都无法超越的青天。这些比喻，和曾子对孔子的评价，内容上是一致的。

我们推测，子夏等人也许原本计划在征得曾子的同意后，再征询子贡的意见。曾子已表示了反对，尊有子运动便告一段落。曾子、子贡观点相似。即便曾子同意，要过子贡这一关，恐怕也很难。有子的不被认可，是注定的事情。

有子没有成功接班，《史记》提供了另一种解释。《史记·仲尼弟子列传》载，孔子去世后，弟子十分想念夫子。有若的相貌像孔子，大家便拥戴他当老师，像以前对待孔子那样对待他。一日，弟子问有若，从前夫子出行，让弟子们带上雨伞，后来果然下雨。弟子就问："夫子怎么会知道要下雨呢？"夫子答："《诗经》不是写'月亮靠近毕宿，便会有滂沱大雨'吗？昨天月亮不是正好停在毕宿区域吗？"然而，有一天，月亮停在毕宿区，天没有下雨。商瞿年纪大了，还没有孩子。他的母亲要为他另娶妻室。夫子派商瞿到齐国去，他的母亲不舍，为此向夫子求情。夫子说："不必担心，商瞿四十岁之后会有五个儿子。"后来果真如此。请问，我们的夫子是如何知道这些的呢？有若沉默不语，回答不上来。弟子们站起身来说："您让开吧，这不是您该坐的位置。"

司马迁笔下，有若成为后孔子时代的掌门人，是因为长得像孔子。但有子不会解释天象和生育，被孔子众弟子赶下了台。司马迁讲的故事比孟子讲的更富有张力，但真实性方面比较可疑。有若因长相接任孔门师位，那么阳虎也像孔子，是否也有机会参加孔门教主的竞聘？孔门选立当家人，看中的应该是才德和对孔子学问的精深理解。有若不是天气预报员，更不是算命先生，何必因为这些专业之外的问题，就犯了众怒丢了职位？这些都是大大的问号。

340

有若被逐下师位

　　中国历史一直围绕着两条线索展开争夺。政治上，各路诸侯，争夺治统。治统的改变，就是改朝换代。学术上，思想家则会争夺道统。谁在这场争夺中取胜，谁就能左右历史的书写。

孔二先生

　　有子没能成功登顶，但并不代表孔子就失去了嫡系继承人，这个继承人就是反对有子的曾子。曾子是孔子孙子子思的老师，子思写了《中庸》。最重要的是，子思又是孟子的老师。历代政府将曾子捧到了很高的位置。儒家中，孔子成了圣人。其他称圣的有四位，颜回是复圣，曾子是宗圣，子思是述圣，孟子是亚圣，合称颜曾思孟，代表着儒家的嫡系一脉。

　　仔细阅读《论语》会发现，有子和曾子在《论语》中，所享待遇区别也很大。他们虽然都称"子"，但曾子出现了十五次，有子只出现了四次。在有子的四次出场中，三次是独白，讲孝悌、讲礼，讲信；一次是接受鲁哀公的垂询，谈税赋。《论语》没有记载有子和孔子的直接接触。孔子对有子有何看法，我们更是无从知晓。

　　而曾子正好相反。曾子既有独白，也有和孔子的对话。孔子评价曾子，"参也鲁"（是个鲁钝的孩子）。孔子还把曾子叫进了内室，传授了"一贯之道"。《论语》的编者甚至直接将孔子和曾子的话并列放在一章。《论语·宪问》记载，"子曰：'不在其位，不谋其政'；曾子曰：'君子思不出位。'"除了曾子，这是任何弟子都不曾享受过的殊荣。

　　这些记载表明，在《论语》编者的心中，曾子确实有着有子不可比的优势。曾子接受了孔子的秘传心法。在众人面前，曾子的话和孔子的话，几乎具有同等价值。这一切无不昭示着曾子的正统地位。这一切也无不让人联想，曾子作为孔子嫡系传人，是颜回死后，孔子的特意安排。

342

研究《论语》的学者认为，《论语》成书于有子和曾子的门人之手。如果这是真的。那么，从上面的差别也可以看出，曾子的门人在编撰《论语》时，无疑具有更大的话语权。

在这场夺嫡之争中，子贡忽然消失了踪影。他的后世形象，更是不能和曾子相提并论。孔子去世后，关于子贡，负面信息最多。他的富有、他的慷慨，均成了嘲笑的对象。他拜访原宪，被看成炫富；他帮老人改进灌溉技术，被人看成是投机取巧。这和曾子的地位日隆恰好形成了鲜明对照。有子和子贡，在曾子面前纷纷倒下。这此消彼长的背后，是巧合，还是别有原因？

中国历史一直围绕着两个线索展开争夺。政治上，各路诸侯，争夺治统。治统的改变，就是改朝换代。学术上，思想家则会争夺道统。谁在这场争夺中取胜，谁就能左右历史的书写。

《论语》不是小说。但字里行间，也似乎弥漫着一场看不见的硝烟。

唯有迦叶在微笑：曾子

培根说，"书籍好比食品。有些只需浅尝，有些可以吞咽，只有少数需要仔细咀嚼，慢慢品味。"（《人生论》）

《论语》属于后者，只有慢慢品味，才可以咀嚼出个中三昧来。《论语》二十篇，每篇无固定主题，每篇中各章节也无多少联系。孔子开篇谈"学习"，接着弟子有若讲"孝"，然后孔子谈论"巧言令色"的人。读《论语》，就像听一群人聊天。谁都无法预测，下一个发言，会有什么内容。

在这样的漫谈中，想弄懂《论语》究竟要讲什么内容，是困难的。这也许是东方人思维的特点，不重逻辑，重感觉，点到为止。就像时下流行的一句话，亲，你懂的。

在这种像雾像雨又像雪中，理解孔子，即便是他身边的弟子，也遇到了麻烦。在子贡眼中，颜回"闻一知十"，听到一点，可以推出全部。但颜回说，对孔子的学问，"仰之弥高，钻之弥坚，瞻之在前，忽焉在后。"老师的思想庞杂无序，从中发现终极之道，难于上青天。颜回用一生心血，来揣摩这种杂乱中的统一性。结果，二十九岁发尽白，四十一岁故去。

孔子似乎总是说一些，藏一些，关于同一个问题，你永远不知道，他还会有哪些看法。孔子的这种教育方式，引起了部分弟子的不满。《论语》记载，有一天，弟子埋怨孔子教学总是留一手。孔子解释说，"你们几个以为我对你们有什么隐瞒吗？我是丝毫没有隐瞒的。我孔丘就是这样的人。"

不过，弟子的不满，也让孔子意识到了问题的严重。《论语》中，孔子至少进行了两次秘密授业，传授他学问的主旨和大道。

《论语·卫灵公》记载，孔子找到子贡，问，"赐，你真的以为我是一个学得多、记得多的人吗？"子贡答，"是的，难道不是吗？"孔子感叹道，"我有一个根本的东西是贯彻始终的。"《论语》的记载，戛然而止。

这令我们费解。子贡位列孔门十哲言语科。追问是言语科学生的专长。子贡为何没有继续探询老师这个贯彻始终的"根本"究竟是什么呢？孔子似乎也没有理由，把子贡找来，只是对子贡说，我有一个宝贝，但就是不告诉你。孔子究竟想说什么，在今天已经成了悬案。

孔子还叫来了另外一个弟子，这个弟子就是曾参。孔子说，"曾参，吾道一以贯之。"曾子曰："唯。"子出，门人问曰："何谓也？"曾子曰："夫子之道，忠恕而已矣。"

孔子与曾子谈话，相比孔子与子贡的那次更具体。曾子听到孔子的"一贯之道"后，径直地回答了一声"唯"（是）。曾子也没有追问，就退出了孔子的房间。师徒两人的对话，可能发生在内室。曾子退出后，孔子门人问曾子，夫子究竟是什么意思。曾子只用两个字，就概括了孔子一生的追求，即"忠"和"恕"而已。

这更让我们疑惑。颜回一生苦苦冥想孔子之"道"，尚感到捉摸不定。为何曾子就如此自信，这个"道"就是"忠恕而已"呢？孔子说，我一生有恒定追求。曾子立即会意。如同释迦拈花，独有大弟子迦叶"破颜微笑"。这实在有些难解。

我们先认识一下曾子。曾子比孔子小四十六岁（《仲尼弟子列传》），比颜回小十六岁，属于孔子晚年收的弟子。和颜回一样，曾子也是父子同门。他的父亲就是孔子的弟子曾点。曾点是一狂狷之士。他认为，领着几个童子，吹着小风，唱着歌回家，是人生大快活。孔子感叹，曾点的话说到了自己的心坎里。

与父亲不同，曾子活得没这么潇洒。他从小就表现出了超越年龄阶段的老成。相传，父子两人一次在田地劳作，曾子失误铲断了瓜藤。曾点大怒，抄起棍子，对曾子就是一顿猛揍。曾子死命扛住不跑，被打死过去。苏醒后，曾子不但对父亲毫无怨言，反而操琴弹奏，告诉父亲自己身体无碍，不要担心（《韩诗外传》）。

孔子评价曾子，"参也鲁"。在孔子眼里，曾子不像颜回可以"闻一知十"，也不像子贡可以"闻一知二"。曾子有点迟钝。曾子快被曾点打死而不逃跑，就是例证。因此，孔子听说此事后，严厉地批评了曾子的过于老实。

在孔子生前，曾子表现也不算突出。《论语》记载了孔子排定的德行、政事、言语和文学四科十个优等生，也就是所谓的"孔门十哲"。曾子并没有出现在这个榜单上。有人认为，这是因为孔子在世时，曾子不满三十岁，尚没有充分表现的机会。这个说法看似有理，实则牵强，因为"十哲"中出现了子游和子夏，他们只不过比曾子大一到两岁而已。所以，"十哲"排序说明，曾子在孔门，至少在孔子眼中，实力还没有达到一定级别。

然而，如此没有竞争优势的曾子，为何孔子会秘传心法于他，并被《论语》详细地记载下来？《论语》的编者如此记载，是否蕴涵其他深意？

我们知道，孔子在世时，已经和身边的一群弟子，形成了一个政治集团。孔子去世，颜回已经不在人间，孔门选谁当继承人便是一个现实问题。

一场夺嫡之争悄悄展开。这场争斗的结果是，两个弟子胜出。其中一个是有若，一个便是曾子。这可以从《论语》的用词上看得出来。《论语》中除孔子外，孔子弟子中始终称"子"的只有有子和曾子。而且在最关键的第一章《学而》中，有子第二位出场，曾子第四位出场。如此排列，说明在《论语》的编者看来，有子和曾子的地位具有特殊性。可以说，有子和曾子，就像禅宗中的神秀和慧能，是孔子之后的双子星。

曾子和有若，哪一个更杰出？从现有的记载看，有若思想更深刻。《礼记》记载，有若曾经问曾子，处理丧事方面，从孔子那里可曾听过教导？曾子说，听过，"丧欲速贫，死欲速朽"。有若说，这不是君子应该说的。曾子说，我确实听夫子这么说过，子游也听

子贡、曾子受一贯道

　　颜回一生苦苦冥想孔子之"道"，尚感到捉摸不定。为何曾子就如此自信，这个"道"就是"忠恕而已"呢？孔子说，我一生有恒定追求。曾子立即会意。如同释迦拈花，独有大弟子迦叶"破颜微笑"。

过。后来，曾子就把和有若的争论告诉了子游。子游惊呼，有若真是有见识，但这句话确是老师所讲。当时夫子在宋国，看到桓魋为自己建造石椁，三年不成。孔子说，如此浪费，死了不如早点烂掉。鲁国大夫南宫敬叔返回鲁国，必定带着很多宝贝上朝。孔子说，如此贪财，丧失了财物不如尽快将财物丢光。"丧欲速贫，死欲速朽"，针对的确实不是君子所为。子游感慨，有若的深刻，真是和自己的老师孔子一模一样。在这个故事中，曾子的表现相形见绌。

不过，曾子的优势是做人谨慎，始终如一。曾子说，"吾一日三省吾身"。他也是这么做的。他万分小心地走完了一生。《论语》记载，将死的时候，他对弟子说，"看看我的手，看看我的脚。《诗经》说，战战兢兢，如临深渊，如履薄冰。我现在手足俱在，从今以后，我才知道我是可以免于刑戮了。小子们，你们要记住我的话。"到死的时候，曾子还能谨慎到这种程度，实在非常人所能及。这种老成谨慎，孔门中也绝无仅有。

曾子还有一个很大的优点，就是孝顺。孔子弟子中，孝顺的人很多，但最著名的有两位，一位是闵子骞，一位就是曾子。闵子骞不记仇，恳请父亲不要休掉刻薄的后母。他的故事体现了中国人"孝"的传统。而曾子的"孝"主要体现在对父亲曾点的顺从上。曾点快把他打死，他也不跑，只是其中一例。

曾子对孝的恪守，大大超过了孔子的期许。孔子说，"父母在，不远游。"（《论语》）曾子发展为"义不离亲一夕宿于外"，人不可离开父母哪怕一个晚上（《战国策》）。孔子说，父亲去世三年后，不改变父亲的主张的，是孝子。曾子说，父亲去世三年后，不仅不能违背父亲的主张，连父亲下属的主张都不能违背。

曾子将中国人对父母的服从性发挥到了极致。胡适说，在曾子看来，我爱我，不是因为我是我自己，而只是因为我是父母的儿子。我不敢毁伤我的身体，不是因为身体是我的，而是因为身体发肤受之父母。一句话，我不是我，而是父母的遗体。任何宗教都有一个教主，而在曾子那里，这个教主就是父母（《中国哲学史纲》）。十三经中的《孝经》成于曾子之手，曾子对中国人孝道的影响，甚至超过了他的老师孔子。

后来，曾子被官府封为"宗圣"，受到儒生的顶礼膜拜。他的孝的故事，甚至成了神话。传说，曾子的母亲想念曾子，就啃咬自己的手指。曾子离家在外，立即感觉手痛。曾子不敢在外停留，赶忙回家。母子连心，在曾子那里，已经灵验到和现代的通信技术相媲美的程度。

孔子之后，有子短暂地做过孔门的领袖，但被人赶了下来。从此，儒家走上分裂道路。曾子的一派，上承孔子，下启孟子，被奉为儒家的正宗。《论语》的实际写作，多由曾子一派负责。

得心法者，得正统。所以，《论语》记载孔子秘传心法给曾子，不能不让人猜想，这是否是《论语》的编者刻意写进去的。孔子找曾子传授一贯之道，而不找其他弟子。我不惮以最大的恶意推测，《论语》编入这样的章节，是否是在论证曾子作为孔子继承人的合法性？孔子传教，连颜回理解起来都吃力。而曾子轻松就能会意，这是否是在有意说明曾子继承的合理性？

　　孔子走了，孔门的几十个弟子，如何聚合在一起，又如何各自分散，不能不引人遐想。有人的地方，就有江湖。孔子走后，孔门的江湖又是一个怎样的世界？

真相在哪里：子张

子夏说，仕而优则学，学而优则仕。

做官了，有余力就去学习；学习了，有余力就去做官。学习和做官，被前所未有地捆绑在一起。可以说，这是子夏给中国所有读书人带的一个紧箍咒。直到今天，这个紧箍咒，非但没有松，反而越勒越紧。

子夏的这个想法和孔子的思想一致吗？在学习和做官的关系上孔子是如何教育自己弟子的呢？

让人感到惊讶的是，孔子的弟子很少直接问到这个敏感话题。《论语》中，孔子很多弟子向孔子问过如何从政，比如子贡、子路、和冉雍。但这些提问，严格地说，都属于谈论政治，和学习目的并无多少关系。

孔子的许多弟子追随孔子学习，也并非都把出来做官作为第一追求。孔子曾想让漆雕开出仕，漆雕开说自己还没准备好。季孙明确邀请闵子骞出来担任官职，闵子骞严词拒绝了。孔子说，我想放弃人间的俗务，到海上漂流，我相信子路会跟着我的。

孔子弟子中，唯一直接问到如何通过学习谋得官职的只有一个，他就是子张。子张，姓颛孙，名师，字子张。子张是陈国人，比孔子小四十八岁。他也是孔子著名弟子中年龄最小的一个。他比曾参还小两岁。孔子死的时候，他刚满二十五岁，还是个涉世未深的青年。

《论语》是这样记载子张之问的，"子张学干禄。子曰：'多闻阙疑，慎言其余，则寡尤；多见阙殆，慎行其余，则寡悔。言寡尤，行寡悔，禄在其中矣。'"

子张向孔子请教求官职得俸禄的方法。孔子说，"多听，有怀疑的地方加以保留；其余足以自信的部分，谨慎地说出，就能减少错误。多看，有怀疑的地方加以保留；其余足以自信的地方，谨慎地实行，就能减少懊悔。言语的错误少，行动的懊悔少，官职俸禄就会在这里了。"

少说多做，多听多看，被孔子认为是做官的要诀。《史记》记载，孔子向老子问礼，老子告诫孔子，"聪明深察而近于死者，好议人者也。博辩广大而危其身者，发人之恶者也。"也是劝告人在乱世混，要管得住嘴。这和孔子告诫子张的，是同一个道理。

受老师的影响，孔子弟子，尤其是后期弟子，多半都能做到"谨言慎行"，不说废话。曾子是这方面的楷模。曾子到死的时候，在遗言中评价自己，一辈子"战战兢兢，如临深渊，如履薄冰"。子夏年轻时攻考据之学，善于从细碎中悟出真理。他只教弟子礼仪中"洒扫应对"的具体细节。从这里可以看出，子夏也不是一个爱

353

说空话的人。

　　唯独子张是个例外。子张与曾子、子夏等人的"战战兢兢"不同。他心胸很宽大，整天一副大大咧咧的样子。聪明的子贡发现了师弟之间的区别；他问孔子，"子夏和子张做人，哪个表现好呢？"孔子回答说，"子张表现得太过了，子夏却又不够。"子贡追问，"那么是说子张比子夏做得好吗？"孔子回答，"过犹不及。"

　　在另一个场合，孔子对子张也进行了评价。孔子说，"柴也愚，参也鲁，师也辟，由也喭（yàn）。"在孔子眼中，子羔（柴）有点愚笨，曾参有点鲁钝，子路（由）有点粗野。而子张的特点是偏颇，或者说有点爱钻牛角尖。

　　孔子对子张"偏颇"的评价，是有一定根据的。子张在《论语》中出现了18次。他问了孔子很多问题，包括"历史可以预知吗""公认的好人令尹子文，真的是个好人吗""什么才算真正的明白事理"。这些问题，角度独特，都是问其他同门所未问。

　　孔子生前，诸多弟子之间关系很融洽。孔子曾欣慰地说，自从有了颜回，"门人益亲"。但孔子死后，孔门弟子间开始分化，诸多隐藏的矛盾逐渐公开化。偏颇的子张意外地处在了风暴的中心。《论语》记载，子游、曾子都曾非议过子张。

　　子游说，"吾友张也，为难能也，然而未仁。"我的朋友子张，虽说做得已经难能可贵了，但还没有达到仁的境界。人说话如果先扬后抑，重点一般是想强调"抑"。子游对子张的看法，有褒有贬，但显然偏重于子张的不足。

子张与人辩难

　　后人误尊曾子，遂抑子张，是非黑白，颠倒高下，此孔道所以不明也。

——康有为：《论语注》

如果说子游的态度还让人摸不清的话，曾子的话，则明确得多。曾子说，"堂堂乎张也，难与并为仁。"这句话的意思是，"实在是高不可攀啊，别人很难和他一起达到仁的境界"。曾子显然是在挖苦子张。在曾子的眼中，这位同门牛得过分了。

在人们的心目中，子游一直是个见解独到的人。他不迷信权威，曾当面反驳孔子说的和做的不一样。最终，孔子不得不认错。曾子则是一位十分谨慎的人，在孔子的晚期弟子中，占据着十分重要的地位。

子游和曾子的评价，同时出现在《论语》将近结尾处的第十九章。这不能不让人惊讶，孔子死后，子张究竟所为何事，竟遭到同门如此密集的非议。或者说，向孔子追问过"干禄"之道的子张，究竟是一个什么样的人呢？

孔子的学生，大体可以分为两类，一类以子路、子贡、冉求为代表，是不太注重学问，讲求建立功业的"外王"；一类以颜回、曾子、子夏为代表，是和政治保持一定距离，强调加强内心修养的"内圣"。孔子一生，在"内圣"上做到了极致，但在"外王"上一直是个失败者。受孔子的挫折影响，孔子的多数后期弟子，走的是"内圣"道路。而子张是不多见的"外王"道路的继续践行者。子张请教如何才能达到仕途的成功，就是表现。

《论语·子张》还特意记载了一个细节，显示出"内圣"派和"外王派"在做人上的区别。子夏的门人向子张请教如何"交友"。子张问，你们的老师子夏怎么说？门人答，"老师说，'可交之人与之结交，不可交之人予以拒绝。'"子张回答，这和我听到的交友之道不同。我若是君子，何人不能接纳呢？我若不是君子，别人会拒绝我，又怎会轮到我去拒绝别人呢？子夏注重内心修养，不能容忍道德上有瑕疵的人，善于拒绝。子张注重外在政治，和社会各类人等接触很多，擅长接纳。

孔子生前，弟子们不管喜欢哪种人生道路，都可以在孔子处找到折中，找到归宿。但孔子死后，情况则大变。子张和曾子、子夏等人的分歧，就不再能轻易地找到调和的办法。他们之间的矛盾，不再是简单的同门恩怨，而演化成了类似于天主教和基督教之间的真理之争。他们都信仰孔子这个"上帝"，但如何继承孔子，则走上了不同的路。所以，子游和曾子非难子张，并非偶然。

对子张的非难，到了宋儒时期达到了顶峰。坚持内圣道路的朱熹在《四书集注》中，对子张的评价是"子张行过高，而少诚实恻怛之意"。子张行为不切实际，为人不诚实。"子张外有余，而内不足"，子张徒有堂堂的面貌，其实内心才德不足，外强中干。

朱熹对子张的权威注解，和孔子对子张的看法并不一致。《尚书大传·殷传》记载，孔子自言，"文王有四臣以免虎口，丘亦有四友以御侮。"文王因为有四个臣子，而从虎口逃生。而我有四个朋友，帮我抵御外在的毁谤侮辱。这四友就是颜回、子贡、子张和子路。子张和孔子最著名的三弟子并列。孔子说，"自吾得师也，前有辉后有光"。自从得到了子张，前后都有面子。这样的人，如何成了朱熹笔下的小人了呢？如果《尚书大传》记载有误，如果真如朱熹所言，孔子生前为何对子张的缺点，只说性格上的偏激（"师也过""师也辟"），而没有对"不诚实"的大问题予以指责呢？

康有为说，《论语》成于曾子门人之手。《论语》的编者故意编入子游和曾子对子张的非议，是要抬高曾子。这一点就像荀子攻击子思、孟子一样，有着树立各自学派的私心（《论语注》）。曾子一向被视为孔子的嫡传，和颜回、子思和孟子一道形成儒家的道统。子张在孔子死后，另立一派，主张"外王"，成为"子张氏之儒"的首领（《韩非子·显学》），不属于这个集团。而朱熹一向以接续曾子传下来的道统为己任，非议子张，同样也可以理解了。

其实，子张遭人误解，并不是孔子弟子中的唯一。宰我位列十哲语言科，但《论语》对他的记载，多是负面之词。孔子生前，最信赖的弟子之一是子贡。但孔子死后，子贡被人描绘成爱炫耀的肤浅之徒。子路，在《论语》中，虽然个性鲜明，但在学问上，表现出的从来都是较粗鲁的一面。这些"外王派"的弟子，在《论语》的编者眼里，在后世儒家的笔下，纷纷倒下。这纯属偶然，还是命中有因？

历史上的子张们，究竟是什么样的？真相在《论语》中吗？在《四书集注》中吗？还是在一个你我永远都无法探知的神秘之域？

哲学上，人们对于真相从来没有一个一致的结论。刚才的发生是真相，还是刚才的所见是真相？发生的已经发生，永远不可回溯。所谓的发生，难道不就是你我眼中的所见吗？我的所见，你的所见，在不一致的时候，又以哪个为准呢？罗马皇帝恺撒说，我来了，我看见了，我胜利了。强者为王，弱者为寇。这是否也适用于历史的书写？

　　面对子张、宰我、子贡的过往，至少在《论语》等书籍呈现的"真相"中，我常常有一些莫名其妙的怀疑。

通往房间的密匙：子夏

天下没有不散的筵席。

孔子死了，这是事实。尽管众多弟子追思和孔子在一起的日子，也曾立有子为师，但在孔子集团内部，孔子的凝聚力无可替代。为孔子守丧三年后，众弟子分散离去，各奔前程。如《史记》所载，"孔子卒后，七十子之徒游散诸侯，大者为师傅卿相，小者友教士大夫，或隐而不见。"（《儒林列传》）

这不能不说是一个遗憾。孔子和他的弟子，本已形成一个势力很大的团体。这个团体，既有学术性质，也有政治性质。如果能够继续发展，极有可能演变成类似于西方历史上的柏拉图学园的学术团体。但是，随着孔子的死，随着有子继承人地位的不被认可，团体解散。中国读书人，从此走上了散兵游勇的道路，再也无法如孔子时期，在君权之外，形成一股独立的团体力量。

孔子之后，也有弟子继续收徒讲学，企图步孔子的后尘。但教授重点已发生了偏移，影响力也不能和孔子当年同日而语。孔子弟子中，学生最多的当数子夏。孔子去世后，子夏去了西河。在西河，子夏有弟子三百人。可以说，子夏是孔子死后弟子中最强的一脉。由于子夏教学的成功，西河人一度将子夏误认为是孔子。

但子夏的教学和孔子不同。《论语》记载，子游曾明确质疑子夏的教学方式。子游说，"子夏的学生，做做打扫，接待客人，应付进退，是可以的。不过，这只是细枝末节罢了。根本的东西则没有，这怎么可以呢？"在子游看来，子夏教授的多是洒扫应对的礼仪细节，而对于礼的本质，并无涉及。

而孔子教授给子夏等人的礼则丰富得多。《论语·八佾篇》集中描述了孔子眼中的礼。季孙在家中演奏天子之舞，孔子不高兴。"三家在家中演奏天子音乐，孔子不认同。诸侯国的大臣像天子一样祭奠泰山，孔子认为，这是礼崩乐坏的开始。

我们经常感慨，中国传统中，没有法治，只有人治。这只说对了一半。中国古代虽没有西方的法治观念，但有礼治的架构。礼，完备于周公，在孔子之前就有。但孔子将礼提到了治国方略的层次。不仅统辖士庶人的生活，更重要的是约束国君诸侯等当权者。所以，面对诸侯大夫的失礼，孔子的批评毫不留情面。而子夏将礼视为一种知识技能，这失去了孔子之礼的大半意义。

在如何对待君臣关系上，更能看出孔子、子夏师徒之间的差别。在回答鲁哀公的提问时，孔子说，"君使臣以礼，臣事君以忠。"君臣之间互相尽有义务，君主对臣下应尽礼，臣下对君主应尽忠。何为"忠"，孔子说，"孝慈则忠"，孝敬父母、慈爱幼小，就是"忠"，"忠"是"孝"的延伸和模仿。对君"忠"，不超过对父母的"孝"。君臣双方，各有义务，没有一方有绝对的权力可要求对方无限制地付出。

在这个问题上，子夏则说，"事父母能竭其力，事君能致其身。"侍奉爹娘能尽心竭力，服侍君上能豁出性命。细细品味，侍奉爹娘的要求，远低于服侍君上。子夏强调侍奉君上豁出性命，而并未提及君主对臣下的责任。读书人的独立性在君主面前荡然无存。这也是孔子后辈弟子的普遍特点。与前期弟子相比，孔子后来招收的学生，身上普遍缺少一种对抗政府的精神。

子夏也有和孔子接近的地方。子夏比孔子小四十四岁。孔子死时，子夏只有二十九岁。然而就是这样一个年轻人，在孔子生前，已经以"文学"著称，列名于孔门十哲。"文学"相当于今天的古文献学。在这个领域，年纪轻轻就能做出成果，实不寻常。这不禁让人想起了"孔子为儿嬉戏，常陈俎豆，设礼容"的少年老成（《史记·孔子世家》）。孔子很小的时候就常玩一些一般小孩子不会玩的礼仪游戏。

他们的经历也相仿——幼时家贫，社会地位都不高，但对礼法有热烈追求。孔子"入太庙，每事问"。对周公庙的一切，都感到好奇。而子夏则坚持认为，"虽有小道，必有可观"。任何细节，都有值得学习之处。师徒二人，少年时，就表现出了超出年龄阶段的成熟。

但在功名路上，子夏远比孔子成功。孔子在世时，子夏已经做

362

到了莒父宰的职位。二十多岁，就留下了向孔子问政的记载。而在相同的年龄，孔子还在季孙家从事低等的技术工作。到了强壮之年，子夏大放异彩，司马迁记载，"孔子既没，子夏居西河教授，为魏文侯师"（《史记·儒林列传》）。而孔子生前，则游说多国，无人用，"累累若丧家之狗"（《史记·孔子世家》）。

子夏的世俗成功，和孔子的铺垫分不开，孔子四处奔走，为这个集团带来了巨大的声誉。不过，更关键的还是子夏个人对权力的态度。孔子对权力是平视的，诸侯有过，孔子要么直言不讳，要么离去表示不认同。但子夏信奉"大德不逾闲，小德出入可也"。虽坚守原则，但不拘小节，比孔子圆滑。

孔子说，"行有余力，则以学文。"从政中，有闲暇，要学习文化。而子夏认为，"仕而优则学，学而优则仕。"学习和从政分不开，似乎学习的目的就是为了做官。所以，很多人认为"学而优则仕"滥觞于孔子，是冤枉了孔老夫子。始作俑者，其实是子夏。

孔子对权力比较抗拒，子夏对权力比较温顺。从他们培养出来的弟子中，也可以更清楚地看出这种区别。孔子培养出来一批敢于批评政府的异见人士。比如，子贡公开批评鲁哀公对孔子死后肉麻的吹捧，是生不能用，死后落泪（《史记·孔子世家》）。闵子骞坚决拒绝和鲁国权臣合作，并威胁传话人，再来征召，就逃到邻国汶上去。子夏也培养出了一批很有实力的弟子。《史记·儒林列传》载，田子方、段干木、吴起、禽滑釐，都是子夏的弟子。这些人都崇尚实力和王权，属于法家的范畴，和传统的儒家相去甚远。

韩非子总结，孔子死后，儒家分裂为八派，"有子张之儒，有子思之儒，有颜氏之儒，有孟氏之儒，有漆雕氏之儒，有仲良氏之儒，有孙氏之儒"。但八派中，唯独没有列出子夏。子夏西河讲学，有弟子三百人，为何韩非却忽略了这个重要流派？郭沫若认为，这是韩非将子夏视为法家实际的开山鼻祖，"故把他从儒家中剔除了"（《十批判书》）。

其实，子夏对权力的态度如何，他是不是有法家倾向，其实都不是什么坏事。子夏能获得当权者的青睐，是孔子乐于看到的。另外，孔子生前并未立宗派，也不禁止弟子发展其他学派。在理解孔子的路上，子夏只不过是一个不错的参照物而已。他能让我们明白，孔子之所以仕途不顺，并非能力不够，也不是当权者有眼无珠，而只是因为道不同不相为谋。我们用不着因为孔子和子夏对待权力态度上的反差，就像荀子一样，骂子夏为"贱儒"（《荀子·非十二子》）。

事情的关键是，在解释儒家经典的殿堂里，子夏神一般的地位。孔子之后，如果说传道的是曾子，那么传经的则是子夏。孔子生前，子夏曾和孔子讨论《诗经》，孔子认为，子夏是一个可以启发人思考的学生。孔子死后，《诗经》和《春秋》的权威解释，几乎都出自子夏或其弟子。甚至历史上有"诗书礼乐，定自孔子；发明章句，始自子夏"之说（《后汉书·邓张徐张胡列传》）。

364　　　我们这个星球有高山，也有海洋，有森林，也有平原。从不同的角度看世界，风景绝不是一个样子。堵车时看一个城市，就是眼前的那个挪也挪不动的一条长龙。夜晚从飞机上看，则又是一点一点的红勾勒出来的一片大火。谁掌握了看风物的角度，谁就掌握了光怪陆离的世界。苏轼说，横看成峰侧成岭。哲学家说，世界就是一团解释。我想说，你的视角，就是你的世界。

品味孔子，也是如此。我们没有办法穿越到春秋，看到孔子。孔子给我们留下了六经。我们通过这些经典，认识孔子，体味孔子，除此之外，别无其他路途。而六经的解释，则以子夏为权威。所以，此时经中的孔子已经不再是孔子，很多时候是子夏通过解释重新塑造的孔子。我们认识孔子，必须先认识子夏。从子夏开凿的窗户，望见里面的孔子。

一个法家的鼻祖，掌管着通往儒家圣人房间的密匙，这真是无可奈何的事情。

孔子生时，知音就不多。孔子死后，认识孔子，更不清楚我们又需要跨越多少未知的迷障？

发明章句　始自子夏

　　一个法家的鼻祖，掌管着通往儒家圣人房间的密匙。这真是无可奈何的事情。孔子生时，知音就不多。孔子死后，认识孔子，更不清楚，我们又需要跨越多少未知的迷障？

后　记

　　有关孔子的书很多，为何还要再加上一本《孔二先生》？我时常问自己。就像周星驰电影里的经典之问，给个理由先。给自己一个写的理由，也给读者一个读的理由。

　　最终说服我的，还是孔子的可爱。

　　孔子没有架子，他经常和弟子抬杠。他爱好学问，但不故作高深。喜欢做官，他就直白地说出来。不喜欢哪个领导，他也没有刻意隐瞒过。他从政失败了，换作是今天，他也不一定能成功。别人嘲笑他，他也经常自嘲。他一直很苦，但又一直很快乐。他让人着迷，让人看不透。

　　读大学的时候，就喜欢上了《论语》。一遍一遍地翻看，设身处地地揣摩。读孔子书，"想念其为人"，欲罢不能。久而久之，有时甚至会有种错觉，认为孔子就在热闹的寝室，就在拥挤的食堂。只要有理想的追求，乐观面对生活，人人都是孔子，至少离孔子不远。

　　所以，我坚定地要写一本孔子的书。

　　在这本书中，孔子不是圣人，也不是"丧家狗"。不仰视，不

367

俯视，将孔子当成一个人，当成一个朋友，写点儿好玩的事儿。

当然，真正要写又会困难重重。

工作之后，不像学生时代，整天有大把大把的时间，自由地看书，自由地瞎想。现在，时间被分割成很多块儿。要上班，要挤一号线，要陪老婆逛商场。只能在偶尔的闲暇，坐下来，对着电脑，写上一段儿。四十八篇文章，每篇文章，都至少写了两个星期。宅在家里查资料，走在路上找灵感，见缝插针式地促成文章的诞生。

这样的状态，持续了两年。

这两年，我的世界也发生了很大的变化。老婆怀孕了，女儿优优出生了。从此，我的身份，在儿子、丈夫、同学、同事、朋友之外，又加上了父亲两个字。加了一种身份，也增加了很多以前不曾有的生活体验。我把这些体验，也写进了书里。我相信，人和人的感情都是相通的。即便过了两千五百年，甚至再过两千五百年，也不会有太大的改变。

六年前，还在德国读书的时候，我开始翻译德国汉学家写的《法治的东方经验》。那本书，是我的第一本译作。我想通过它，呈现一幅德国人眼里的中国法律风景。这本《孔二先生》，是我的第一本著作。我想通过它，呈现给大家的是，一个两千年后的后人，如何看待自己的先人和朋友。

书已摆在眼前，是好是坏，是否符合你的期许，就不是我能妄议的了。

我能说的就是感谢。

感谢我的家人，给我带来了这么多的快乐。

　　感谢中国政法大学的刘杨老师，给了我写书的诸多鼓励。

　　感谢我的同事、朋友和出版社的同志，给了我具体而微的帮助和长久以来的关爱。

　　当然，也感谢你，能够有时间和我一起分享《论语》，一同走进孔子的平凡世界。

图书在版编目（CIP）数据

孔二先生：孔子的平凡世界/李中华著 . —北京：社会科学
文献出版社，2013.7
ISBN 978 - 7 - 5097 - 4586 - 1

Ⅰ.①孔…　Ⅱ.①李…　Ⅲ.①《论语》- 研究　②孔丘
（前 551 ~ 前 479）- 人物研究　Ⅳ.①B222.25

中国版本图书馆 CIP 数据核字（2013）第 086786 号

孔二先生
——孔子的平凡世界

著　　　者 / 李中华

出 版 人 / 谢寿光
出 版 者 / 社会科学文献出版社
地　　　址 / 北京市西城区北三环中路甲 29 号院 3 号楼华龙大厦
邮政编码 / 100029

责任部门 / 经济与管理出版中心（010）59367226　　责任编辑 / 蔡莎莎
电子信箱 / caijingbu@ ssap. cn　　　　　　　　　　责任校对 / 王婧怡
项目统筹 / 蔡莎莎　许秀江　　　　　　　　　　　　责任印制 / 岳　阳
插画绘制 / 马　宁　　　　　　　　　　　　　　　　装帧设计 / 马　宁
经　　　销 / 社会科学文献出版社市场营销中心（010）59367081　59367089
读者服务 / 读者服务中心（010）59367028

印　　　装 / 北京季蜂印刷有限公司
开　　　本 / 880mm × 1230mm　1/32　　　　　　　　印　张 / 11.875
版　　　次 / 2013 年 7 月第 1 版　　　　　　　　　　字　数 / 262 千字
印　　　次 / 2013 年 7 月第 1 次印刷
书　　　号 / ISBN 978 - 7 - 5097 - 4586 - 1
定　　　价 / 35.00 元